Gary Chapman/Jennifer Thomas

Die fünf Sprachen des Verzeihens

Die Kunst, wieder zueinander zu finden

FRANCKE
Verlag der Francke-Buchhandlung GmbH

Über den Autor:
Gary Chapman ist seit 30 Jahren ein international bekannter und gefragter Eheberater und Bestseller-Autor. Von den „Fünf Sprachen der Liebe" wurden weltweit über 10 Mio. Bücher verkauft, in Deutschland weit über 500.000 Exemplare! In den USA leitet er landesweit Ehe-Seminare. Er hat zwei erwachsene Kinder und zwei Enkel und lebt mit seiner Frau Karolyn in North Carolina.

Bibliografische Information der Deutschen Bibliothek
Die Deutsche Bibliothek verzeichnet diese Publikation in der Deutschen Nationalbibliografie; detaillierte bibliografische Daten sind im Internet über http://dnb.ddb.de abrufbar.

ISBN 978-3-86122-894-3

This Book was first published in the United States by Northfield Publishers, 820 N. LaSalle Blvd., Chicago, IL 60610
with the title *The Five Languages of Apology*, copyright

Deutsch von Ingo Rothkirch
Umschlaggestaltung: Henri Oetjen, DesignStudio Lemgo
Satz: Verlag der Francke-Buchhandlung GmbH
Druck: Clausen & Bosse, Leck

www.francke-buch.de

Inhaltsverzeichnis

Einleitung

Minuten, bevor mein Eheseminar beginnen sollte, kam Jana auf mich zu und stellte sich vor: „Mein Mann und ich sind extra aus Kalifornien gekommen. Wir sind richtig froh, hier zu sein, aber eins möchte ich vorher noch wissen: Werden Sie auch auf das wichtige Thema des Verzeihens eingehen und wie man sich entschuldigt?"

„Ein interessantes Thema, in der Tat", erwiderte ich. „Aber warum fragen Sie?"

„Ich habe da ein Problem. Mein Mann sagt immer nur: ‚Tut mir leid', aber das ist für mich keine ernst gemeinte Entschuldigung."

„Was soll er denn stattdessen tun?", wollte ich wissen.

„Er soll ausdrücklich seinen Fehler eingestehen und mich dann darum bitten, ihm zu verzeihen. Und dann soll er mir noch zusichern, dass es nicht noch einmal vorkommen wird."

Ich lächelte und sagte: „Ich freue mich, dass Sie mich darauf angesprochen haben, weil ich mich gerade intensiv mit diesem Thema beschäftige."

„Ach, tatsächlich?", sagte sie, und ich las es an ihren Augen ab, wie sehr ihr das Thema am Herzen lag.

„Ja, mir ist irgendwann bewusst geworden, dass der eine etwas für eine Entschuldigung hält und der andere sieht das gar nicht so. Sie haben dafür gerade ein Beispiel gegeben. Für Ihren Mann bedeutet ein *Tut mit leid* vielleicht durchaus, dass er etwas ernsthaft bedauert. Nur kommt es bei Ihnen nicht richtig an."

„Könnte sein." Sie nickte mit dem Kopf. „Es muss für mich schon mehr sein als ein lapidares *Tut mir leid*. Manchmal weiß ich gar nicht, worauf es sich gerade bezieht."

„Darf ich Sie bitten, den Fragebogen auszufüllen, den Sie im Laufe des Tages erhalten? Ich möchte damit herausbekommen, wie häufig Mann und Frau ein ganz unterschiedliches Verständnis für die Form des Verzeihens haben. Und Ihre Mitarbeit wäre dafür sehr willkommen."

Ich verließ Jana damals mit der Gewissheit, mit meinen Untersuchungen unbedingt fortfahren zu müssen. Gleichzeitig dachte ich an meine Begegnung mit Dr. Jennifer Thomas achtzehn Monate zuvor. Sie saß damals bei mir im Büro und erzählte von ihrer Idee, dass Männer und Frauen nicht nur verschiedene Liebessprachen, sondern auch verschiedene Sprachen des Bittens um Verzeihung benutzen. (Das ist ein bisschen lang, und deshalb sprechen wir im weiteren Text nur noch von den *fünf Sprachen des Verzeihens*.) „Ich habe Ihr Buch über die fünf Sprachen der Liebe gelesen", erzählte sie weiter. „Es hat meinem Mann und mir viel für unsere Beziehung gebracht. Auch in meiner Praxis wende ich diese Prinzipien an. Der Gedanke, dass jeder von uns eine eigene Muttersprache der Liebe spricht und man sich nicht geliebt fühlt, wenn man diese vom anderen nicht hört, hat so manchem Klienten die Augen geöffnet. Oft habe ich dann mitbekommen, wie einer die Liebessprache des anderen gelernt hat und wie sich das emotionale Klima in der Ehe darauf gebessert hat. Es handelt sich offenbar um ein sehr geeignetes Werkzeug, mit dem das Paar lernt, wieder emotional aufeinander zuzugehen. Wie Sie es in Ihrem Buch nennen: den Liebestank des anderen gefüllt halten."

Als Buchautor, dessen Liebessprache *Lob und Anerkennung* ist, freute ich mich natürlich über Jennifers Komplimente, aber ihre weiteren Ausführungen ließen mich wirklich aufhorchen.

„Ich glaube, dass Menschen darüber hinaus auch ganz unterschiedliche Arten haben, ihr Bedauern auszudrücken, und was für den einen eine ernst gemeinte Entschuldigung ist, ist es für den anderen noch lange nicht. Jeder spricht sozusagen eine andere Sprache, wenn er um Verzeihung bittet.

Ich habe das oft in meiner Seelsorgepraxis erlebt. Da sagt der eine: ‚Wenn er/sie sich doch einmal entschuldigen würde!', und der andere wendet ein: ‚Aber das habe ich doch längst getan!' – ‚Hast du nicht! Du hast nie eingestanden, dass *du* es verbockt hast.' Und dann streiten die beiden darüber, was es heißt, um Verzeihung zu bitten. Offensichtlich hat jeder eine ganz andere Vorstellung davon."

Ich war augenblicklich angetan von dem Gedanken. Solche Konflikte hatte ich schon oft bei Paaren erlebt. Es war jedes Mal klar, dass sie aneinander vorbeiredeten. Die ausgesprochene Entschuldigung zeigte nicht die erwartete Wirkung. Es kam nicht zur Vergebung und zur Versöhnung. Ich erinnerte mich auch an so manche Situation in meiner eigenen Ehe, wenn Karolyn sich entschuldigt hatte und ich mit dem Gefühl kämpfen musste, dass es gar nicht so recht von Herzen gekommen war. Oder ich hatte mich entschuldigt, und sie mühte sich, mir zu verzeihen, weil sie nicht von meiner Ernsthaftigkeit überzeugt war.

Deshalb sagte ich zu Jennifer: „Sie sind da einer Sache

auf die Spur gekommen! Der Gedanke fällt bei mir auf so fruchtbaren Boden, weil ich entsprechende Erfahrungen gemacht habe. Was wollen Sie mit dieser Idee anfangen?"

„Ich möchte einen Artikel schreiben", antwortete sie. „Und ich frage mich, ob Sie mir dabei helfen könnten."

„Das täte ich gern", sagte ich. „Schreiben Sie ihn doch und schicken Sie ihn mir. Dann sehen wir weiter."

Im Laufe der Woche ließ mir der Gedanke keine Ruhe. Und ausgerechnet in dieser Zeit saß ein Paar in meinem Büro, das sich nicht darüber einigen konnte, ob der Mann sein Fehlverhalten wirklich bereute. Hatte er sich echt entschuldigt? Die Frau hatte große Mühe, ihm zu verzeihen, weil er sich aus ihrer Sicht noch nie wirklich entschuldigt hatte. Eine Woche später rief ich bei Jennifer an und sagte: „Ich habe über Ihre Idee nachgedacht und bin zu der Überzeugung gekommen, dass da mehr drin ist als ein Artikel. Was halten Sie davon, wenn wir beide zusammen weiter recherchieren und schließlich ein Buch darüber schreiben?" Sie war begeistert, und auch ich war erfreut, denn ich wusste, dass ihre Idee das Potenzial hatte, vielen Paaren dabei zu helfen, einander wahrhaft zu verzeihen und sich zu versöhnen.

Zwei Jahre später – nach vielen Recherchen – liegt nun dieses Buch vor. *Die fünf Sprachen des Verzeihens* haben wir es genannt, denn unsere Untersuchungen belegen eindeutig, dass Menschen, die etwas bedauern, dies auf ganz unterschiedliche Weise zum Ausdruck bringen – also ganz unterschiedliche Sprachen sprechen, damit ihnen verziehen wird. Und so kommt es, dass durchaus ernst gemeinte Entschuldigungen den Adressaten nicht erreichen und eine vollständige Vergebung ausbleibt. Als Ehetherapeuten beobachten wir immer wieder, dass es den Menschen viel zu selten gelingt, ihr echtes Bedauern verständlich zu machen. Wir sind zu der Überzeugung gelangt, dass der Mangel an Ausdrucksfähigkeit im Bereich des Bedauerns mit zum Niedergang der Ehe in unserer Zeit beiträgt.

Jennifer und ich haben eng zusammengearbeitet, um die einschlägigen Forschungsergebnisse zu sichten und zu analysieren, auf denen dieses Buch aufbaut. Wir kamen überein, dass ich (Gary) aufgrund meiner Erfahrungen als Autor den Text verfasse, während Jennifer eine Vielzahl von Fallbeispielen beiträgt, gewonnen aus der täglichen Erfahrung einer professionellen Therapeutin. Es wird jedes Mal im Text darauf hingewiesen, wenn es um ihre Beiträge geht. Es ist unser Wunsch, dass Sie bei der Lektüre dieses Textes unser gemeinsames Bemühen spüren, eine Botschaft zu verbreiten, die großes Potenzial in sich trägt, Beziehungen auf eine höhere und gesündere Stufe zu stellen.

Im ersten Teil des Buches stellen wir jede einzelne der fünf Sprachen des Verzeihens vor und beschreiben sie näher, und im zweiten Teil zeigen wir auf, wie die Kenntnis dieser fünf Sprachen das Leben erleichtert und schöner macht – in Ehen, im Verhältnis zu den Kindern, bei der jungen Liebe und am Arbeitsplatz.

Sich entschuldigen – wozu soll das gut sein?

In einer perfekten Welt gäbe es keinen Grund, sich zu entschuldigen. Aber da die Welt nun einmal nicht vollkommen ist, gibt es kein Zusammenleben ohne die Bitte um Verzeihung. Für meine Ausbildung habe ich unter anderem auch Anthropologie studiert, die sich mit der kulturellen Entwicklung des Menschen befasst. Und zu den Beobachtungen der Anthropologen gehört, dass alle Menschen einen Sinn für Moral besitzen. Jeder von uns entscheidet ständig zwischen richtig oder falsch. Die Menschen sind also unheilbar moralisch. In der Psychologie spricht man vom *Gewissen* und in der Religion vom „*Du sollst*" in den Geboten, vom Gespür für den göttlichen Willen zum Guten.

Es ist offensichtlich, dass der Maßstab, nach dem das Gewissen urteilt, von der jeweiligen Kultur mitbestimmt wird. So ist es zum Beispiel bei den Eskimos (Inuit) üblich, dass ein auf Wanderschaft befindlicher Stammesangehöriger in jeden fremden Iglu eindringen darf, um sich mit Nahrung zu versorgen, wenn ihm selber die Vorräte ausgegangen sind. In den meisten westlichen Gesellschaften wird das Eindringen in fremdes Eigentum oder dessen Wegnahme als Einbruchdiebstahl geahndet. Aber auch wenn sich die Maßstäbe des angewandten Rechts von Kultur zu Kultur und selbst innerhalb von Kulturen unterscheiden mögen, so gibt es unter allen Völkern ein grundlegendes Rechtsbewusstsein.

Und wer das Recht eines anderen missachtet, muss mit Sanktionen rechnen. Der Betreffende bekommt zu spüren, dass er falsch gehandelt und das Vertrauen der anderen gebrochen hat. Das Fehlverhalten steht nun als Barriere zwischen den Beteiligten, und Beziehungen haben Schaden genommen. Selbst wenn sie es wollten, könnten sie nicht so weiterleben, als wäre nichts geschehen. Etwas im Innern des Geschädigten schreit nach Gerechtigkeit. Und dieses Grundbedürfnis des Menschen hat zur Herausbildung von verschiedenen Rechtssystemen geführt.

Die Beziehung muss gerettet werden

Zwar mag es jemanden, der verletzt worden ist, zunächst zufriedenstellen, wenn ihm Gerechtigkeit widerfährt, aber die gestörte Beziehung wird dadurch nicht automatisch geheilt. Der Angestellte, der seine Firma bestohlen hat, wird, nachdem man ihn ertappt hat, verurteilt und bestraft. Man sagt: „Er hat seine gerechte Strafe bekommen." Und dennoch wird er kaum wieder eine Führungsposition dort bekommen. Stiehlt der Angestellte jedoch, erkennt sein Fehlverhalten, gesteht es seinem Vorgesetzten, spricht sein tiefstes Bedauern aus, bietet an, den Schaden wiedergutzumachen, und bittet um Gnade, so besteht für ihn zumindest die Chance, bei der Firma weiter beschäftigt zu bleiben.

Der Mensch ist im tiefsten Innern vergebungsbereit. Vor ein paar Jahren war ich in Coventry, und ich besichtigte die Ruinen der Kathedrale, die die Nazis im Zweiten Weltkrieg bombardiert hatten. Ein Fremdenführer erzählte die Geschichte der neuen Kathedrale, die direkt neben der

Ruine der alten steht. Ein paar Jahre nach Kriegsende war eine Gruppe Deutscher herübergekommen, um als Zeichen der Sühne beim Aufbau der neuen Kathedrale mitzuhelfen. Sie wollten wiedergutmachen, was ihre Landsleute an Schaden angerichtet hatten. Man war übereingekommen, die alte Kathedrale im Schatten der neuen stehen zu lassen – und beide Gebäude haben nun einen hohen Symbolwert. Das eine steht für die Erbarmungslosigkeit, die zwischen Menschen herrschen kann, und das neue Gebäude ist ein Zeichen für die Fähigkeit, zu vergeben und sich zu versöhnen.

Etwas tief in uns verlangt nach Versöhnung, wenn Fehlverhalten eine zwischenmenschliche Beziehung zerstört hat. Und dieses Verlangen ist oft stärker als der Hunger nach Gerechtigkeit. Je enger die Beziehung vorher war, desto stärker die Sehnsucht nach Versöhnung. Behandelt ein Mann seine Frau schlecht, ist sie in ihrer Verletztheit zwischen dem Verlangen nach Gerechtigkeit und Gnade hin und her gerissen. Auf der einen Seite möchte sie, dass er für sein Verhalten zur Rechenschaft gezogen wird, und gleichzeitig sehnt sie sich nach Versöhnung. Erst seine ernst gemeinte Bitte um Vergebung würde diese Versöhnung ermöglichen. Entschuldigt sich der andere aber nicht, gewinnt der Gerechtigkeitssinn die Oberhand, und die Frau verlangt den Ausgleich. Wie oft bin ich Zeuge von Scheidungen geworden und habe mitbekommen, wie der Richter um einen gerechten Ausgleich gerungen hat. Und dann habe ich mich jedes Mal gefragt, wie anders alles wohl ausgegangen wäre, wenn echte Reue zu einer ernst gemeinten Entschuldigung geführt hätte.

Aus Mangel an Entschuldigung

Ich habe einmal in die zornigen Augen eines jungen Mannes geschaut und mich gefragt, wie anders die Welt aussähe, wenn gewalttätige Väter sich entschuldigen könnten. Jugendliche Gewalt gegen Eltern kann man auf zwei Ursachen zurückführen. Erstens: Der junge Mensch fühlt sich von den Eltern schlecht behandelt und erlebt niemals, dass man ihn um Verzeihung bittet. Zweitens: Der Jugendliche spürt die Liebe seiner Eltern nicht. In einem meiner früheren Bücher habe ich mich mit dem Thema beschäftigt, wie man Teenager so *liebt*, dass sie es auch merken.[1] Im vorliegenden Buch will ich mich nun damit beschäftigen, wie man sie so um Verzeihung bittet, dass sie die Ernsthaftigkeit dahinter auch mitbekommen.

Keine zwischenmenschliche Beziehung kann auf Dauer gedeihen, wenn die Beteiligten nicht bereit sind, sich gegenseitig ihre Schuld einzugestehen, sei es in der Ehe, im Verhältnis von Eltern und Kindern, in der jungen Liebe oder im Kollegenkreis am Arbeitsplatz. Nirgends geht es ohne Entschuldigungen. Ohne das Ventil des Verzeihens baut sich Ärger als Druck auf und treibt uns dazu, unnachgiebig nach Gerechtigkeit zu verlangen. Stellt sich diese Gerechtigkeit aber nicht von allein ein, nehmen wir die Dinge selbst in die Hand und versuchen, es dem anderen heimzuzahlen. Die Wut staut sich auf, und alles endet in Gewaltausbrüchen. Der Mann, der ins Büro seines früheren Chefs stürmt und ihn und drei weitere Kollegen erschießt, ist meist kein Geistesgestörter. Sind nicht seine Nachbarn hinterher völlig entgeistert, weil sie gerade diesem Mann so etwas niemals zugetraut hätten? Er wirkte doch immer so normal und anständig! Aber dieser

Mann hat das Gefühl gehabt, ungerecht behandelt worden zu sein, und da hat er sich nicht anders zu helfen gewusst. Alles wäre anders verlaufen, wenn er den Mut aufgebracht hätte, den anderen freundlich zur Rede zu stellen – und der andere wäre imstande gewesen, sich zu seinem Fehler zu bekennen.

In den Ehen ist häuslicher Streit oft auf die mangelnde Bereitschaft zurückzuführen, sich bei dem anderen zu entschuldigen. So sagt die Frau: „Er behandelt mich wie den letzten Dreck, und dann will er hinterher, dass ich mit ihm ins Bett gehe. Wie kann er mir so etwas antun?" Worauf der Mann erwidert: „Sie behandelt mich wie ein kleines Kind und möchte alles in meinem Leben bestimmen. Ich habe sie doch nicht geheiratet, damit ich noch eine Mutter dazukriege." Beide sind verletzt, beide voller Groll, und keiner ist bereit, seine Schuld einzugestehen. Man erklärt sich gegenseitig den Krieg, und der dauert manchmal Jahre, bis das Ganze mit der Scheidung endet. Das Kennzeichen gesunder Ehen ist die Bereitschaft, um Verzeihung zu bitten.

Vor der Vergebung die Entschuldigung

Echte Vergebung und Versöhnung zwischen Menschen setzt voraus, dass mindestens einer sich entschuldigt. Gerade unter Christen wird manchmal die Vergebung ohne vorherige Entschuldigung propagiert. Man zitiert dann das Wort von Jesus: „Wenn ihr ihnen aber nicht vergeben wollt, dann wird Gott auch eure Schuld nicht vergeben."[2] Und so hält man der Frau vor, deren Mann fortgesetzt Affären hat: „Du musst ihm vergeben, sonst wird Gott auch dir nicht vergeben." Doch eine solche Auslegung lässt die übrige biblische Lehre über die Vergebung völlig außer Acht. Wir Christen sind darauf angewiesen, anderen so zu vergeben, wie Gott uns vergibt.[3] Wie aber vergibt Gott uns denn? Es heißt dazu in der Schrift: „Wenn wir unsere Sünden bekennen, wird Gott uns unsere Sünden vergeben." Nirgendwo im Alten oder Neuen Testament steht etwas darüber, dass Gott Menschen die Sünden vergibt, die nichts davon einsehen und nichts bereuen.

Wenn der Pastor also eine Frau auffordert, ihrem böswilligen Ehemann zu vergeben, während der gar nicht daran denkt, sich zu ändern, dann fordert er etwas von ihr, was nicht einmal Gott tut. Nach Jesu Lehre sollen wir stets bereit sein zu vergeben, so wie Gott all denen vergibt, die Reue zeigen. Der eine oder andere wird jetzt vielleicht einwenden, dass Jesus auch denen vergab, die ihn töteten. Aber das steht dort gar nicht. Jesus betete vielmehr: „Vater, vergib ihnen, denn sie wissen nicht, was sie tun."[4] Es ist sein Herzenswunsch in diesem Augenblick. Auch wir sollten diesen Herzenswunsch hegen und im Gebet aussprechen. Aber die eigentliche Vergebung kam später, nachdem der eine oder andere bekannte, dass er den Sohn Gottes getötet hatte.[5]

Vergebung ohne Entschuldigung wird oft als gute Tat gesehen, die dem Vergebenden einfach nützt, ohne dass der Schuldner etwas davon haben müsste. Aber eine solche einseitige Entschuldigung hat nichts mit Wiederherstellung einer Beziehung zu tun. Entschuldigt sich der andere nicht, soll der Christ ihn der Gerechtigkeit Gottes überlassen[6] und seinen Zorn Gott bringen, damit Nachsicht daraus wird. Auch Dietrich Bonhoeffer, der von den

Nazis noch 1945 umgebracht wurde, sprach sich gegen „das Predigen von Vergebung, ohne Buße zu verlangen" aus. Dies sei „billige Gnade, ... die die Sünde rechtfertigt, aber nicht den reuigen Sünder."[7]

Echte Vergebung räumt die Barrieren weg, die durch schuldhaftes Verhalten aufgerichtet worden sind, und sie öffnet die Türen, damit im Laufe der Zeit Vertrauen wiederhergestellt werden kann. War die Beziehung vorher warm und herzlich, so kann sie wieder herzlich werden. War es nur ein flüchtiges Begegnen, kann Vergebung nun größere Tiefe bewirken. Geschieht das Unrecht durch einen Dritten – wie zum Beispiel bei einer Vergewaltigung –, geht es nicht um wiederhergestellte Beziehungen. Folgt in diesem Fall nach der Reue die Vergebung, dann geht jeder frei seiner Wege. Nur die von der Gesellschaft geschaffene Gerechtigkeit wird dann noch auf eine Bestrafung pochen.

Die Macht des Verzeihens

Wer sich entschuldigt, übernimmt Verantwortung für sein Verhalten, und er bemüht sich darum, sich ganz neu mit dem Schuldiger zu arrangieren. Erst so kann die Beziehung wieder auf ein neues Fundament gestellt werden. Zeichen guter Beziehungen ist immer die Bereitschaft, sich zu entschuldigen, zu verzeihen und sich zu versöhnen. Zu einer unterkühlten und distanzierten Beziehung kommt es meist dann, wenn niemand sich entschuldigen will.

Jede ernst gemeinte Entschuldigung ist eine Wohltat für ein belastetes Gewissen. Stellen Sie sich Ihr Gewissen als einen Zehn-Liter-Tank vor, den Sie auf dem Rücken tragen müssen. Wann immer Sie an jemand schuldig werden, ist es, als würden Sie einen weiteren Liter eingießen. Irgendwann ist der Tank randvoll und schwer. Und diese Last besteht aus Schuldgefühl und Scham. Die einzige Möglichkeit, diesen Tank zu leeren, besteht darin, sich bei Gott und der betreffenden Person zu entschuldigen. Erst dann können Sie Gott wieder ins Gesicht blicken, sich selber im Spiegel betrachten und dem anderen in die Augen sehen – nicht, weil Sie perfekt geworden wären, sondern weil Sie die Bereitschaft aufgebracht haben, die Verantwortung für Ihre Fehler zu übernehmen.

Man mag die Kunst des Verzeihens als Kind gelernt haben – oder auch nicht. Normalerweise bringen die Eltern ihren Kindern bei, um Verzeihung zu bitten. Doch viele Kinder wachsen in gestörten Familien auf, wo Verletzungen, Wut und Bitterkeit zum täglichen Leben gehören und niemand jemals um Verzeihung bittet. Aber ich kann Ihnen versichern, dass man es lernen kann, um Verzeihung zu bitten.

Die Kunst, sich richtig zu entschuldigen

Bei unseren Recherchen ist uns aufgefallen, dass es fünf Aspekte der Sühne gibt – fünf Sprachen, mit denen wir um Verzeihung bitten können. Und jede hat Gewicht. Aber für den Einzelnen spricht eine davon eine deutlichere Sprache als alle anderen. Der Schlüssel zu guten Beziehungen liegt darin, diese individuelle Sprache des Verzeihens kennenzulernen und bereit zu sein, sie im Streitfall anzuwenden. Wer auf die individuelle Sprache seiner Mitmenschen eingeht, der erleichtert es ihnen, die Bitte um Verzeihung anzunehmen. Wenn man sich dieser Sprache nicht bedient, macht man es dem anderen schwer, sich wohlwollend zu zeigen, denn er ist sich nicht sicher, ob es ernst gemeint ist.

Es wird allen Ihren Beziehungen gut tun, wenn Sie die fünf Sprachen des Verzeihens verstehen und anwenden lernen.

In den folgenden fünf Kapiteln werden wir alle fünf Sprachen näher erläutern. Und in Kapitel 7 wollen wir Ihnen zeigen, wie Sie sowohl die eigene als auch die Sprache eines anderen herausbekommen. Sie erfahren außerdem, wie Sie Ihr Bemühen um Entschuldigung so wirkungsvoll wie möglich gestalten.

In dem bekannten Film *Love Story* aus den Siebzigern fällt ein interessanter Satz: „Liebe heißt, niemals um Entschuldigung bitten zu müssen.“ Das hört sich hübsch an, aber es stimmt nicht! Das Gegenteil ist richtig. Liebe heißt ja gerade, frei sagen zu können, dass es einem leid tut. Nur auf diese Weise werden liebevolle Beziehungen immer wieder erneuert und belebt. Der Schlüssel zu allem sind die fünf Sprachen des Verzeihens, die man lernen und dann richtig anwenden kann, wenn einer am anderen schuldig geworden ist.

Die fünf Sprachen des Verzeihens

1. Das Eingeständnis: ***„Es tut mir leid."***

2. Die Verantwortung:
„Es war mein Fehler."

3. Die Wiedergutmachung:
„Wie kann ich das wiedergutmachen?"

4. Der Sinneswandel:
„Es soll nicht wieder vorkommen."

5. Die Vergebung:
„Willst du mir vergeben?"

1. Das Eingeständnis: *„Es tut mir leid."*

Am Abend des 6. April 2005 zappte ich zwischen zwei Sendern hin und her. Auf dem einen Kanal sprach Larry Kind mit Jane Fonda über ihre Autobiografie, während auf dem anderen der Vietnam-Kämpfer Oliver North interviewt wurde, der sich darüber ausließ, wie oft Jane Fonda während des Vietnam-Krieges angeblich Verrat am eigenen Land geübt hatte.

Der Reporter sagte: „Aber sie hat sich doch dafür entschuldigt", worauf North widersprach: „Das hat sie eben nicht getan."

„Sie hat sehr wohl bekundet, dass es ihr leid täte."

„Das ist doch keine Entschuldigung", sagte North. „Sie hat nicht gefragt: Wollt ihr mir verzeihen? *Tut mir leid* ist keine Entschuldigung."

Über ihre politischen Differenzen hinaus konnten sich Oliver North und sein Gegenüber offenbar auch nicht darüber verständigen, was zu einer ordentlichen Entschuldigung gehört. Und das bestätigt die Botschaft dieses Buches: Menschen sprechen oft ganz unterschiedliche Sprachen des Verzeihens.

Drückt jemand sein Bedauern aus, so erwartet der Adressat zuallererst, dass es von Herzen kommt. Die Entschuldigung soll echt sein. Aber woran erkennt man Echtheit überhaupt? Das ist das eigentliche Problem. Für jeden drückt sich Ernsthaftigkeit anders aus.

Unsere Recherchen haben uns zu dem Schluss kommen

lassen, dass es fünf Arten des um Verzeihung Bittens gibt. Wir sprechen kurz von den fünf Sprachen des Verzeihens. Dabei muss man sich nicht aller gleichzeitig bedienen. Wichtig ist, dass man die individuell richtige trifft, die Sprache, die einem bestimmten Menschen verständlich macht, dass man es ernst meint. Nur dann wird sie auch angenommen.

Die erste Sprache ist das *Eingeständnis*, am eigenen Fehlverhalten zu leiden. Wenn man es kurz macht, sagt man: „Es tut mir leid." Man muss es einmal wörtlich nehmen: Die Sache *tut mir Leid an.* Das ist eine emotionale Aussage. Es ist das Eingeständnis, Schuld auf sich geladen zu haben und nun darunter zu leiden. Man empfindet Schuld und Scham darüber, dass das eigene Verhalten verletzt hat.

Das Eingeständnis des Leidens an der eigenen Schuld ist die Wiege aller Entschuldigungen. Wir gestehen unser Bedauern ein, weil wir Kummer, Enttäuschung, widrige Umstände oder Vertrauensverlust verursacht haben. Der andere fühlt Schmerz, und es bringt ihm Erleichterung, wenn wir ihm eingestehen, dass auch wir nun mitleiden. Das ist es, was manche hören wollen. Ohne dieses Eingeständnis ist für sie eine Entschuldigung leeres Gerede.

Ein schlichtes „Tut mir leid"

Ein schlichtes *Es tut mir leid* kann Wunder wirken und die Bereitschaft zum Frieden stärken. Das Ausbleiben aber kann schmerzen wie ein gequetschter Daumen. So manchem, der Unrecht getan hat, entgeht es völlig, dass er die wenigen Worte, auf die der andere so händeringend wartet, schlichtweg vergessen hat.

Ich (Jennifer) möchte ein persönliches Erlebnis schildern. Im vergangenen Frühjahr gehörte ich zu einer Gruppe von Frauen, die ein kleines Geschenk dafür erhalten sollten, dass sie ein ganzes Jahr lang eine Kleingruppe geleitet hatten. Jede hatte sich etwas aus einem Versandkatalog aussuchen dürfen, und ich erwartete schon gespannt mein Geschenk. Der Sommer ging ins Land, ohne dass etwas geliefert wurde, und ich fragte mich, was aus meiner Bestellung geworden war. Irgendwann verlor ich die Geduld. Mein Geschenk würde wohl gar nicht mehr kommen. Aber es war mir lästig, wegen der relativ kleinen Gabe einen Aufstand zu machen. Immerhin hatte es mir Spaß gemacht, die Gruppe zu leiten, und ich schloss die Sache mit der Bemerkung ab: „Wie gewonnen, so zerronnen."

Sie können sich vorstellen, wie überrascht ich war, als ich im nächsten Frühjahr einen Anruf vom Versandhaus bekam. Die Frau am anderen Ende der Leitung erzählte, dass sie Fächer sauber gemacht habe, und da sei meine Bestellung aufgetaucht! Nun werde man schleunigst meine Bestellung bearbeiten. Es freute mich natürlich, doch noch zu bekommen, was ich längst abgeschrieben hatte. Und doch nagte etwas in mir. Ich dachte über unser Gespräch nach, und dann fiel mir auf, dass sich die Frau überhaupt nicht für ihren Fehler entschuldigt hatte. Kein Ausdruck des Bedauerns. Ein *Tut mir leid* hätte ich bestimmt sofort angenommen.

Schließlich fragte ich mich, wie oft ich es wohl selber genauso mache. Versuche ich Dinge aus der Welt zu schaffen, ohne mein Bedauern einzugestehen? Wie oft würde das Zauberwort *Es tut mir leid* die Welt ein kleines Stückchen besser machen!

Viele von Ihnen werden wissen, wovon Jennifer hier spricht. Karen zum Beispiel ist mit ihrem Mann Jim seit 27 Jahren verheiratet. Eines Tages fragte ich sie: „Welche Entschuldigung erwarten Sie, wenn Jim Ihnen Unrecht getan hat?“ Und wie aus der Pistole geschossen antwortete sie: „Vor allem möchte ich wissen, ob er überhaupt eine Ahnung davon hat, wie sehr er mir wehgetan hat. Ich möchte wissen, ob er sich in mich hineinversetzen kann. Er soll mir eingestehen, dass es ihm leid tut, wirklich leid tut.

Das hilft schon. Auf diese Weise erfahre ich, dass er etwas verstanden hat. Wenn es etwas wirklich Schlimmes war, soll auch er traurig sein, dass er so viel Leid verursacht hat.“

Ich hakte nach: „Wenn Sie sagen ‚etwas wirklich Schlimmes‘, was meinen Sie dann damit?“

„Na ja, wie damals, als er ein junges Ding aus dem Büro zum Essen einlud, ohne mir Bescheid zu sagen. Ich bekam es durch eine Freundin heraus, und das verletzte mich doch sehr. Hätte er damals auch noch mit Ausflüchten reagiert, ich glaube, ich hätte es ihm nie verziehen. Mein Mann ist nicht der Typ, der Frauen reihenweise zum Essen abschleppt. Die Kleine musste ihm also schon sehr gefallen haben. Sonst hätte er es nicht gemacht. Aber er gestand ein, dass ich Recht hatte, und es tat ihm richtig leid. Er wusste, dass ich niemals mit einem fremden Mann ausginge und wie sehr es ihn verletzen würde. Hätte er es doch nie getan. Als ich die Tränen in seinen Augen sah, wusste ich, dass er es bitter ernst meinte.“ Für Karen gehört zu einer echten Entschuldigung das Eingeständnis des tiefen Bedauerns.

Die passende Körpersprache

Wichtig dabei ist, dass unsere Körpersprache mit den Worten in Einklang steht, damit der andere an unsere Ernsthaftigkeit glaubt. Karen erwähnte Jims Tränen als Zeichen seiner Ehrlichkeit. Lesen Sie, was eine andere Frau zu berichten hat: „Ich weiß immer, wann meinem Mann etwas wirklich leid tut. Er wird dann ganz still, obgleich er sonst eine Plaudertasche ist. Wenn er sich entschuldigt, bekommt er eine so sanfte Stimme, und er senkt den Kopf dabei. Das sind eindeutige Zeichen, dass er sich richtig schlecht fühlt. Dann weiß ich, dass er es ernst meint."

Robert und Katie sind seit sieben Jahren verheiratet. Auf meine Frage an Robert, woher er denn wisse, dass Katie es mit ihrer Entschuldigung ernst meint, antwortete er: „Ich brauche dazu Blickkontakt. Wenn sie mir in die Augen schaut und sagt, dass es ihr leid tut, spüre ich einfach, dass sie es ernst meint. Das ist mehr, als wenn sie nur im Vorübergehen eine Entschuldigung vor sich hin murmelt. Auch eine Umarmung dabei und ein Kuss sagen mir, dass sie es ehrlich meint."

Robert zeigt hier, dass die Gestik manchmal lauter spricht als das gesprochene Wort. Das gilt vor allem, wenn sich beide Signale widersprechen. So erzählte eine Frau: „Wenn er mir mit mürrischem Gesicht sagt: ‚Entschuldige bitte', dann will er nur meine Entlastung haben. Schwamm drüber, und das war's. Wie es mir dabei geht, scheint ihn gar nicht zu interessieren. Nur schnell zur Tagesordnung übergehen."

Die Schuld konkret benennen

Ein weiterer wichtiger Punkt ist, dass man konkret wird. Anne schien dies begriffen zu haben, als sie mir erzählte: „Ich erwarte von dem, der sich entschuldigt, den Satz: ‚Es tut mir leid, *weil* ...‘ Und dann möchte ich etwas Konkretes hören, weswegen es dem anderen leid tut." Erst wenn man Details nennt, wird dem Verletzten deutlich, wie sehr man sich seiner Schuld bewusst ist.

Je mehr Einzelheiten man anspricht, desto besser. Wenn ich (Jennifer) jemanden vor dem Kino warten lasse, reicht es nicht aus, wenn ich sage: ‚Tut mir leid, dass wir den Anfang verpassen.‘ Der andere nimmt es viel verständnisvoller auf, wenn ich ihm erkläre: ‚Du bist sicher pünktlich los, hast alles stehen und liegen lassen. Dann die Hetze im Berufsverkehr. Hast dir sicher Sorgen gemacht, wo ich bleibe. Und du siehst gern den Film von Anfang an. Ich wäre umgekehrt auch ganz schön sauer. Bist mit Recht wütend. Mann, tut mir das leid!‘

Die Details zeigen, wie sehr man sich in die Lage des anderen hineinversetzt und einem bewusst ist, was man dem andern angetan hat.

Das berühmte Aber vermeiden

Das Eingeständnis des Bedauerns muss allein stehen bleiben. Es sollte auf keinen Fall ein Aber darauf folgen. Tim, der seit drei Jahren mit seiner zweiten Frau verheiratet ist, sagt: „Ich weiß, dass meine Frau es ernst meint, wenn sie sagt: ‚Es tut mir leid. Ich weiß, dass ich dich wieder angebrüllt habe.‘ Es kommen dann bei ihr keine langen Erklärungen, die alles bemänteln sollen, so, wie es immer bei meiner ersten Frau war."

Viele, die wir im Rahmen unserer Untersuchung befragten, machten dagegen eher folgende Aussagen: „Sie entschuldigt sich zwar, gibt aber letztlich mir die Schuld, weil ich irgendetwas provoziert hätte. Solche Schuldzuweisungen sind wenig geeignet, ihre Entschuldigung glaubwürdig klingen zu lassen."

Brenda erinnert sich gut an einen fehlgeschlagenen Versuch ihres Mannes, sich von seiner Schuld zu befreien. Es war am Abend, bevor sie zum ersten Mal zu einem meiner Eheseminare kommen wollten. Der Mann ging noch zur Geburtstagsfeier eines Kollegen, der fünfzig geworden war. Brenda aber blieb zu Hause bei ihren vier Kindern. Da ihr Mann Nachtschicht bis sechs Uhr morgens hatte, war sie davon ausgegangen, am Abend noch ein wenig Zeit miteinander verbringen zu können.

„Obgleich ich furchtbar enttäuscht war, zog er los und versprach, eine Stunde später wieder zu Hause zu sein", erinnert sich Brenda. „Aber erst nach zweieinhalb Stunden, als wir alle schon im Bett lagen, tauchte er wieder auf. Er entschuldigte sich zwar, meinte aber, ich würde mich bockig wie ein kleines Kind aufführen. Er sei schließlich ein erwachsener Mann, der frei entscheiden könne.

Seine Abbitte war also für die Katz, denn letztlich gab er mir die Schuld für sein Verhalten. Ich hatte noch gebetet, dass ich nicht schlechter Laune sei, wenn er heimkäme. Aber ich war so außer mir, dass ich nicht an mich halten konnte."

In dem Augenblick, wenn wir dem anderen die Schuld

in die Schuhe schieben, verwandeln wir die Entschuldigung in einen Angriff, und Angriffe sind nun wahrlich nicht dazu geeignet, Vergebung und Versöhnung zu fördern.

Maria ist 27 Jahre alt und seit drei Jahren mit einem Mann fest befreundet. Sie erzählte mir: „Jedes Mal, wenn eine Bitte um Verzeihung mit Erklärungen für das Fehlverhalten einhergeht, überdecken die Ausflüchte die Entschuldigung in meinem Kopf. Er soll sich nicht immer entschuldigen und dann fadenscheinige Gründe vorbringen. Wenn er es doch mal bei der Entschuldigung beließe!"

Die Schwestern Iris und Marie stritten sich oft, und sie wünschten sich nichts sehnlicher, als besser miteinander auszukommen. Aber es wollte ihnen nicht gelingen. So fragte ich Marie: „Entschuldigt sich Iris eigentlich, wenn sie wieder mal ausgerastet ist?" Und Marie antwortete: „Das tut sie andauernd. Aber zum Schluss sagt sie dann immer: ‚Es wäre auch schön, wenn du endlich aufhören würdest, mich für blöd zu halten. Ich weiß, dass ich nicht so gebildet bin wie du, aber das heißt noch lange nicht, dass du mich wie den letzten Dreck behandeln kannst.' Was ist das für eine Entschuldigung? Im Grunde gibt sie mir die ganze Schuld. Offenbar hat sie selber ganz schön Schwierigkeiten mit ihrem Selbstwertgefühl. Trotzdem, ihre Entschuldigungen sind immer nur Anklagen."

Entschuldigungen, die nicht manipulieren

Ist ein Schuldbekenntnis ernst gemeint, dient es nicht dazu, den anderen zu eigenen Geständnissen zu manipulieren.

Daniel und Nora sind seit zwei Jahren fest befreundet und stecken gerade in Schwierigkeiten. Sie erzählt: „Daniel hat zwar immer wieder erklärt, dass ihm etwas leid tut. Aber dann erwartet er, dass ich meinerseits Schuld eingestehe, selbst wenn ich mir überhaupt keiner Schuld bewusst bin. Schließlich war er es dann, der etwas falsch gemacht hat. So verpufft die Wirkung seiner Entschuldigung bei mir völlig. Er soll sich entschuldigen und keine Gegenleistung dafür erwarten, denn das hieße ja, dass er kein echtes Bedauern ausdrücken will."

Manchmal verletzen wir Menschen und merken es gar nicht. Es geschieht dann gewiss nicht mit Absicht. Aber zu einer gesunden Beziehung gehört es auch, sich zu entschuldigen, wenn man etwas nicht mit böser Absicht getan hat. Wenn ich jemanden beim Verlassen des Fahrstuhls aus Versehen anremple, dann steckt keine Absicht dahinter. Trotzdem sage ich: „Tut mir leid", aber nicht, weil ich es mit Bosheit getan hätte, sondern weil ich mit den Unannehmlichkeiten des anderen mitfühle und dies zum Ausdruck bringen will. Das gleiche Prinzip gilt natürlich auch in engeren Beziehungen. Vielleicht ist Ihnen gar nicht bewusst geworden, dass Sie Ihrem Partner etwas angetan haben, aber wenn es offensichtlich wird, dann können Sie immer noch sagen: „Es tut mir leid, dass mein Verhalten dich so sehr gekränkt hat. Ich habe es nicht mit Absicht getan."

Manipulation ist es auch, wenn wir uns entschuldigen, nur um den anderen zum Schweigen zu bringen. Renate berichtete von solch einer Erfahrung: „Am Anfang unserer Ehe tat mein Mann etwas, was großen Schaden angerichtet hat, aber er weigerte sich beharrlich, sich dafür zu entschuldigen. Ich verlangte es vergeblich, bis er eines Tages meinte, es tue ihm leid. Aber es klang nicht echt. Er tat es nur, um endlich seine Ruhe vor mir zu haben. Der Tonfall sagte alles. Was er in Wahrheit sagen wollte, war: ‚Lass mich endlich in Ruhe damit. Ich will raus aus dieser Falle.' Er sah noch immer nicht ein, dass er etwas falsch gemacht und mich tief gekränkt hatte."

Ein Brief kann gute Dienste leisten

Ein Brief kann die Ernsthaftigkeit einer Entschuldigung unterstreichen. Das geschriebene Wort hat emotionales Gewicht, weil man es mehrfach lesen kann. Auch der Vorgang des Schreibens kann zur eigenen gedanklichen Klärung beitragen, sodass etwas viel positiver als vorher zum Ausdruck kommen kann. Hier nun ein Brief, den eine meiner (Jennifers) Klientinnen von ihrem Mann bekam. Ich habe die Erlaubnis, ihn hier wiederzugeben:

Liebe Olivia,
ich möchte mich dafür entschuldigen, dass ich heute Abend so spät nach Hause gekommen bin und dass ich dir nicht sofort Bescheid gesagt habe, als ich es absehen konnte. Ich weiß, dass es für dich mit den Kindern ein ganz schwerer Tag gewesen ist. Ich wünschte, ich hätte dir zur Seite stehen können. Wenn ich wenigstens pünktlich gewesen wäre, um dich dann noch zu unterstützen. Es hat mir einen ganz schönen Schrecken eingejagt, als ich um halb sieben deinen Hilferuf von Viertel vor fünf erhielt. Ja, du batest mich, pünktlich zu sein. Schreckliche Vorstellung, dass du von dem Augenblick an ständig

gelauscht hast, ob ich nicht auf den Hof fahre. Es tut mir leid, dass ich meinem Chef gegenüber nicht längst Grenzen gesetzt habe mit den Überstunden. Ich will mich bemühen, verlässlicher zu werden. Ich entschuldige mich und hoffe, dass du mir verzeihen kannst.
Dein reuiger, aber liebender Ehemann Jim

Olivia schrieb unten auf das Blatt: „Vergeben am 20.1.05." Offenbar hatte Jims Eingeständnis des eigenen Mitleidens bei ihr Wirkung gezeigt. Sie hatte gespürt, dass er es ernst meinte, und so war sie bereit, ihm zu vergeben.

Für manche ist es eine deutliche Sprache des Verzeihens, wenn ihnen der andere das Bekenntnis ablegt, dass er oder sie etwas bereut – ein Eingeständnis ohne Wenn und Aber. Das *Bekenntnis* ist also die erste Sprache des Verzeihens. Bei wem diese Sprache innerlich angelegt ist, der wird, wenn er den Ernst spürt, auf ein solches Wort hin bereit sein zu verzeihen. Aber ohne ein solches Bekenntnis fällt es schwer.

Wie die 1. Sprache des Verzeihens Wirkung zeigt

Lesen Sie die folgenden Aussagen über die Sprache des Verzeihens Nummer 1, dem Eingeständnis: *Es tut mir leid.*

„Mein Mann hatte in Gegenwart von Freunden darüber gespöttelt, dass ich so viel wiege und esse. Das hat mich tief verletzt. Später am Abend gestand er mir ein, erkannt zu haben, wie peinlich mir das alles gewesen sein muss, und es tue ihm schrecklich leid, mich mit seinen

unbedachten Worten in diese Situation gebracht zu haben. Ich verzieh ihm, weil ich das Gefühl hatte, er meinte es ernst.“
Marilyn, 53, seit elf Jahren mit ihrem zweiten Mann verheiratet

„Ich wünsche mir eine Entschuldigung, die von Herzen kommt. Was mich verletzt hat, soll ihm leidtun. Der andere soll also selber spüren, dass er oder sie mir geschadet hat.“
Vicky, 26, Single

„Er kam eines Nachts sehr spät heim und entschuldigte sich dafür. Es sei schon okay, sagte ich. Ich würde es verstehen. Aber damit ließ er es nicht bewenden. Er meinte noch, obwohl ich nicht mehr böse war, dass es ihm etwas ausmache, wenn er mich enttäuschen würde. Oh, das tat gut.“
Catina, 28, zwei Jahre verheiratet

„Es ist für mich eine echte Entschuldigung, wenn sie ihr Bedauern ausführlich beschreibt, aber auch Verständnis für meine Gefühle äußert – und schließlich an ihrem Verhalten erkennen lässt, dass es ihr leidtut.“
Tom, 40, zwei Jahre verheiratet

Auf die Frage, was er von einer Entschuldigung erwarte, antwortete Bob: „Echte Reue. Ich möchte sehen, dass der andere sich schuldig fühlt und es ihm wirklich leidtut.“
Bob, 34, Single

Für diese Menschen und für viele andere ist das *Bekenntnis* als Sprache des Verzeihens für den Heilungsprozess sehr wichtig. Wenn Sie wollen, dass andere Ihre Ernsthaftigkeit spüren, dann sollten Sie diese Sprache des Verzeihens erlernen. Sie vermittelt dem anderen, dass Sie selber leiden, weil Sie Leid zugefügt haben. Es ist Ihre Identifikation mit dem Schmerz des anderen, die seine Bereitschaft zur Vergebung fördert.

Wenn Sie also bereit sind, Ihr Bedauern einzugestehen, können Ihnen die Aussagen auf der nächsten Seite „auf die Sprünge" helfen.

Aussagen des Bedauerns

- *„Mir ist völlig klar, dass ich dich tief verletzt habe. Das macht mir schrecklichen Kummer. Es tut mir von Herzen leid, was ich dir angetan habe."*

- *„Ich fühle mich richtig schlecht, dass ich dich so enttäuscht habe. Ich hätte etwas mehr nachdenken sollen. Ich entschuldige mich dafür, dass ich dir so viel Leid zugefügt habe."*

- *„Ich habe damals offenbar meinen Verstand verloren. Es war nie meine Absicht, dir so was anzutun. Inzwischen sehe ich ein, wie abwegig meine Worte waren. Verzeih mir, dass ich so unsensibel war."*

- *„Es tut mir leid, dass ich dein Vertrauen missbraucht habe. Ich habe damit eine Mauer zwischen uns errichtet, die möchte ich jetzt wieder einreißen. Selbst wenn ich mich jetzt entschuldige, wird es bestimmt noch eine Weile dauern, bis du wieder bereit sein kannst, dich mir zuzuwenden."*

- *„Ihnen ist eine Dienstleistung versprochen worden, die wir nicht erbracht haben. Es tut uns leid, dass unsere Firma diesmal so gar nicht Ihren Erwartungen entsprochen hat."*

Die fünf Sprachen des Verzeihens

1. Das Eingeständnis:
„Es tut mir leid."

2. Die Verantwortung:
„Es war mein Fehler."

3. Die Wiedergutmachung:
„Wie kann ich das wiedergutmachen?"

4. Der Sinneswandel:
„Es soll nicht wieder vorkommen."

5. Die Vergebung:
„Willst du mir vergeben?"

2. Die Verantwortung: *„Es war mein Fehler."*

Lars war normalerweise ein Chef, den kaum etwas aus der Ruhe brachte. Aber eines Tages fuhr er aus der Haut. Er brüllte einen seiner Angestellten an. Grundsätzlich hatte er Recht, aber sein Aufbrausen war unangemessen und seine Worte beleidigend. Danach fühlte er sich miserabel, aber er sagte sich: *Was ich gesagt habe, entsprach der Wahrheit, und der Mann muss sich sowieso etwas mehr am Riemen reißen. Und er sollte wissen, dass er mich zu respektieren hat.*

Jane fiel es schwer, sich Termine zu merken – besonders am Wochenende, wenn sie selten auf den Kalender schaute. Also kam sie wieder einmal zu einem Nachbarschaftstreffen so spät, dass die Veranstaltung schon halb vorüber war. Was sollte sie nur wieder als Ausrede vorbringen? Die späte Rückkehr von der Reise fiel ihr als Erstes ein. Die anderen rollten mit den Augen, hatten sie doch auch diesmal wieder eine fadenscheinige Entschuldigung erwartet.

Bernd hatte nach einem medizinischen Eingriff heftige Schmerzen. Seine Mutter umsorgte ihn liebevoll, sah zu, dass es ihm an nichts fehlte, und bestand darauf, dass er das Schmerzmittel nahm. Aber Bobby erteilte ihr eine heftige Abfuhr. Er wusste, dass das nicht nett war, um es milde auszudrücken. Aber er sagte sich: *Wer noch so unter Medikamenten steht wie ich im Augenblick, der flippt halt manchmal aus. Das sollte Mutter verstehen.*

Drei ganz unterschiedliche Szenarien: Hässliche Worte, Nachlässigkeit und eine grobe Abfuhr. Lars, Jane und

Bernd machten sich hinterher Gewissensbisse. Aber sie fanden auch Ausreden, um sich vor der Entschuldigung zu drücken. Das tat der jeweiligen Beziehung nicht gut, wo doch eine Entschuldigung oft schon ausreicht, um die Welt ein Stück zu verändern. Aber zum Bedauern gehört auch, dass man Verantwortung für sein falsches Handeln übernimmt.

Warum fällt es vielen von uns so schwer zu sagen: „*Ich* habe den Fehler gemacht"? Das hat meist etwas mit unserem Selbstwertgefühl zu tun. Wer Verantwortung für Fehler übernimmt, gesteht schließlich Schwäche ein, und er sagt sich: *Nur Schwächlinge geben etwas zu. Intelligente rechtfertigen ihr Verhalten.*

Begründet wird diese Neigung zur eigenen Rechtfertigung meist schon in der Kindheit. Wird ein Kind wegen kleinster Vergehen bestraft oder verurteilt, so wird sein Selbstwertgefühl erheblich geschädigt, und es stellt allmählich unterbewusst eine Verbindung zwischen Fehlverhalten und dem eigenen Selbstwert her. Einen Fehler einzugestehen heißt also, sich selber schlechtzumachen. Ein Kind, das mit diesem emotionalen Grundmuster aufwächst, wird auch als Erwachsener Schwierigkeiten haben, Schwächen zuzugeben, weil das das Bild vom Selbst beschädigt.

Aber selbst als Erwachsener kann man diese negativen Grundmuster durchschauen und muss sich nicht länger davon gefangen halten lassen. Niemand ist ohne Fehler. Und so lernen es reife Erwachsene, die alten Verhaltensmuster zu durchbrechen und Verantwortung für die eigenen Fehler zu übernehmen. Der unreif gebliebene Mensch jedoch wird jede Schwäche bemänteln.

Anderen die Schuld für eigenes Fehlverhalten geben

Die eigene Rechtfertigung führt meist dazu, dass man dem anderen die Schuld in die Schuhe schiebt. Gewiss, vielleicht war das eine oder andere nicht ganz richtig, aber der andere hat mit seiner Verantwortungslosigkeit schließlich alles verbockt. Mit diesem Gedanken im Hinterkopf fällt es schwer zu sagen: „Ich übernehme die Verantwortung." Wie unreif dieses Verhalten ist, erkennen wir daran, dass gerade Kinder immer schnell dabei sind, andere zu beschuldigen. Ich (Gary) erinnere mich noch daran, wie wir unserem Sechsjährigen vorhielten, ein Glas vom Tisch gestoßen zu haben, das nun in tausend Scherben am Boden lag, worauf der Kleine antwortete: „Das ist ganz allein gefallen!" Wie erleichtert es doch, dem anderen die Schuld zu geben, aber niemals sich selber!

Reife Erwachsene lernen es, Verantwortung für ihr Tun zu übernehmen, während unreife Menschen gern wie Kinder fantasieren und immer die anderen zum Buhmann machen.

Wer Verantwortung für sein Handeln übernimmt, muss auch grundsätzlich bereit sein, dafür einzustehen und zu sagen: „Das habe *ich* verbockt." Einer der wichtigsten Faktoren für den Erfolg im Leben ist die Bereitschaft, Fehler einzugestehen. Kaum etwas ist wirkungsvoller, als mit gesundem Menschenverstand, Klugheit und innerer Stärke zuzugeben, dass man einen Fehler gemacht hat und bereit ist, ihn geradezurücken. Wer lernt, Verantwortung für sein Tun zu übernehmen, hat einen großen Schritt getan, um als Erwachsener ein erfolgreiches Leben zu führen.

Die Entschuldigung

Die Talkshow-Gastgeberin Oprah Winfrey überraschte ihr Publikum, als sie am 26. Januar 2006 ihre Sendung mit folgenden Worten eröffnete: „Ich habe einen Fehler gemacht." Sie entschuldigte sich dafür, einen Buchautor verteidigt zu haben, der sich große Teile seiner Memoiren aus den Fingern gesogen hatte. Dass sie ihn in einer Sendung dennoch so vehement in Schutz genommen hatte, hatte viele ihrer Anhänger befremdet. Und auch die Buchkritiker empfanden es als unerträglich, dass James Frey in einem Sachbuch Tatsachen derart verdrehte. Das sei unentschuldbar.

Oprah Winfrey fuhr fort: „Indem ich Mr. Frey verteidigte, vermittelte ich den Eindruck, dass mir die Wahrheit nicht sonderlich am Herzen liege, und das tut mir zutiefst leid, weil es eigentlich nicht meiner Überzeugung entspricht." Winfreys Entschuldigung umfasste gleich zwei Sprachen des Verzeihens: Sie gestand ein, dass sie litt (Sprache Nummer 1) und übernahm die Verantwortung dafür (Sprache Nummer 2).

Aber gerade dadurch, dass sie zugab: *Ja,* ich *trage Verantwortung*, gewann sie das Ansehen zurück, das sie bei vielen ihrer Zuschauer verloren hatte. So mancher Kolumnist bemerkte hinterher, dass die Bereitschaft, auf die Vorbehalte der Zuschauer einzugehen, ihr den weiteren Publikumserfolg gesichert habe. Einer ihrer heftigsten Kritiker sagte über Oprahs Entschuldigung: „Wenn eine Persönlichkeit wie sie eingesteht, einen solchen kapitalen Fehler begangen zu haben, so spricht das für sie. Man erlebt es nicht oft, dass jemand von ihrem Format Fehler zugibt und sich vor dem Publikum entschuldigt."

Oprahs Bitte um Vergebung erinnert uns daran, dass auch die Reichen und Berühmten für ihr Handeln Verantwortung übernehmen und dazu stehen müssen.

Verantwortung übernehmen lernen

Indem Oprah Winfrey sagte: „Ich habe einen Fehler gemacht“, gab sie Schwäche zu. Ein solcher Satz klingt deshalb in den Ohren des anderen wie eine ernst gemeinte Entschuldigung. Ohne diese Aussage, mit der man sich zu seiner Verantwortung für alle Folgen stellt, bleibt für viele eine Entschuldigung leeres Gerede, ob es sich dabei um eine bekannte Persönlichkeit aus dem Fernsehen handelt oder den Zimmernachbarn auf der Studentenbude.

Johanna und Richard saßen nach fünf Jahren Ehe in meinem Büro. Finanziell konnten sie nicht klagen. Richard hatte nach dem Studium einen gut bezahlten Arbeitsplatz gefunden, und auch Johanna hatte zwei Jahre voll gearbeitet, bis das Baby kam. Die beiden Schwiegerelternpaare lebten in der Stadt und boten sich gern als Babysitter an. So hatten Richard und Johanna viel Zeit, die sie auch allein miteinander verbringen konnten. Johanna drückte es so aus: „Unser Leben kann eigentlich besser nicht sein. Das einzige Problem ist, dass Richard es nicht über sich bringt, sich zu entschuldigen. Wenn ihm etwas in die Quere kommt und Dinge nicht so laufen, wie er es sich vorstellt, dann kann er ganz schön austeilen. Aber anstatt sich zu entschuldigen, macht er *mich* für seinen Ärger verantwortlich. Und selbst die wenigen Male, die er sich entschuldigt hat, musste er noch anfügen: ‚Aber hättest du mich nicht so gereizt, wäre ich nicht so aus der Haut gefahren.‘ Er entschuldigt also sein Verhalten, indem er die Schuld dafür mir anlastet. Es ist, als könne er selber grundsätzlich nichts falsch machen. Ich weiß auch, dass ich nicht vollkommen bin, aber ich bin wenigstens bereit, meine Fehler zuzugeben, wenn ich was falsch gemacht habe. Richard dagegen gibt nie etwas zu.“

Als ich Richard fragend ansah, erwiderte er: „Ich finde es eben nicht richtig, sich für etwas entschuldigen zu müssen, was man selber nicht zu verantworten hat. Klar fahre ich manchmal aus der Haut, aber nur, weil sie mich ständig bekrittelt und mir das Gefühl gibt, kein guter Vater zu sein. Ich habe mit meinem Sohn so viel Zeit wie irgend möglich verbracht. Trotzdem liegt sie mir ständig in den Ohren: ‚Dein Sohn wird dich eines Tages nicht mehr wiedererkennen, wenn du dich so selten um ihn kümmerst.‘ Ich muss in meinem Beruf hart arbeiten, und wenn ich nach Hause komme, bin ich todmüde. Ich brauche dann Zeit, um mich ein bisschen zu regenerieren. Ich kann nicht einfach nach Hause kommen und gleich zwei Stunden mit Elias spielen.“

„Von zwei Stunden kann gar keine Rede sein“, antwortete Johanna. „Mir würde am Anfang ja schon eine Viertelstunde reichen.“

„Das meine ich“, sagte Richard. „Würde ich es eine Viertelstunde machen, würde sie in der nächsten Woche zwanzig Minuten verlangen. Was immer ich tue, ich kann sie nicht zufriedenstellen.“

Ich hatte den Eindruck, dass Johannas Kritik an Richards Selbstwertgefühl nagte. Er wollte doch ein guter Vater sein, und ihre Sticheleien deuteten das Gegenteil an. Darauf aber wollte er sich nicht einlassen, und seine Art, sich zu wehren, bestand darin, mit Worten kräftig auszuteilen. In diesem Fall mussten sich *beide* entschuldigen. Aber beide hielten sich für unschuldig.

Wenn eine Beziehung durch Verletzungen und Groll brüchig geworden ist, ist eine Entschuldigung oft das probate Mittel zur Heilung. Auch Richard und Johanna waren verletzt und trugen sich Dinge nach. Er fühlte sich durch kränkende Bemerkungen verletzt und sie durch hässliche Worte, die er ihr an den Kopf warf – obgleich keiner von beiden es wirklich aus böser Absicht tat. Dennoch hatten sich beide schuldig gemacht.

Zum Ende der ersten Seelsorgesitzung bat ich Richard, in der nächsten Woche allein zu kommen und darauf die Woche nur Johanna. In der vierten Sitzung würden wir uns dann wieder alle gemeinsam treffen. Damit waren die beiden einverstanden.

Erinnerungen an die Zeit mit Mama und Papa

Bereits in der ersten Sitzung mit Richard wurde klar, warum Johannas Sticheleien so negative Reaktionen hervorgerufen hatten. Sie warf ihm ja regelmäßig vor, zu wenig Zeit mit Elias zu verbringen. Auch sein Vater war höchst selten zu Hause gewesen. Normalerweise verließ er am Sonntagabend die Familie, um am Freitagnachmittag heimzukehren. Das Wochenende verbrachte er mit Golfen oder vor dem Fernseher, wo stets Sportsendungen liefen. Hin und wieder hatte Richard mit seinem Vater Golf gespielt und gelegentlich auch zusammen mit ihm vor dem Fernseher gesessen. Aber als Richard dann mit dem Studium begann, verließ er das Haus mit dem Gefühl, seinen Vater überhaupt nicht zu kennen. Und er schwor sich, dass es mit seinen Kindern einmal anders sein würde. Er würde Wege finden, um eine enge Beziehung zu pflegen. Sein Sohn würde wissen, dass sein Vater ihn liebt. Weil Richard sich so sehnlich wünschte, ein guter Vater zu sein, verletzten ihn Johannas Anklagen umso mehr.

Den barschen Ton hatte er bei seiner Mutter gelernt, die dem Vater gegenüber kein Blatt vor den Mund nahm. Richard identifizierte sich mit dem Leid seiner Mutter und hielt ihren hässlichen Umgangston für gerechtfertigt, weil er ihrer Gemütslage entsprach. Nun erwachsen geworden, fühlte auch er sich berechtigt, all seinem Ärger auf diese Weise Luft zu machen. Und so sah er auch keinen Sinn darin, sich zu entschuldigen, indem er zugab, sein herrischer Ton sei falsch.

Ich verfolgte fortan eine Doppelstrategie. Zunächst versuchte ich Richard klarzumachen, dass das Verhalten der Eltern kein gutes Vorbild war. Und er gab auch unumwunden zu, dass eine Ehe, wie sie die Eltern geführt hatten, für ihn nicht infrage käme. Er wünschte sich eine Ehe, in der sich die Partner lieben und umsorgen. Aber ich versicherte ihm, dass er eine solche Ehe niemals bekommen würde, wenn er sich weiterhin an das Vorbild seiner Eltern hielt. Zweitens sollte er einsehen, dass es einen Unterschied macht, ob man die Beweggründe seines Handels nur erkennt oder darüber hinaus missbilligt. Es war zwar nachzuvollziehen, warum sich Richard seiner Frau gegenüber gerade so verhielt. Aber dadurch, dass er diesen Zustand als berechtigt hinnahm, zerstörte er gerade das, wonach er sich sehnte, nämlich eine glückliche Ehe.

Einerseits, andererseits

Ich machte ihm klar, dass er zwar ein Recht habe, sich verletzt, enttäuscht und frustriert zu fühlen. Er suche sich seine Gefühle ja nicht aus. Sie sind einfach da. Andererseits müsse er aber begreifen, dass er wegen seiner Gefühle nicht das Recht habe, einen anderen durch Worte und Taten zu verletzen. Wenn er seine Partnerin verletzt, weil sie ihn verletzt hat, ist dies wie eine Kriegserklärung. Und der Krieg kennt keine unversehrten Sieger.

Deshalb sollte er alles daransetzen, seine Gefühle so auszudrücken, dass sie seine Partnerin nicht verletzen, sondern immer das Potenzial zur Versöhnung in sich bergen. Wir erarbeiteten gemeinsam eine Erklärung, die Richard seiner Frau abgeben sollte, um eine möglichst positive Wirkung zu erzielen. Und das ist das Ergebnis:

„Schatz, ich liebe dich sehr, und ich liebe Elias sehr. Ich wünsche mir nichts sehnlicher, als ein guter Ehemann und Vater zu sein. Dieser Wunsch ist vielleicht auch so groß, weil ich selber keine gute Beziehung zu meinem Vater gehabt habe und miterleben musste, wie sich alle in meiner Familie ständig bekriegten. Deshalb möchte ich etwas ansprechen, was mich tief verletzt hat, und ich möchte dich bitten, mir dabei zu helfen, eine Lösung zu finden. Ich habe dich gestern sagen hören: ‚Wenn du nicht mehr Zeit mit Elias verbringst, wird er groß, ohne seinen Vater zu kennen.‘ Das war wie ein Stich ins Herz. Ich bin rauf in mein Arbeitszimmer und habe mich erst einmal ausgeweint, denn das ist das Letzte, was ich mir wünsche. Kannst du mir also helfen, meine Zeit besser einzuteilen, sodass ich mehr davon mit Elias verbringen kann und trotzdem genug bleibt, damit ich für unser finanzielles Auskommen sorgen kann?“

Ich machte Richard Mut, dass Johanna auf diese Worte positiv reagieren werde. Und er glaubte es auch.

Dann sagte ich noch: „Ich weiß aus langjähriger Erfahrung, dass eine Absichtserklärung noch nicht genügt, um alte Verhaltensmuster einzureißen. Mit einiger Wahrscheinlichkeit fallen Sie in den nächsten paar Wochen immer mal wieder in alte Gewohnheiten zurück und reagieren auf bestimmte Bemerkungen von Johanna mit hässlichen Worten. Sie tun das nicht absichtlich, es rutscht Ihnen einfach so heraus. Dann kommt es darauf an, dass Sie sich entschuldigen. Sie stimmen mir sicher zu, dass es kränkend ist, seine Frau anzuschreien.“ Richard nickte. „Sehen Sie, und deshalb richtet es so viel Schaden an.“

Ich erinnerte ihn daran, dass das Neue Testament die Ehemänner auffordert, ihre Frauen zu lieben und für sie zu sorgen – so, wie Christus seine Gemeinde umsorgt hat.[1]

„Die Frau zu beschimpfen passt nicht in das Rezept für eine erfolgreiche Ehe“, sagte ich, und Richard nickte wieder. „Deshalb sollten Sie folgende Sätze parat haben, wenn es wieder passiert ist: ‚Gestern Abend habe ich leider wieder die Beherrschung verloren. Ich habe dich angeschrien und dir hässliche Dinge an den Kopf geworfen. Das war nicht richtig. Ich weiß, dass ich dich damit wieder verletzt habe, und das tut mir leid, weil ich es eigentlich nicht will. Deshalb möchte ich dich bitten, mir zu verzeihen. Ich weiß, dass ich im Unrecht war.‘“

Richard schrieb sich die Sätze in seinen Palmtop. Dann beteten wir zusammen und baten Gott um Beistand, wenn

Richard nun darangehen würde, auf ganz neue Weise mit Verletzungen und seiner Wut umzugehen. Es war eine schwierige Sitzung gewesen, aber ich hatte dennoch das Gefühl, Richard sei innerlich bereit, sich zu ändern.

Es kostete Johanna Überwindung zu vergeben

Meine Sitzung mit Johanna wurde noch komplizierter – nicht, weil sie sich keine bessere Ehe wünschte, sondern weil sie einfach nicht einsehen konnte, dass ein liebender Ehemann seine Frau anschreit. Das war für sie unvereinbar, und deshalb stellte sie Richards Liebe infrage.

Ich ließ sie wissen, dass ich ihre Empfindungen nachvollziehen könne. Gleichzeitig versuchte ich ihr verständlich zu machen, dass niemand von uns imstande sei, vollkommen zu lieben. Natürlich habe sie Recht, dass perfekte Liebe den Geliebten nicht verletzen könne, aber niemand von uns sei imstande, vollkommen zu lieben, denn wir alle seien Sünder.[2] Ja, auch wir Christen! Das ist eine Erkenntnis, die uns allen gilt. Deshalb müssen wir auch lernen, unsere Sünden zu bekennen – Gott und der Person, an der wir schuldig geworden sind.[3] Bedingung für eine glückliche Ehe ist nicht Vollkommenheit, sondern die Bereitschaft, Fehler einzugestehen und um Vergebung zu bitten.

Ich merkte wohl, dass Johanna mir vom Verstand her Recht gab. Sie war in einer Gemeinde groß geworden und kannte sich in der Bibel aus. Und dennoch machte ihr der Schmerz, den Richard ihr zufügte, so zu schaffen, dass es ihr unsäglich schwerfiel, ihm zu vergeben. „Vor allem, da er sich ja nie entschuldigt", sagte sie, und ich stimmte ihr zu, dass die Entschuldigung ein zentraler Bestandteil des Versöhnungsprozesses sei. Und so fragte ich sie, was sie aus einer ernst gemeinten Entschuldigung heraushören wolle. „Sie muss von Herzen kommen", antwortete sie. „Es reicht nicht, wenn er sagt: ‚Tut mir leid, dass ich dich verletzt habe.' Er muss wirklich einsehen, dass er falsch handelt und mir Leid zufügt. Wie kann er immer gleich zur Tagesordnung übergehen, ohne mir plausibel zu machen, dass er etwas bedauert?"

In der folgenden halben Stunde redeten Johanna und ich über die Beziehung zwischen Verletzungen und Selbstwertgefühl. Ich versuchte, ihr die emotionale Situation in Richards Familie verständlich zu machen und welche Umstände dazu geführt hatten, dass es ihn so tief verletzte, wenn er nicht als guter Vater anerkannt wurde. Ihre abfälligen Bemerkungen mochten in gewisser Weise berechtigt sein – aus ihrer Perspektive –, aber für ihn waren sie wie Granaten, die in seiner Seele explodierten. Und seine natürliche Abwehr bestand nun mal aus verbalem Zurückschlagen, so, wie er es immer wieder bei seiner Mutter erlebt hatte.

„Aber kann er sich da jemals ändern, wenn er mit diesem Vorbild aufgewachsen ist?", fragte sie.

„Das ist ja gerade eine wunderbare Eigenschaft des Menschen", antwortete ich. „Wir sind imstande, uns zu verändern, vor allem wenn wir uns nach Gottes Hilfe ausstrecken. Ich bin überzeugt, dass Richard es ernst meint und er anfängt, sich selber besser zu durchschauen. Und Sie werden bald feststellen, dass sich Grundlegendes bei ihm verändert."

„Das hoffe ich", erwiderte Johanna. „Ich liebe ihn so

sehr, und ich möchte doch eine glückliche Ehe führen. Ich weiß, dass wir ganz schön in der Klemme stecken. Hoffentlich ist es noch nicht zu spät."

Den Rest der Sitzung beschäftigten wir uns damit zu überlegen, in welcher Form Johanna in Zukunft ihre Sorge äußern könne, dass Richard sich zu wenig seinem Sohn widme, ohne dabei das Selbstwertgefühl ihres Mannes zu beschädigen. Ich regte an, immer gleich konkrete Vorschläge zu machen. So etwas höre sich viel weniger nach Nörgelei an, und ein Vorschlag sei immer besser als eine Forderung. Wir stellten die folgende Liste zusammen:

- „Wie wär's, wenn du mit Elias ein bisschen Lego baust, während ich koche?"
- „Was hältst du von einem Spaziergang mit uns drei nach dem Essen?"
- „Hättest du Lust, Elias heute Abend zu baden?"
- „Kannst du Elias schon mal die Gutenachtgeschichte vorlesen, während ich das Badewasser einlasse?"
- „Wie wär's, wenn du mit Elias ein bisschen im Sandkasten buddelst, während ich die Spülmaschine einräume?"

Johanna begriff, dass konkrete Vorschläge allemal besser waren als allgemein gehaltene Nörgeleien. Dennoch warnte ich sie: „Nur ein solcher Vorschlag pro Woche, okay? Und wenn er sich mit Elias beschäftigt, dann sagen Sie etwas Anerkennendes. Sagen Sie ihm, wie stolz Sie sind, dass er seine Aufgabe als Vater so ernst nimmt. Lassen Sie ihn wissen, dass es Ihnen gut tut, wenn er mit Elias spielt, während Sie in Ruhe kochen können. Lassen Sie nichts von seinen Bemühungen unerwähnt. Da sich Richard so sehr danach sehnt, ein guter Vater zu sein, stärken Sie sein Selbstwertgefühl ungemein, wenn Sie ihn loben. Und Sie schaffen ein positives emotionales Klima zwischen Ihnen als Paar."

Auf neue Weise reagieren lernen

Die folgenden vier Sitzungen mit Richard und Johanna waren genauso produktiv wie die ersten drei. Es war interessant zu beobachten, wie die beiden zu ganz neuen Einsichten gelangten – über sich selber, über Verhaltensmuster der Vergangenheit und über neue Möglichkeiten, miteinander umzugehen. Richard lernte, Fehler einzugestehen, wenn er wieder einmal aus der Haut fuhr, und Johanna lernte, sich zu entschuldigen, wenn ihr wieder einmal eine kritische Bemerkung über sein Vatersein herausgerutscht war.

Im Laufe unserer Seelsorge wurde deutlich, dass Richards persönliche Sprache des Verzeihens das Bekenntnis war, dass es ihr wirklich *leid* tat. Wenn er bemerkte, dass es ihr etwas ausmachte, war er bereit, ihr zu vergeben. Johanna war es dagegen wichtiger, wenn er sich überwand, zu einem Fehler zu stehen und Verantwortung dafür zu übernehmen. Nachdem sie gelernt hatte, Mitgefühl und Reue zu bekunden, und er bereit war, Fehler einzusehen, lernten sie es, all das in Worten auszudrücken – und ihre Ehe machte einen riesigen Schritt vorwärts.

Wie die 2. Sprache des Verzeihens Wirkung zeigt

Für viele Menschen gehört zu einer Entschuldigung die Bereitschaft, sich seiner Verantwortung zu stellen und den Fehler auch einzugestehen. Linda sagte einmal zu mir: „Mein Mann gibt niemals zu, dass er einen Fehler gemacht hat. Er kehrt lieber alles unter den Teppich, und dann soll nicht mehr darüber geredet werden. Bringe ich es dann wieder zur Sprache, dann antwortet er nur: ‚Keine Ahnung, was ich damals gemacht habe. Kannst du die alten Geschichten nicht ruhen lassen?‘ Wenn er sich dazu stellen würde, wäre ich auch bereit, ihm zu verzeihen. Aber wenn er so tut, als habe er sich nichts vorzuwerfen, fällt es so unsäglich schwer, darüber hinwegzusehen.“

Und mit Tränen in den Augen sagte sie noch: „Wenn er doch nur ein einziges Mal sagen würde: ‚Es war *mein* Fehler.‘“

Pam ist 27. Vor vielen Jahren hat ihr Vater gesagt, ein kluger Mensch sei stets bereit, die Verantwortung für seine Fehler zu übernehmen. „Ich werde niemals vergessen, was er mir damals mit auf den Weg gab: ‚Wir alle machen Fehler, aber die einzigen, die wirklich Schaden anrichten, sind jene, die wir nicht eingestehen wollen.‘

Als ich noch klein war und manchmal etwas verbockte, sah er mich an und fragte: ‚Möchtest du mir etwas sagen?‘ Und dann lächelte er und ich antwortete: ‚Ja, ich war's. Ich habe einen Fehler gemacht. Verzeihst du mir?‘ Dann umarmte er mich und sagte: ‚Es ist alles wieder gut.‘

Es gehört inzwischen zu meinem Wesen, zu Fehlern zu stehen, und das verdanke ich meinem Vater.“

Vor fünf Jahren heiratete Pam ihren Robert, den sie als den anständigsten Mann beschreibt, der ihr je begegnet ist. Und sie sagt über ihn: „Ich will nicht behaupten, dass er perfekt ist, aber er ist jederzeit bereit, seine Schuld zuzugeben. Ich mag Menschen, die genug Größe besitzen und ihre Schwächen eingestehen."

Michael, ein alleinstehender junger Mann von 24 Jahren, hat niemals gehört, dass sich sein Vater bei ihm oder seiner Mutter entschuldigte. Mit 18 verließ er das Elternhaus und betrat es nie wieder.

„Mein Vater war für mich der größte Heuchler", erzählt er. „Bei uns im Ort war er als erfolgreicher Mann anerkannt und geachtet, aber tief in seinem Herzen war er klein und mickrig. Er muss sich da drinnen so klein gefühlt haben, dass er es nicht über sich brachte, zum kleinsten Fehler zu stehen. Vielleicht wollte ich es deshalb ganz bewusst anders machen. Ich habe keine Probleme, mich bei anderen zu entschuldigen. Ich wünsche mir offene und ehrliche Beziehungen, und ich weiß, dass man die nur bekommt, wenn man Schwächen auch zugeben kann."

Lars und Lilli sind seit 25 Jahren verheiratet. „Vor ein paar Jahren", erzählt er, „bekam Lilli von ihrem Onkel eine nicht unerhebliche Summe geschenkt, und sie gab das Geld mit vollen Händen aus. Ich war damals der Meinung, es sollte der ganzen Familie zugutekommen, doch sie betrachtete das Ganze als persönliches Geschenk, das sie nach Gutdünken ausgeben dürfe. Nach kurzer Zeit war alles Geld weg. Das nahm ich ihr wirklich übel, und ich sagte es ihr auch – nicht unfreundlich, aber bestimmt."

Ein paar Tage später kam Lilli zu ihm und entschuldigte sich: „Du, mir ist inzwischen klar geworden, dass es nicht richtig war, wie ich mit Onkel Ernies Zuwendung umgegangen bin. Ich hätte mit dir darüber reden und dich nach deiner Meinung fragen sollen, wie wir's ausgeben. Das war sehr egoistisch, und mir ist bewusst geworden, wie sehr das unserer Beziehung geschadet hat. Ich fühle mich jetzt ganz blöd dabei. Ich weiß, dass ich einen Fehler gemacht habe.“

Und wie hat Lars reagiert? „Ich habe ihre Entschuldigung angenommen und ihr vergeben. Man konnte es zwar nicht rückgängig machen – das Geld war ausgegeben. Aber es brachte ja nichts, sich mit der Vergangenheit zu beschäftigen. Jetzt kam es darauf an, wie wir es in Zukunft halten würden. Ich sagte ihr deshalb, dass ich sie liebe und es ihr nicht mehr vorhalten würde. Wir fielen uns in die Arme und weinten. Es war jedenfalls ein heilsamer Augenblick in unserer Beziehung.

Später erzählte sie mir, sie hätte damals befürchtet, ich würde sie anschreien und es ihr in alle Zukunft aufs Butterbrot streichen. Aber warum sollte ich das tun, wo sie sich doch so glaubwürdig entschuldigt hatte?“

Auch für Lars bedeutet Ernsthaftigkeit bei einer Entschuldigung, sich seiner Verantwortung zu stellen.

So empfinden viele Menschen. Wenn der andere aber nicht bereit ist, zu seinem Fehlverhalten zu stehen und dies deutlich zum Ausdruck zu bringen, so ist für sie ein lapidares *Tut mir leid* keine Entschuldigung. Eine Frau sagte einmal zu mir: „Eine nur so hingeworfene Entschuldigung reicht mir nicht. Ich muss das Gefühl haben, der andere hat wirklich begriffen, dass er es war, der den Fehler gemacht hat.“ Bei Menschen mit dieser Sprache des Verzeihens können folgende Sätze Wirkung zeigen:

Aussagen der Bereitschaft, die Verantwortung zu übernehmen

- *„Ich weiß, dass ich einen Fehler gemacht habe. Ich könnte versuchen, mich herauszureden, aber da gibt's nichts zu beschönigen. Mit einem Wort: Ich war ein Egoist und habe einen Fehler gemacht."*

- *„Da habe ich wirklich einen Bock geschossen und überhaupt nicht nachgedacht. Das war wohl der Fehler. Ich hätte mir vorher überlegen sollen, was ich da tue. So habe ich alles falsch gemacht, was man nur falsch machen kann."*

- *„So hätte ich nicht mit dir reden dürfen. Erstens habe ich mich im Ton vergriffen, und dann hatte ich auch noch Unrecht. Ich war wütend und wollte mich nur rechtfertigen. So lieblos, wie ich mit dir geredet habe – ich hoffe, du kannst mir verzeihen."*

- *„Ich habe schon wieder denselben Fehler gemacht, obwohl wir schon so oft darüber gesprochen haben. Ich war es, der das Ganze verbockt hat. Ja, ich war schuld."*

Die fünf Sprachen des Verzeihens

1. DAS EINGESTÄNDNIS:
„Es tut mir leid."

2. DIE VERANTWORTUNG:
„Es war mein Fehler."

3. DIE WIEDERGUTMACHUNG:
„Wie kann ich das wiedergutmachen?"

4. DER SINNESWANDEL:
„Es soll nicht wieder vorkommen."

5. DIE VERGEBUNG:
„Willst du mir vergeben?"

3. Die Wiedergutmachung: *„Wie kann ich das wiedergutmachen?“*

In jüngster Zeit kann man in der Rechtsprechung eine Tendenz beobachten, die den Täter immer häufiger zu Schadensersatzleistungen verpflichtet, statt ihn ins Gefängnis zu stecken. Statt in der Zelle seine Zeit abzusitzen, soll derjenige, der den Schaden angerichtet hat, beim Opfer um Wiedergutmachung bemüht sein.

Diese Initiative berücksichtigt das im Menschen angelegte Bedürfnis, bei Fehlverhalten einen Schadensausgleich herzustellen. Der Schuldige soll im eigentlichen Sinne des Wortes „bezahlen“. Bei der Gefängnisstrafe ist man davon ausgegangen, dass der Täter seine Schuld der Gesamtgesellschaft gegenüber begleicht. Die Idee von der reparativen Wiedergutmachung spricht nun verstärkt dem Geschädigten als Individuum das Recht zu, dass sein Nachteil ausgeglichen wird.

In manchen Fällen ist dies relativ einfach zu bewerkstelligen. Ist ein finanzieller Schaden entstanden, kann der Täter verpflichtet werden, diesen zu bezahlen. Liegen die Dinge allerdings anders, wird es schwieriger. Handelt es sich zum Beispiel um eine Vergewaltigung oder einen Mord, wie sollen dann das Opfer oder seine Hinterbliebenen entschädigt werden? Dann bliebe nur noch die tätige Reue – also das Eingeständnis der Schuld und das Bemühen, den Opfern das Leben zu erleichtern und andere davon abzuhalten, ein ähnliches Verbrechen zu begehen.

Da nur wenige Täter freiwillig ihren Schaden wiedergutmachen wollen, ist unser Rechtssystem gefordert, hier nach Möglichkeit einen Ausgleich zu schaffen. Der Ansturm auf die Gerichte ist jedenfalls groß. Immerhin lernen wir das Prinzip des gerechten Ausgleichs bereits schon sehr früh. Wenn die Mutter beobachtet, wie die Sechsjährige ihrer vierjährigen Schwestern, die Puppe aus der Hand reißt, geht sie hin, hält die Große zur Entschuldigung an und fordert die Rückgabe.

Wiedergutmachung zur Schadensbegrenzung

Nach Definition des Brockhaus ist Wiedergutmachung wie folgt definiert: „Die Wiedergutmachung umfasst die Rückerstattung entzogenen Eigentums und den Ersatz sonstiger Schäden." Ein Zeichen wahren Bedauerns ist es, wenn man bereit ist, etwas gegen das Leid zu tun, das man angerichtet hat.

Ein Interessenausgleich findet statt, wenn der Verlust eines Opfers ersetzt wird. Das Gleichgewicht im Rechtsempfinden muss wiederhergestellt werden, und das geschieht durch Wiedergutmachung. Jede körperliche oder immaterielle Verletzung eines Menschen ist für ihn ein Verlust – sei es sein Selbstwertgefühl, der Respekt vor sich selber oder ein materieller Schaden.

Wiedergutmachung, damit die Liebe wiederkommt

Im öffentlichen Leben ist es unser Gerechtigkeitssinn, der die Wiedergutmachung fordert. Der Täter soll für seine Tat bezahlen. In der Privatsphäre sieht es anders aus. Dort ist die Liebe die eigentliche treibende Kraft zur Wiedergutmachung. Wenn wir im Familienkreis verletzt werden, besteht das Bedürfnis, uns zu vergewissern, dass uns der „Täter“ immer noch liebt. Schließlich ist es die Liebe, die alle Familien- und Freundesbande zusammenhält.

Wenn wir durch einen nahestehenden Menschen verletzt und gekränkt werden, treibt uns das schnell in arge Verzweiflung, denn wir wollen doch eigentlich von ihm oder ihr geliebt werden! Und das hässliche Wort oder die böse Tat hat nun Zweifel aufkommen lassen.

„Wie kann sie mich lieben und mir so etwas trotzdem antun?“ Diese Frage treibt uns um. Und da reicht oft ein schlichtes *Tut mir leid* nicht aus. Wir wollen nämlich etwas sehr Entscheidendes wissen: „Liebst du mich noch?“ Es ist dieser Zweifel, der Wiedergutmachung verlangt.

Für manche Menschen ist die Wiedergutmachung die wichtigste Sprache des Verzeihens. Sie erwarten auf ein Schuldbekenntnis die ergänzende Frage: „Was kann ich tun, damit du mir glaubst, dass ich dich noch immer liebe?“ Ohne angebotene Wiedergutmachung bezweifelt der Betreffende den Ernst der Entschuldigung. Er oder sie fühlt sich trotz der Bitte um Verzeihung weiterhin ungeliebt. Diese Menschen warten zusätzlich auf ein Zeichen der Reue, das ihnen sagt: Ich liebe dich noch immer.

Dinge zurechtbringen

Bei unseren Recherchen hörten wir ganz oft folgende Aussagen:

„Ich muss das Gefühl haben, dass er es bereut, aber

gleichzeitig muss ich die Bemühungen erkennen, den angerichteten Schaden in Ordnung zu bringen."

„Ich erwarte, dass sie repariert, was sie kaputt gemacht hat."

„Ich will, dass es ihm von Herzen leidtut und er darüber hinaus die Bereitschaft zeigt, zurechtzubiegen, was er angerichtet hat."

„Er soll, was nötig ist, wiederherstellen. Man schafft Dinge nicht mit einem Wort der Entschuldigung aus der Welt."

Für diese Menschen ist das Bemühen um Wiedergutmachung ein sicheres Zeugnis dafür, dass der andere sich ernsthaft entschuldigt. Ihre persönliche Sprache des Verzeihens ist die *Wiedergutmachung*.

Im öffentlichen Leben kann ein Täter dazu verurteilt werden, als Wiedergutmachung gemeinnützige Arbeit zu verrichten. Innerhalb einer Zweierbeziehung mag Entsprechendes angezeigt sein, das angeschlagene Verhältnis durch Gefälligkeiten und tatkräftige Hilfe wieder zu heilen.

Was müssen wir dabei aber beachten? Da wir bei der persönlichen Wiedergutmachung dem anderen signalisieren wollen, dass wir ihn noch lieb haben, sollten wir darauf achten, seine persönliche Sprache der Liebe zu benutzen. Gerade Ehemänner glauben häufig, ein Blumenstrauß sei die einzige Form der Wiedergutmachung. „Schenk ihr Blumen, und schon ist die Sache aus der Welt", ist ihr Rezept. Aber Geschenke gehören nicht unbedingt für jede Frau zur ganz persönlichen Sprache der Liebe. Deshalb hat schon so mancher Mann erleben müssen, dass ihm der Strauß ins Gesicht gedrückt wurde und die Frau wutschnaubend mit den Worten davonstürmte: „Du glaubst wohl, Blumen könnten alles lösen!"

Die fünf Sprachen der Liebe erlernen

Nach fünfunddreißig Jahren Ehe- und Familienseelsorge bin ich zu der Überzeugung gekommen, dass es fünf Grundsprachen der Liebe gibt. Jeder spricht eine davon als eine Art Muttersprache. Wenn man sich nun der persönlichen Liebessprache des andern bedient, fühlt er oder sie sich wahrhaft geliebt, und das bedeutet, dass die Wiedergutmachung auch ankommt. Sprechen Sie jedoch eine „fremde“ Liebessprache, sind alle ihre Bemühungen um Ausgleich womöglich vergebens. Deshalb möchte ich in aller Kürze rekapitulieren, was es mit den *fünf Sprachen der Liebe* auf sich hat.[1]

Lob und Anerkennung

Die erste der fünf Sprachen der Liebe ist *Lob und Anerkennung*. Es handelt sich um Worte, die den anderen aufbauen: „Du siehst aber gut aus in dem Kleid.“ – „Du hast mir so geholfen.“ – „Du bist immer so umsichtig.“ – „Ich muss jeden Tag daran denken, wie sehr ich dich liebe.“ – „Das hat aber heute wieder geschmeckt. Du bist eine tolle Köchin. Ich weiß, dass das alles so viel Arbeit macht. Ich schätze es sehr.“ Loben kann man fast alles am anderen – das Wesen, das Verhalten, die Kleidung, Leistungen und die Schönheit. Entscheidend ist, dass der Gelobte die Zuneigung spürt, die Sie ihm als Person entgegenbringen.

Hier ein paar Beispiele aus der Praxis. Es sind alles Menschen, deren persönliche Sprache der Liebe *Lob und Anerkennung* ist und die sich vergebungsbereit zeigten, nachdem der Partner ihnen dadurch seine Liebe vermitteln konnte.

Meggy ist 29 und seit sechs Jahren mit Robert verheiratet. „Ich weiß, dass Roberts Entschuldigung ernst gemeint ist, sobald er seine hässlichen Worte zurücknimmt und mir stattdessen sagt, wie sehr er mich liebt. Er lobt mich dann für dieses und jenes und sagt, dass es ihn gerade deswegen so schmerzt, mich verletzt zu haben. Offenbar hat er ein Gespür dafür, dass es vieler lieber Worte bedarf, um seine hässlichen auszutilgen."

Tim sprach mich während einer Pause auf einem meiner Eheseminare an. Wir hatten über die verschiedenen Formen des Verzeihens gesprochen, und er erzählte mir von seiner Frau: „Es gelingt ihr fast immer, mich von der Ernsthaftigkeit ihrer Entschuldigung zu überzeugen."

Ich war beeindruckt und hörte genau zu, als er fortfuhr. „Für gewöhnlich sagt sie dann: ‚Tim, entschuldige bitte, dass ich ... Du bist doch ein so liebenswerter Kerl. Da tut es mir besonders weh, dass ich dir das wieder angetan habe. Kannst du mir noch mal verzeihen?' Dann schlingt sie die Arme um mich, und es zeigt jedes Mal seine Wirkung. Da ich ein so liebenswerter Kerl für sie bin, wie sie sagt, kann ich ihr einfach nicht mehr böse sein. Ich habe ihr immer verziehen, denn ich spüre einfach, dass sie es ernst meint. Wir alle machen ja unsere Fehler, und ich erwarte gar nicht, dass sie perfekt ist. Aber es tut mir auch wahnsinnig gut, wenn sie mir sagt, wie viel ich ihr bedeute, während sie mich gleichzeitig um Verzeihung bittet."

Für Tim ist Lob und Anerkennung die Muttersprache der Liebe, und das ist es, was für ihn eine Entschuldigung so ehrlich wirken lässt. Mehr Wiedergutmachung braucht er nicht.

Gefälligkeiten

Eine weitere Liebesprache sind die *Gefälligkeiten* – Hilfsbereitschaft im weitesten Sinne. Für bestimmte Menschen kommt Liebe durch Liebes*dienste* zum Ausdruck, und das sind zum Beispiel all die Gefälligkeiten, die in Haus und Garten anfallen. Man kann den Teppich saugen, die Spülmaschine ausräumen, die Windeln wechseln, die Fliegen von der Windschutzscheibe kratzen, den Mülleimer leeren, die Wäsche aufhängen, den Hund baden oder den Kindern bei den Hausaufgaben helfen. All das sind, wenn es nicht zur normalen Pflicht gehört, Gefälligkeiten, die vielen Menschen mit der entsprechenden Liebessprache die Zuneigung des anderen auf ganz intensive Weise vermitteln.

Ellen saß in meinem Büro und war offensichtlich über irgendetwas erbost. „Ich hab die Nase voll von seinen Entschuldigungen“, schnaubte sie. „*Tut mir leid – tut mir leid – tut mir leid.* Das soll dann schon alles gewesen sein. Und danach Schwamm drüber. Nein, mich schmerzt, was er tut – das dauernde Anschreien, und wie er mich dann nennt! Da reicht ein dummes *Tut mir leid* nicht!

Ich möchte nur zu gern wissen, ob er mich überhaupt noch liebt oder ob er raus aus der Ehe will. Wenn er mich wirklich noch liebt, warum macht er dann keinen Finger krumm, um mir im Haus ein bisschen beizustehen? Mir stinkt es auch, mit einem Mann verheiratet zu sein, der vor dem Fernseher sitzt, während ich Essen koche und hinterher auch noch den Abwasch mache. Und im Garten helfe ich ihm dann auch noch. Er kümmert sich noch nicht mal um den Rasen. Wie kann er mich lieben und keinen Handschlag für mich tun?“

Ellens Muttersprache der Liebe sind ganz offensichtlich die Gefälligkeiten, und ihr Mann vernachlässigt ausgerechnet diese Sprache völlig. Deshalb treffen alle seine Entschuldigungen auf taube Ohren. Es will ihr einfach nicht einleuchten, dass er etwas ernsthaft bedauert, wo er ihr doch in keiner Weise verständlich macht, wie sehr er sie liebt.

Ellen und ich verbrachten einige Therapiestunden zusammen, und ich erklärte ihr die fünf Sprachen der Liebe. Ihr Mann sei wohl nicht in der Lage, ihre zu sprechen, und auch sie wisse bestimmt nicht, welche ihr Mann spreche. Aber es waren kaum drei Monate vergangen, da hatten sie und ihr Mann Mark ihre persönlichen Liebessprachen entdeckt, und sie gebrauchten sie nun fleißig – und so kam auch ihre Ehe wieder in Fahrt. Er begriff, dass eine einfache verbale Entschuldigung nicht aussagekräftig genug für sie war. Sie brauchte irgendeine Form der Wiedergutmachung, die ihr sagte, wie sehr er sie noch liebe. Und aufgrund ihrer persönlichen Liebessprache musste dies eine Gefälligkeit sein. Ich begegne Mark nur noch selten, aber wenn wir uns über den Weg laufen, dankt er mir jedes Mal für die rettenden Einsichten über Liebe und Entschuldigungen.

Zum Abschluss meiner Eheseminare lade ich normalerweise die Männer ein, die Hände ihrer Frauen zu nehmen, ihnen in die Augen zu schauen und folgende Worte zu sprechen: „Ich weiß, dass ich kein perfekter Ehemann bin. Und ich hoffe, du kannst mir vergangene Fehler verzeihen. Ich wünsche mir von ganzem Herzen, ein besserer Ehemann zu werden, und ich bitte dich, mir zu sagen, was ich dazu tun kann." Dann bitte ich die Frauen, entsprechende Worte an ihre Männer zu richten. Eine Frau, die es nicht über sich brachte, diese Worte zu sprechen, erklärte mir ein paar Tage später, dass sie sich nicht an ein einziges Mal während ihrer dreizehnjährigen Ehe erinnern konnte, dass ihr Mann sich ernsthaft bei ihr entschuldigt hatte. Und dann fügte sie noch hinzu: „Zum Ende Ihres Seminars ist aber zum ersten Mal ein wenig Hoffnung aufgekeimt, dass er sich doch noch bei mir entschuldigen kann. Ich selber war noch nicht so weit, um diese Worte nachzusprechen, aber schon am Abend half er mir mit den Kindern und beim Essenmachen. Ich wusste, dass etwas mit ihm geschehen war, und ich hoffe, dass er meine Liebessprache inzwischen entdeckt hat – die Gefälligkeiten nämlich.

Es wird sich zeigen, ob seine Veränderung von Dauer ist“, fuhr sie fort. „Ich weiß einfach, dass ich bereit wäre, ihm alles aus der Vergangenheit zu vergeben, wenn ich mich wirklich von ihm geliebt fühlen würde. Ich wünsche mir nichts sehnlicher, als von meinem Mann geliebt zu werden.“ Ob seine Entschuldigungen zu ihrem Herzen durchdringen, hängt nun davon ab, ob es ihm gelingt, sie von seiner Liebe zu überzeugen, indem er ihre Liebessprache spricht.

Geschenke

Die dritte Sprache der Liebe sind die *Geschenke*. Das Schenken ist weltweit und zu allen Zeiten ein Zeichen der Liebe gewesen. Die Anthropologen haben trotz umfangreicher Forschung nirgends eine Kultur entdeckt, in der das Schenken als Liebesbeweis unbekannt gewesen wäre. Ein

Geschenk sagt: „Er/Sie hat an mich gedacht! Sieh nur, was er/sie mir mitgebracht hat!"

Geschenke müssen keineswegs kostspielig sein. Was zählt, ist die gute Absicht. Jedoch nicht die gute Absicht, die nicht zur Ausführung kommt! Sie muss schon in die Tat umgesetzt werden.

Schon kleine Kinder pflücken draußen Butterblumen und schenken sie der Mutter als Zeichen ihrer Zuneigung. Paare beschenken sich gegenseitig aus gleichem Grund – auch wenn es kein Löwenzahn mehr ist. Aber auch als Erwachsener müssen Sie nicht unbedingt viel Geld für Geschenke ausgeben. Haben Sie keine Blumen im eigenen Garten, vielleicht erlaubt ja der Nachbar, ein paar bei ihm zu pflücken.

Für manche Menschen sind Geschenke die persönliche Sprache der Liebe. Und wenn Sie an einem von ihnen schuldig geworden sind, sollten Sie sich dieser Sprache bedienen, um den Schaden wiedergutzumachen, denn diese Sprache wird verstanden.

Betty glaubt, dass ihr Mann es ernst meint, wenn er sich entschuldigt, denn er beherrscht ihre Sprache der Liebe. „Er entschuldigt sich sofort bei mir, und am Abend kommt er mit einer Rose nach Hause, um mir zu zeigen, wie sehr er mich doch eigentlich lieb hat. Ich weiß nicht, was mich da so anspricht, aber das Geschenk einer Rose gibt mir das Gefühl, ernst genommen zu werden. Und dann fällt es mir leicht, ihm zu vergeben."

„Wie viele Rosen haben Sie denn schon im Laufe eines Jahres bekommen?", wollte ich wissen.

„Dutzende", antwortete sie. „Aber jedes Mal, wenn ich eine bekomme, ist es ein sichtbares Zeichen, dass er mich noch immer lieb hat.“ Für sie ist ein Geschenk Wiedergutmachung.

Susans Sohn hatte Leukämie und verbrachte viele Wochen im Krankenhaus. Deshalb versuchte sie zu verstehen, dass ihr Mann so häufig angespannt und mürrisch war. Er reagierte dann all seinen Kummer bei ihr ab, aber da sie wusste, woher es kam, konnte sie damit umgehen. Sie erzählte: „Eines Tages kam er völlig überraschend ins Krankenzimmer und hatte Blumen dabei, dazu eine Karte, auf der er sich entschuldigte, dass er mich so oft als Blitzableiter missbrauche. Was für ein großer Augenblick in unserer Ehe! Diese Zärtlichkeit der Worte! Er hatte ganz von allein erkannt, wie sehr er mich verletzte, und er entschuldigte sich, ohne dass ich ihn gedrängt hätte. Die Blumen und die Karte waren das Zeichen seiner Ernsthaftigkeit für mich. Ich wusste nun, dass es von Herzen kam.“

Dieser Mann hatte sich nicht nur verbal entschuldigt, sondern auch etwas zur Wiedergutmachung getan, indem er sich Susans Sprache der Liebe bediente – und das waren nun einmal *Geschenke*.

Zweisamkeit – geschenkte Aufmerksamkeit

Die vierte Sprache der Liebe ist die *Zweisamkeit*, die ungeteilte Aufmerksamkeit – Zeit mit Qualität also. Wer einem anderen ungeteilte Aufmerksamkeit schenkt, der sagt: Du bist mir wichtig. Zweisamkeit bedeutet, sich nicht ablenken zu lassen. Der Fernseher ist abgeschaltet. Zeitschriften und Bücher liegen geschlossen auf dem Tisch. Sie füllen nicht nebenbei Überweisungen aus oder balancieren den Bleistift zwischen den Fingern. Der andere bekommt all Ihre Aufmerksamkeit geschenkt. Wenn ich meiner Frau zwanzig Minuten meine ungeteilte Aufmerksamkeit schenke, schenke ich ihr zwanzig Minuten meines Lebens, und sie tut dasselbe für mich. Ungeteilte Aufmerksamkeit ist ein wirkungsvolles Zeichen der Liebe.

Für manche ist das die Muttersprache der Liebe. Nichts vermittelt ihnen deutlicher, dass sie geliebt werden. Man muss in dieser Zeit gar nichts Besonderes tun. Es ist oft nur intensive Gesprächszeit zwischen zwei Menschen, und diese bietet ausreichend Gelegenheit zur Wiedergutmachung.

Maria erinnert sich an solch eine wirkungsvolle Entschuldigung, die sie nach einem meiner Eheseminare bekommen hatte. Sie hatten Abendbrot gegessen und waren gerade dabei, es sich gemütlich zu machen. „Da wendete Phil sich mir zu und sagte, wie sehr es ihm leidtat, dass er mich oft so schlecht behandelte. Es war ihm anzusehen, wie miserabel er sich fühlte. Er sah mich an, während er meine Hand hielt, und dann bedankte er sich, dass ich vorgeschlagen hatte, die Konferenz zu besuchen. Die Veranstaltung hätte ihm die Augen geöffnet, und er hätte sich aufgefordert gefühlt, der Ehemann zu werden, der er in den fünf Jahren unserer Ehe partout nicht sein wollte.

Das Leuchten in seinen Augen überzeugte mich, dass er es ernst meinte. Es war so ungewohnt, dass er sich Zeit für mich nahm, um sich in aller Form bei mir zu entschuldigen. Ich konnte es kaum glauben. Früher hatte er sich immer nur im Vorübergehen mit irgendeiner Floskel entschuldigt. Es tat es so gewohnheitsmäßig, wie man, ohne nachzudenken, Salz aufs Ei streut. Aber diesmal war es anders. Ich wusste, dass er es ganz ernst meinte, und deshalb verzieh ich ihm gern.“

Er hatte ihre persönliche Liebessprache gesprochen – Zweisamkeit – und das machte den Unterschied, denn dadurch bekam sie seine ungeteilte Aufmerksamkeit.

Zärtlichkeiten – und liebevolle Berührungen aller Art

Die fünfte Liebessprache sind die *Zärtlichkeiten.* Wir wissen seit langem, welche Wirkung zärtliche Berührungen haben. Deshalb nehmen wir unsere Kleinsten auf den Arm und wiegen sie sanft. Lange bevor sie die Bedeutung des Wortes *Liebe* verstehen, wissen sie, was damit gemeint ist, wenn sie es spüren. Gleiches gilt natürlich auch für die Erwachsenen. Auch sie kennen viele Formen der liebevollen körperlichen Zuwendung: Hände halten, Umarmungen, Küsse, den Arm um die Schulter legen, durchs Haar des anderen streichen. Das ist natürlich nicht nur unter Paaren so. Jeder in der Familie sehnt sich danach, freundlich berührt zu werden.

Für manche aber ist es die Muttersprache der Liebe. Nichts spricht für sie deutlicher als eine freundliche Berührung, und so ist für sie eine Entschuldigung ohne Körperkontakt wenig aussagekräftig.

Robert und sein Zehnjähriger waren in Streit geraten, und in der Hitze des Gefechts hatte Robert seinen Sohn Jan einen verantwortungslosen Faulenzer genannt. Jan brach darauf in Tränen aus, und Robert wusste sofort, wie sehr er seinen Sohn verletzt hatte.

„Es tut mir leid“, sagte er schnell. „Ich habe die Beherrschung verloren. Was ich gesagt habe, war gemein. Du bist nicht verantwortungslos und auch kein Faulenzer. Du bist ein zehnjähriger Junge, der noch gern spielt und Spaß am Leben hat. Ich hätte dich nicht mitten aus dem Spiel reißen sollen, um was für mich zu erledigen. Ich habe dich sehr lieb, und es macht mir zu schaffen, dass ich dich so gekränkt habe."

Er ging darauf zu Jan und umarmte ihn voller Mitgefühl. Jan schluchzte noch lauter, aber diesmal, weil ihm so leicht ums Herz wurde. Als der Junge sich wieder gefasst hatte, sah er seinem Vater in die Augen und sagte: „Ich hab dich auch lieb, Papa." Die Entschuldigung hatte Wirkung gezeigt, weil der Vater die persönliche Liebessprache seines Sohnes sprach.

„Wie sollte die Entschuldigung Ihrer Frau aussehen?", fragte ich John, der bereits seit fünfzehn Jahren mit seiner Frau verheiratet war. Er antwortete: „Sie muss mir sagen, dass ihr bewusst ist, wie sehr sie mich verletzt hat. Und dann soll sie mich um Verzeihung bitten. Danach ist noch eine Umarmung fällig. Erst dann ist die Entschuldigung komplett."

John machte deutlich, dass für ihn zu einer Entschuldigung die Wiedergutmachung gehört, und die körperliche Berührung ist für ihn die Sprache, die er am deutlichsten versteht. Nachdem sie ihn umarmt hat, ist ihm, als habe sie ihren Fehler in Ordnung gebracht. Ohne die Berührung aber ist für ihn der Entschuldigungsprozess nicht abgeschlossen. Etwas Wichtiges fehlt.

Auch Bettinas Bericht über eine erfolgreich abgeschlossene Entschuldigung illustriert, wie wichtig zärtliche Zuwendung sein kann. „Mein Mann hatte mir vor den Kindern eine Standpauke gehalten. Ich stellte ihn sofort zur

Rede, aber er sah nichts ein. Als wir uns ein paar Tage später alle zum Essen an den Tisch setzten, stellte er sich hinter mich und legte seine Hände auf meine Schultern. In Gegenwart der Kinder gestand er dann ein, was er falsch gemacht hatte, und weil es ihm leidtat, wollte er es vor allen aussprechen. Seine Entschuldigung hat bei mir einen so tiefen Eindruck hinterlassen, weil er seinen Fehler eingestand und seine Hände auf meinen Schultern irgendwie heilsam wirkten. Darüber hinaus war er seinen Kindern ein gutes Vorbild, denn er entschuldigte sich in ihrer Gegenwart, und er stellte mein Ansehen wieder her.“ Seine Worte waren zwar wichtig, aber erst die heilsame Berührung ließ sie sicher in der Liebe ihres Mannes sein.

Auch Karin konnte von einer wirkungsvollen Entschuldigung erzählen. „Eines Tages kränkte mich mein Mann, weil er mir plötzlich zu verstehen gab, ich sollte endlich aufhören, aus dem Manuskript meines Buches vorzulesen, an dem ich gerade schrieb. Es langweilte ihn tödlich. Ich ging ins Schlafzimmer, warf mich aufs Bett und weinte. Eine Viertelstunde später kam er nach und massierte mir den Rücken. Er sagte kein Wort, aber ich wusste, was er damit sagen wollte. Er meinte es ernst.“ Karin brauchte seine Worte nicht. Die Berührung an sich vermittelte ihr die Liebe ihres Mannes und brachte alles wieder ins Lot.

Wenn Zärtlichkeiten die Liebessprache des andern sind und ich mich von Herzen entschuldigen will, dann muss ich Wiedergutmachung leisten, indem ich meine Hand ausstrecke und den andern zärtlich oder freundschaftlich berühre. Worte allein werden nicht genügen. Es ist die Berührung, die verlorenes Terrain zurückerobert.

Wenn man es nicht recht machen kann

Wie weit Wiedergutmachung gehen sollte, kann ganz individuell gesehen werden. Deshalb ist so mancher Ehemann und so manche Ehefrau frustriert worden. Sosehr sie sich auch bemühten, einen Ausgleich für begangenes Unrecht zu schaffen, es reichte dem anderen nicht aus. Das geschieht vor allem dann, wenn man die Liebessprache des Partners nicht spricht. Die Botschaft der Wiedergutmachung – „Ich liebe dich noch immer" – ist dann einfach nicht zum Herzen durchgedrungen.

Wenn die *Wiedergutmachung* die persönliche Sprache des Verzeihens ist, so hat sie den höchsten Stellenwert bei jeder Entschuldigung. Eine Floskel oder eine Bitte um Verzeihung reicht nicht aus, um ernst genommen zu werden, wenn nicht das Bemühen zu erkennen ist, den Schaden auf irgendeine Weise wiedergutzumachen.

Schadensbegleichung ganz praktisch

Zuweilen reichen auch die fünf Sprachen der Liebe nicht aus. Dann muss ein Schaden auch praktisch behoben werden – ein beschädigtes Auto, eine zerkratzte Uhr ... oder gar der beschädigte Name. Vielleicht erinnern Sie sich. Bettinas Ansehen als gute Mutter wurde wiederhergestellt, als Jim seine herabwürdigenden Bemerkungen zurücknahm, die in Gegenwart der Kinder gefallen waren. Wer es mit seiner Entschuldigung ernst meint, wird immer den Wunsch verspüren, den angerichteten Schaden zu beheben.

Ein Zöllner erstattet zurück

Es gibt eine interessante Geschichte aus dem Leben Jesu. Der große Lehrer zog durch Jericho. Sein Ruf war ihm vorausgeeilt, und die Menschen säumten die Straßen. In der Stadt lebte auch ein römischer Zolleinnehmer namens Zachäus. Zolleinnehmer hatten damals einen äußerst schlechten Ruf unter der jüdischen Bevölkerung, weil sie überhöhte Steuern eintrieben und große Teile davon in die eigenen Taschen steckten. Zachäus wollte Jesus sehen und hören, diesen Propheten, dessen Name in aller Munde war.

Der Zöllner war klein gewachsen, und so musste er sich etwas einfallen lassen. Er nahm sich vor, auf einen Baum zu klettern und von oben auf Jesus herabzublicken. Er würde alles sehen, aber selber von den Leuten unbemerkt bleiben. Doch als Jesus am Baum vorbeikam, blickte er auf und sagte zu Zachäus: „Zachäus, komm schnell herab! Ich möchte heute dein Gast sein!“ Der Angesprochene war entsetzt und gleichzeitig tief bewegt. Da kam jemand vorbei, der ihn und seinen Lebenswandel kannte und trotzdem mit ihm Umgang pflegen wollte!

Sofort entschuldigte sich Zachäus für sein Verhalten in all den Jahren und kündigte an, denen, die er um ihre Steuern betrogen hatte, den Betrag vierfältig zurückzuerstatten. Jesus deutete dies als Zeichen echter Reue, und er ermunterte die Umstehenden, dem Beispiel des Zöllners zu folgen.[2]

Wiedergutmachung auf nationaler Ebene

In der zweiten Hälfte des 20. Jahrhunderts sind auch auf nationaler und internationaler Ebene Entschuldigungen ausgesprochen worden, wenn ganze Völker an Menschengruppen schuldig geworden sind, und vielfach sind auch Gelder zur Wiedergutmachung geflossen. Zwei Beispiele sind die amerikanische Entschuldigung an die im Land lebenden Japaner, die während des Zweiten Weltkriegs in Internierungslager gesperrt worden waren, und die deutsche Bitte um Vergebung an die Juden wegen der Gräueltaten des Holocaust. Die amerikanische Regierung hat sich mehrfach bei den einheimischen Japanern entschuldigt und bei einer Gelegenheit jedem Überlebenden 20.000 Dollar als Wiedergutmachung zugesprochen. Deutschlands wiederholte Bekundungen des tiefen Bedauerns waren an Juden in Deutschland, Polen und vielen anderen Ländern gerichtet, und große Entschädigungssummen sind geflossen.

Eine ernst gemeinte Entschuldigung ist immer von dem Wunsch begleitet, für einen gerechten Ausgleich zu sorgen und den angerichteten Schaden zu beheben. Der Geschädigte soll wissen, dass er einem nicht gleichgültig ist. Wenn Sie sich allerdings nicht sicher sind, was der Geschädigte als angemessene Wiedergutmachung betrachten könnte, sollten Sie sich folgende Fragen stellen:

Fragen zur Wiedergutmachung

- *„Gibt es überhaupt etwas, was ich tun könnte, um den Schaden wiedergutzumachen?“*

- *„Ich weiß, dass ich dich tief verletzt habe, und ich habe das starke Bedürfnis, dir etwas zukommen zu lassen, um den zugefügten Schmerz ein wenig zu lindern. Was könnte ich dir Gutes tun?“*

- *„Es reicht mir eigentlich nicht, dich nur um Verzeihung zu bitten. Ich möchte auch etwas tun, um den Schaden wiedergutzumachen. Was würdest du für angemessen halten?“*

- *„Ich weiß, dass ich dir Unannehmlichkeiten bereitet habe. Darf ich dir etwas von meiner Zeit schenken – als Ausgleich sozusagen?“*

- *„Ich bedaure sehr, dass ich deinen guten Ruf geschädigt habe. Wäre es dir recht, wenn ich es (vor allen) richtigstelle?“*

- *„Ich habe mein Wort schon tausendmal gebrochen. Würde es dir etwas bringen, wenn ich es dir diesmal schriftlich gebe?“*

Die fünf Sprachen des Verzeihens

1. Das Eingeständnis:
„Es tut mir leid."

2. Die Verantwortung:
„Es war mein Fehler."

3. Die Wiedergutmachung:
„Wie kann ich das wiedergutmachen?"

4. Der Sinneswandel:
„Es soll nicht wieder vorkommen."

5. Die Vergebung:
„Willst du mir vergeben?"

4. Der Sinneswandel:
„Es soll nicht wieder vorkommen."

Ein Mensch geht nach Westen, dann bleibt er plötzlich stehen, kehrt um und geht nach Osten. Er hat plötzlich begriffen, dass er in der falschen Richtung unterwegs war. Er besinnt sich neu, bedauert, was er getan hat, und entschließt sich, sein Verhalten zu ändern.

Umkehr, das ist ein weiterer wichtiger Schritt auf dem Weg von der Entschuldigung bis zur Heilung. Es ist mehr als der Ausdruck des Bedauerns und die Zusage, den Schaden wiedergutzumachen. Es ist das Versprechen: „Ich will es nicht wieder tun." Erst diese Zusage überzeugt manche von der Ernsthaftigkeit einer Entschuldigung.

Ohne erkennbare Umkehr treffen bei einem solchen Menschen alle anderen Sprachen des Verzeihens auf taube Ohren. Sie wollen Folgendes wissen: „Hast du die Absicht, dich zu ändern, oder passiert es nächste Woche schon wieder?"

Bei unseren Recherchen haben wir immer wieder die Frage gestellt: „Was erwarten Sie von einer Entschuldigung?" Und wir bekamen von einigen folgende Antwort:

„Gib mir zu verstehen, dass du dich ändern willst und es beim nächsten Mal besser machst!"

„Ich erwarte, dass der andere konkrete Schritte unternimmt, damit es nie wieder geschieht."

„Ich muss mitbekommen, dass der andere sich genau überlegt hat, wie er sich ändern will."

„Zu einer ernst gemeinten Entschuldigung gehört es einfach, sich fest vorzunehmen, den Fehler nicht wieder zu machen."

„Ich erwarte, dass er nicht schon wieder nach fünf Minuten ausrastet."

Diese und viele weitere Aussagen belegen, dass für viele der offenkundige Sinneswandel von entscheidender Bedeutung ist.

Die Absicht zum Wandel bekunden

Wie spricht man die Sprache des Sinneswandels? Es beginnt mit der Absichtserklärung, sich zu ändern. Und das Gewissen ist der Ursprungsort all unserer guten Absichten. Dort erkennen wir, dass wir falsch gehandelt und einen geliebten Menschen verletzt haben. Das aber wollen wir nie wieder tun. Und so entschließen wir uns, mit Gottes Hilfe ein anderer zu werden. Schließlich bekennen wir uns dazu mit klaren Worten. Wir beschönigen nichts und übernehmen Verantwortung, und das treibt uns dazu, uns verändern zu wollen.

Ein Bekenntnis zur Veränderung lässt den andern vorausschauend in unser Herz blicken, denn es ist im Gegensatz zur Reue der Zukunft zugewandt, und was wir zukünftig anstreben, das lässt unseren Charakter erkennen. Es ist die Sprache des Verzeihens, die für viele erst wirklich überzeugend ist.

Anna ist 27, und sie hält ihren Mann für einen Partner, dem es gut gelingt, sich glaubwürdig zu entschuldigen. Ich fragte sie: „Wieso glauben Sie, dass er es mit seinen Entschuldigungen ernst meint?" – „Er ist auch sonst eine ehrliche Haut", antwortete sie. „Aber vor allem überzeugt mich, wenn er mir versichert, dieses oder jenes nicht mehr zu tun. Es zeigt mir, dass er sich Gedanken gemacht hat, wie es in Zukunft aussehen soll. Das ist für mich wichtig. Ich will nicht nur hören, dass es ihm leidtut. Wenn er mir verspricht, sich zu ändern, weiß ich aus Erfahrung, dass er sich bemüht, und dann kann ich ihm bereitwillig verzeihen."

Auch Jim, 35, erklärte mir, was er für eine ernst gemeinte Entschuldigung hält: „Ich erwarte, dass der Betreffende zu mir kommt und mir in die Augen schaut. Das geht am Telefon nicht. Wenn er mir dann ins Gesicht sagt, dass es nicht wieder vorkommen wird, weil er dieses oder jenes dagegen tun will, dann bin ich offen. Der andere muss mir aber auch den Eindruck vermitteln, dass er die Situation realistisch sieht. Er muss sich bewusst sein, dass Veränderung immer Geduld auf beiden Seiten verlangt."

Ob Kollege oder Familienmitglied, Jim möchte sehen, dass sich etwas verändert, auch wenn er weiß, dass meist Geduld erforderlich ist und er warten muss. „Ich weiß, dass man sich nicht über Nacht verändert. Es reicht schon, wenn der andere glaubwürdig die Absicht erkennen lässt."

Für Jim und Anna ist der *Sinneswandel* die Sprache des Verzeihens.

Da stellt sich allerdings eine wichtige Frage: Was ist, wenn es Ihnen nicht recht gelingt, Ihren Sinneswandel in Worten auszudrücken? Oder vielleicht denken Sie ja: *„Ich will mich ändern, es aber nicht an die große Glocke hängen."* Das Problem dabei ist, dass der andere nicht Gedanken lesen kann. Er oder sie weiß ja nicht, was Sie sich vorgenommen haben. Und ehe etwas sichtbar wird, können Wochen, wenn nicht Monate vergehen. Wird man dann noch den Zusammenhang mit der Entschuldigung herstellen können? Deshalb ist es immer besser, die Absicht, sich ändern zu wollen, direkt nach einer Entschuldigung zu äußern. Es ist immerhin ein unmissverständliches Signal, dass man sein eigenes falsches Verhalten erkannt hat und dass man sich deshalb ändern will.

Dabei ist es vollkommen in Ordnung, den anderen um Geduld zu bitten. Geben Sie zu, dass Sie keinen hundertprozentigen Erfolg garantieren können, dass Sie aber entschlossen sind, sich zu ändern. Nun weiß der andere, welche Absicht Sie haben, und er spürt, wie ernst Sie es mit Ihrer Entschuldigung nehmen. Dann fällt das Vergeben gleich viel leichter, auch wenn konkret noch nichts zu sehen ist.

Sich verändern wollen, auch wenn man's nicht einsieht

Es fällt nicht leicht, einen Sinneswandel anzukündigen, wenn man sein Fehlverhalten (noch) nicht einsieht. Vielleicht treten Sie einem Menschen auf die Füße und glauben noch im Recht zu sein. Georg ist von Natur aus ein Spaßvogel. Es gehört einfach zu seinem Wesen, mit einer gewissen Leichtigkeit durchs Leben zu gehen und einen Spaß nach dem anderen zu treiben. Das Problem ist nur, dass seine Späße manchmal etwas anzüglich sind. Das macht seiner Frau Betty mächtig zu schaffen. Wie oft möchte sie am liebsten im Boden versinken bei seinen Witzen. Dann meint Georg zu ihr: „Hey, das ist doch nicht anzüglich. Jeder kennt das und weiß, worauf ich anspiele. Deshalb lachen die Leute ja auch." Nur Betty lacht nicht, und seine ständigen Witzeleien sind zu einer bedenklichen Kluft in ihrer Ehe geworden.

Georg ist zwar stets bereit, sich zu entschuldigen: „Ach, tut mir leid. War nicht meine Absicht, dich zu verletzen." Aber den nächsten Schritt will er nicht tun: „Ich mache da was falsch und erzähle in Zukunft nicht mehr so zweideutige Witze." Als er in meinem Büro saß, verteidigte er sich: „Niemand sonst findet meine Witze anstößig." Aber nachdem ich ein wenig nachgeforscht hatte, fand ich heraus, dass diese Aussage nicht stimmte. Besonders die Frauen in seinem Büro fanden seine Witze zu anzüglich. Sie hatten sich nur noch nicht getraut, ihn zur Rede zu stellen.

Später konfrontierte ich ihn mit diesen Informationen, und er wurde nachdenklich. Doch eigentlich hätte er sich nicht erst nach dieser massiven Intervention eines Besseren besinnen sollen! Hätte nicht schon ausreichen müssen, dass seine *Frau* ihren Unwillen bekundete? Seine mangelnde Bereitschaft, sich ein wenig zu ändern, war letztlich die Ursache dafür, dass die Ehe an den Rand des Abgrunds geriet. Erst als Georg begriff, dass es um alles oder nichts ging, war er zu einem Sinneswandel bereit. Das war vor vierzehn Jahren. Heute leben die beiden in einer intakten Ehe – und sie veranstalten sogar Eheseminare in ihrer Gemeinde.

Die Vorstellung, wir müssten uns lediglich bei moralischen Verfehlungen verändern, ist falsch. Wir müssen in unseren Ehen auch dann zum Sinneswandel bereit sein, wenn es „nur" darum geht, unser Miteinander zu harmonisieren. Ich mag zum Beispiel Staubsaugen überhaupt nicht, und tue es trotzdem regelmäßig, weil ich irgendwann herausgefunden habe, dass das der Liebessprache meiner Frau entgegenkommt. Es ist keine große, wichtige Sache, ob ich staubsauge oder nicht, und dennoch ist es in unserer Ehe ein Thema, das darüber entscheidet, wie sehr sich meine Frau geliebt fühlt. Ich tue doch gern alles, damit ich mit einer Frau zusammenlebe, deren Liebestank stets gefüllt ist. Deshalb war meine Überwindung ein kleiner Preis für das Glück, mit einer zufriedenen Frau zusammenzuleben.

Den Sinneswandel planen

Oft können Entschuldigungen eine Beziehung nicht wieder in Ordnung bringen, weil man für den Sinneswandel keinen Plan hat. Elli und Dieter feierten vor kurzem ihre Silberhochzeit, aber sie gesteht ein, dass nach 25 Jahren von ihrer Ehe nicht mehr viel übrig geblieben ist. „Er hat ein Alkoholproblem“, erzählt sie. „Zwar entschuldigt er sich immer wieder für das, was er mir dann antut, aber wir beide wissen, dass das immer nur leere Worte sind. Im dem Augenblick mögen sie ernst gemeint sein, aber hinter den Worten selbst steht kein echtes Engagement für Veränderungen. Wir wissen nicht, wie wir dann konkret vorgehen sollen, damit sich was ändert.“

Würde er sich zu einer stationären Entziehungskur anmelden, so würde sich sein Leben, aber auch die Ehe radikal ändern, doch bis heute weigert sich Dieter, diesen konkreten Schritt zu tun, und so bleibt er auf seinem abschüssigen Lebensweg.

Eine andere Frau erzählte mir: „Blumen und Versprechungen, sich zu ändern – das war immer alles, was ich bekam, wenn er wieder einer Frau nachgestiegen war. Doch es änderte sich nichts. Irgendwann hatte ich die Nase voll von seinen Entschuldigungen und steckte die Blumen in die Tonne. Zehn Jahre ist unsere Scheidung nun her.“

Konkrete Pläne schmieden

Ich begegnete Holger und Doris nach einem Vortrag über die *fünf Sprachen der Liebe*. Und Holger begann zu erzählen, dass sie Eheprobleme hätten. Darauf habe er vor einem Jahr das Buch *Die fünf Sprachen der Liebe* gelesen und erkannt, dass seine persönliche Liebessprache *Zärtlichkeiten* sei und auch noch *Zweisamkeit*. Das habe er Doris erzählt und gehofft, dass es ihrer Ehe helfe, wenn sie diese Sprachen sprechen würde.

„Ich fühlte mich damals völlig ungeliebt von ihr“, sagte Holger, während Doris dabeistand. „Sie verbrachte ihre ganze freie Zeit mit ihrer Mutter und mit Freunden. Ich hatte schon das Gefühl, sie wäre mit ihnen verheiratet und nicht mehr mit mir. Zwar entschuldigte sie sich regelmäßig und sagte mir, sie wolle mir nicht wehtun. Sie liebe mich noch immer und wolle sich bemühen, meine Sprachen der Liebe zu sprechen. Aber nichts änderte sich – als hätten wir nie gesprochen.

Jetzt ist ein Jahr vergangen, und ich fühle mich immer noch ungeliebt. Mir ist, als wäre ich ihr völlig egal und unsere Ehe auch.“

Ich sah Doris an, die neben ihm stand. „Ich liebe ihn wirklich“, sagte sie ein bisschen betreten. „Ich bin nur nicht in einer Familie aufgewachsen, in der man sich andauernd angefasst und berührt hat, und es fällt mir schwer, bei Zärtlichkeiten die Initiative zu ergreifen und einfach so gemeinsam rumzuhängen. Ich bin so eingespannt. Meine Mutter verlangt ihr Recht, und mit den Mädchen möchte ich auch einmal in der Woche was unternehmen, und bevor man sich's versieht, ist die Zeit verflogen."

„Es ist Ihnen also ernst damit, eine bessere Ehe zu führen?", fragte ich Doris.

„Bestimmt", antwortete sie. „Er ist ein guter Mann, und ich möchte ihn nicht verlieren."

Ich machte ihr ein paar konkrete Vorschläge, wie sie es lernen könne, die Liebessprache der Zärtlichkeiten zu sprechen. Auch zur Zweisamkeit hatte ich einige Ideen. So schlug ich vor, sich jeweils Montag-, Mittwoch- und Freitagabend mit Holger hinzusetzen und gemeinsam den jeweiligen Tag Revue passieren zu lassen.

Damit war das Gespräch schon beendet, und ich hätte es womöglich vergessen, hätte ich nicht ein halbes Jahr später einen Brief bekommen. Darin schrieb Holger: „Lieber Dr. Chapman, ich kann Ihnen gar nicht genug danken für die kurze Zeit, die Sie uns damals auf dem Seminar gewidmet haben. Sie hat die Welt für uns verändert. Doris hat Ihre Vorschläge in die Tat umgesetzt, und sie spricht meine Sprachen der Liebe nun richtig fließend. Ich bin ein glücklicher Mann geworden, und ich will Sie nur wissen lassen, dass sich durch Ihre Ideen unsere Ehe sehr verändert hat." Mit konkreten Schritten vor Augen war es Doris gelungen, sich zu ändern, aber erst, als sie konkrete Schritte auf dem Weg des Wandels plante. Pläne müssen nicht kompliziert und ausgetüftelt sein, aber auf jeden Fall konkret.

Dem anderen mit einem Plan auf die Sprünge helfen

Während wir für dieses Buch recherchierten, hielt ich (Jennifer) für eine kleine Frauengruppe einen Vortrag über die *fünf Sprachen des Verzeihens*. Ein paar Wochen später rief mich Clara, eine der Teilnehmerinnen, an. Sie erzählte mir die folgende Geschichte: „Carl, mein Mann, ist eigentlich ein fantastischer Vater für seine Kinder, aber wir alle haben ja unsere schwachen Momente. Eines Abends stauchte er unseren Vierjährigen fürchterlich zusammen, weil er selber verärgert und frustriert war. Der Junge hatte, ohne es zu wollen, alle von Carls wunden Punkten gleichzeitig berührt. Mein Mann hat ihn nicht etwa verprügelt, nein, aber getobt hat er, und der Junge war völlig verstört. Aber auch ich war so außer mir, dass ich Carl drohte, ihn zu verlassen, wenn er eins unserer Kinder noch einmal so rabiat behandeln würde."

Die beiden hatten sich zwar früher einmal geschworen, niemals mit dem Auszug zu drohen, aber jetzt war sie so entsetzt über sein Verhalten, dass sie ihr Verspechen vergaß. „Ich fürchtete schon, mich vor meine Kinder stellen zu müssen, um sie vor ihrem eigenen Vater zu schützen", erklärte sie.

„Ich sagte zu Carl, dass ich eine Entschuldigung erwarte, und er antwortete: ‚Ja, ja, tut mir leid, aber ...' Und dann begann er, sich darüber auszulassen, wie sehr ihn sein Sohn immer reize. Aber nach einer halben Stunde Lamento hatte ich genug." Sie habe ihn dann unterbrochen und ihm von dem Vortrag über das Verzeihen erzählt.

„Ich musste dafür sorgen, dass er einsah, hundertprozentig auf dem Holzweg zu sein, wenn er aus Zorn heraus seinen Sohn bestrafte. Er musste erkennen, dass er damit nicht nur seinen Sohn, sondern auch mich zutiefst erschreckte." Clara überlegte sich, wie sie konkret verhindern konnte, dass es je wieder geschah. „Ich musste mir sicher sein, dass er ernsthaft daran arbeiten würde, eine Wiederholung zu verhindern. Hätte ich vorher nicht von den Sprachen des Verzeihens gehört, hätte ich mich mit seiner windelweichen Entschuldigung zufriedengegeben. Trotzdem wäre ich verletzt und wütend zurückgeblieben, und ein Stück persönlicher Nähe wäre in unserer Beziehung auf der Strecke geblieben. Nun aber geschah das Gegenteil. Ich sprach offen darüber, was ich an konkreten Schritten verlangte, und er willigte ein. Er bat um Verzeihung und gestand ein, auf dem Holzweg gewesen zu sein."

Die beiden arbeiteten eine konkrete Vorgehensweise aus, und am nächsten Morgen entschuldigte er sich noch einmal. „Er tat es so glaubwürdig, dass ich weinen musste. Mit den Tränen aber floss aller Zorn aus meiner Seele heraus, und wir waren uns so nahe wie nie zuvor. Er entschuldigte sich auch bei unserem Sohn. Und der erwiderte: ‚Dad, hab Angst gekriegt', worauf mein Mann ganz blass wurde und fragte: ‚Würdest du mir trotzdem verzeihen?' Der Kleine bejahte es, und mein Mann versicherte ihm: ‚Ich werd's nie wieder tun!'"

Und dann erklärte mir Clara den Plan, den sie abgesprochen hatten. Sollte Carl wieder einmal diese unbändige Wut auf seinen Sohn in sich hochsteigen fühlen, würde er zu seiner Frau gehen und sagen: „Du, mir platzt gleich wieder der Kragen. Würdest du das übernehmen!" Dann würde er um den Block gehen und nach seiner Rückkehr versuchen, ihn zur Seite zu nehmen. „Bis jetzt funktioniert das richtig gut", erzählte Clara.

Es ist immer eine gute Sache, wenn Paare sich helfen, einen konkreten Plan zu entwickeln, um Verhaltensweisen zu korrigieren, die einem oder beiden zu schaffen machen.

Alles in die Tat umsetzen

Ein Plan, der nicht in die Tat umgesetzt wird, ist wie ein Samenkorn, das niemals in die Erde gelangt. Und damit ein Plan Wirkung zeigen kann, muss man nachdenken und etwas tun. Ich (Gary) fand es oft hilfreich, alles, was sich ändern sollte, auf eine Karteikarte zu schreiben und sie mir hinter den Rasierspiegel zu stecken. Damit habe ich bisher verhindert, dass gute Absichten wieder in Vergessenheit geraten. Es ändert sich eher etwas, wenn ich das, was ich mir vorgenommen habe, ständig vor Augen habe.

Ganz generell gilt, dass etwas schriftlich Fixiertes konkreter wird. Und konkret ist immer besser als allgemein. Ein Beispiel: Eine allgemeine Absicht könnte heißen: „Ich will ihr nicht immer die Schuld für meine eigene schlechte Laune geben." Konkreter formuliert hieße das: „In Zukunft werde ich mit Ich-Sätzen beginnen und nicht mehr mit Du-Sätzen." Also nicht mehr: „*Du* machst mich wütend", sondern: „*Ich* bin wütend." An eine solche Absicht halte ich mich eher, weil sie konkret definierbar ist. Und wenn man sich an seinen Plan hält, beweist man dem anderen, wie ernst es einem mit der Entschuldigung war.

Nach den Ursachen des Konfliktes fragen

Joels Frau Joyce war streitsüchtig. Wenn sie den Mund aufmachte, kam etwas Negatives heraus, so kam es Joel jedenfalls vor. Und egal was er sagte, sie hatte immer etwas dagegen einzuwenden. Bei unseren Gesprächen wurde mir klar, dass für Joyce die Welt schwarz-weiß war. Entweder war etwas vollkommen gut oder gänzlich schlecht, richtig oder falsch. Wenn sie auch nur einen Hauch von Zweifel an Joels Meinung hegte, dann war eben alles gleich falsch. Es dauerte einige Therapiesitzungen, bis sie begriff, dass es auch Grautöne und fließende Übergänge gibt und man den anderen mit einer abweichenden Meinung auch tolerieren kann. Man kann anderer Meinung sein, ohne den Partner gleich verurteilen zu müssen.

Als Joyce erkannte, dass ihre Art zu reden bei Joel so ankam, als würde sie ihn immer nur verurteilen, und dass ihn das zutiefst kränkte, fand auch bei ihr ein Sinneswandel statt. Sie war nun bereit, ihren Kommunikationsstil zu ändern.

Konkret nahm sich Joyce vor, grundsätzlich erst einmal positiv auf das einzugehen, was ihr Mann sagte, um dann eventuelle Bedenken anzufügen. Auf einen Zettel schrieben wir drei mögliche Äußerungen, die erst einmal ein freundliches Klima schaffen würden.

1. „Ist ja interessant, dass man die Dinge auch so sehen kann."
2. „Wenn ich's mir recht überlege ..."
3. „An dem Gedanken finde ich interessant ..."

Und so oft wie möglich wollte sie ihre Sätze mit folgender Wendung beginnen: „Aus meiner Sicht würde ich ..." Das fand auch Joel gut, und er freute sich, dass Joyce sich nun bemühen wollte, auch seine Meinung zu respektieren.

Beim nächsten Termin eine Woche später bekannte Joyce, dass es ihr sehr schwergefallen sei, ihre Absicht in die Tat umzusetzen. „Ich habe mich wohl schon zu lange in eingefahrenen Gleisen bewegt, sodass es mir große Mühe macht, meine Denkweise und die Art zu reden zu ändern. Aber nach ein paar Tagen bemerkte ich doch, dass sich etwas veränderte, und ich konnte auch beobachten, wie Joel anders reagierte. Ich denke, es war das Lächeln in seinem Gesicht. Dass er sich über meine Bemühungen freute, das machte mir Mut weiterzumachen."

Sie hatte die drei verabredeten Sätze auf eine Karteikarte geschrieben und las sie mehrmals am Tag laut vor. Diese Karte habe ihr geholfen, berichtete sie. „Ich hätte nie gedacht, dass so ein kleines Ding eine so große Wirkung auf unsere Beziehung haben könnte", sagte sie noch.

Die Kosten überschlagen

Manchmal kann ein Plan auch hohe Investitionen erfordern. Caroline kam zu mir (Jennifer) zur Seelsorge, weil sie an Depressionen litt und mit dem Gefühl lebte, betrogen worden zu sein. Sie hatte einen äußerst attraktiven Berufssportler geheiratet, als sie beide 22 waren. Aber schon kurz nach der Geburt ihres ersten Kindes hatte ihr Mann eine Affäre mit einer jüngeren Frau. Als Caroline ihn darauf zur Rede stellte, gestand Chris sein Fehlverhalten ein und sagte zu, die Ehe retten zu wollen.

Während unseres Gesprächs erarbeiteten Caroline und ich die Bedingungen, unter denen sie bereit wäre, ihre Ehe wieder in Ordnung zu bringen. Für Caroline war wichtig, von ihrem Mann zu hören, dass ihm sein Verhalten nicht nur leidtat, sondern dass er auch ankündigte, seine Lebensweise zu ändern.

Und Chris tat radikal, was er sich vorgenommen hatte. Er gab seine Karriere als Berufssportler auf und nahm eine Bürotätigkeit an, um sich nicht mehr der Versuchung auszusetzen. Zusätzlich tat er einiges, um das Vertrauen seiner Frau wiederzugewinnen. Er verriet ihr das Passwort für sein Handy und den PC, damit sie jederzeit seine SMS und E-Mails lesen könne.

Caroline musste sicher sein, dass sich bestimmte Dinge in Zukunft ändern würden, und Chris machte diese Zugeständnisse, um das Vertrauen wiederherzustellen. Caroline verzieh ihrem Mann, und nach fünf Jahren führen sie noch immer eine glückliche Ehe, der so leicht nichts anhaben kann.

„Zunächst war ich skeptisch“, erzählte Caroline. „Würde sich Chris wirklich so ändern, wie er angekündigt hatte? Ich hatte ihn ja gar nicht darum gebeten, seine Sportkarriere an den Nagel zu hängen. Aber dass er es trotzdem tat, sprach Bände. Ich habe danach nie an der Ernsthaftigkeit seiner Absichten gezweifelt. Ich fühle mich noch heute von ihm geliebt.“ Ein Rettungsplan kann also durchaus auch hohe Investitionen verlangen.

Jane und Paula waren schon in der Schulzeit eng befreundet, und als sie mit dem Studium begannen, entschlossen sie sich, ein Zimmer im Studentenheim zu teilen. Erst jetzt bemerkten sie, wie unterschiedlich sie eigentlich waren. Jane war ausgesprochen kontaktfreudig und engagierte sich vielfältig, während Paula eher in sich gekehrt war und es viel lieber gehabt hätte, mehr Zeit mit Jane auf dem Zimmer zu verbringen. Jane bemerkte bald, dass Paula eigentlich nur zu den Unterrichtsveranstaltungen wegging und sonst immer nur in ihrem Zimmer hockte. „Komm doch mal mit raus!", ermunterte sie ihre Freundin und lud sie zu ihren wöchentlichen Veranstaltungen mit ein. Aber Paula lehnte ab, bevor Jane ihre Einladung noch präzisieren konnte. „Nö, keine Lust", sagte sie dann und nahm Jane ihre sozialen Kontakte mehr und mehr übel.

Eines Abends konnte Paula all ihren angestauten Groll nicht mehr für sich behalten und explodierte. In Rage geraten, warf sie Jane vor, kaltherzig und egoistisch zu sein. Sie sei als Freundin unnahbar und pflege die Beziehung nicht. Jane war natürlich tief verletzt, und ein paar Tage wechselten sie kaum ein Wort miteinander. Dann erkannte Paula, dass es unfair gewesen war, Jane für die eigene Einsamkeit verantwortlich zu machen, und sie entschuldigte sich bei ihrer Freundin für die hässlichen Worte.

Jane hätte Paulas Entschuldigung allzu gern angenommen – um wenigstens den Frieden im Zimmer wiederherzustellen. Aber sie fragte sich: *Paula ist einmal so ausgerastet. Wenn das nun öfter passiert?* Wenn Jane Paulas Entschuldigung also mit einem guten Gefühl annehmen wollte, brauchte sie Sicherheit. Es musste ein konkreter Plan her, um ihr Verhältnis auf eine neue Basis zu stellen. Die beiden redeten ausführlich miteinander und vereinbarten Folgendes, um eine Wiederholung ihres Zerwürfnisses zu verhindern: Jede sollte sich in Zukunft auf ihre

Weise um Freundschaften bemühen. Und wenn sich eine von ihnen wieder einmal schlecht behandelt fühlte und sich Aggression aufstauten, wollten sie darüber reden, um eine Explosion zu verhindern. Darüber hinaus verabredeten sie, wieder öfter etwas gemeinsam zu unternehmen, wie sie es früher oft getan hatten.

Rückschläge auf dem Weg

Der Entwurf eines Planes bedeutet noch nicht, dass er auch erfolgreich ausgeführt wird. Immer wieder kommt es zu Rückschlägen auf dem Weg, auch wenn wir uns noch so anstrengen. Aber diese Rückschläge sollten uns nicht aus der Bahn werfen.

Nele und Philipp sind seit vier Jahren verheiratet, und sie berichtet, was gleich in den ersten Monaten ihrer Ehe geschah: „Wir waren noch kein Jahr verheiratet, als Philipp arbeitslos wurde, und wir hatten nur noch die Hälfte unseres bisherigen Einkommens. Nach über neun Monaten Arbeitslosigkeit bekam er Depressionen. Er drohte damals, mich zu verlassen. Ich wusste ja von seinen Verstimmungen, und so versuchte ich, es ihm nicht nachzutragen, aber innen drin war ich doch sehr verletzt. Später entschuldigte er sich dann, mit seiner Flucht gedroht zu haben. Es sei eine verrückte Idee gewesen und es tue ihm schrecklich leid. Und er werde sich bemühen, so etwas nie wieder zu sagen.

Einen Monat schaffte er, was er sich vorgenommen hatte. Doch dann geriet er wieder in Rage und rief: ‚Ich bin nicht gut genug für dich, da ist's besser, wenn ich gehe!' Das verunsicherte mich sehr, und ich sagte ihm, wie sehr es mich verletze. Am nächsten Tag entschuldigte er sich wieder. Er sei halt so schlechter Stimmung und mit sich selber unzufrieden. Ich hätte mir ja nichts vorzuwerfen. Und dann bat er mich, für ihn zu beten.

Drei Jahre hat er mir nicht mehr gedroht. Er hat inzwischen auch wieder eine Arbeit, und wir kommen gut zurecht. Ich bin nur froh, dass ich ihn nicht aufgegeben habe, als er so schlecht drauf war. Er ist nämlich ein guter Ehemann."

Nele erkannte den guten Willen bei Philipp, ihre Ehe zu retten, deshalb rechnete sie es ihm nicht an, als er versagte. Dennoch war es ihr wichtig, sich mit ihm auszusprechen und ihm sein Versagen bewusst zu machen. Und er war bereit, sich erneut zu entschuldigen und einen neuen Versuch zu starten. Rückschläge bedeuten noch nicht, dass man auf der ganzen Linie versagt hat. Wichtig ist nur, den Rückschlag zuzugeben, aufzustehen und es erneut zu versuchen.

Sich umgehend entschuldigen

In jedem Fall ist es besser, einen Rückschlag möglichst schnell einzugestehen, bevor der andere noch Zeit hat, eine Aussprache zu verlangen. Eine umgehende Entschuldigung macht deutlich, wie sehr einem die Angelegenheit auf den Nägeln brennt. Ich begegnete Judith auf einem Eheseminar, und sie erzählte: „Steve, mein Mann, hielt mir ständig meine Höhenangst vor, und er zog mich sogar vor anderen deswegen auf. Das verletzte mich jedes Mal sehr. Er wusste es von mir, bevor wir heirateten, aber es schien ihm damals nichts auszumachen. Eines Tages stellte ich ihn deswegen zur Rede. Er sollte wissen, wie sehr es mich kränkte und wie sehr es mir vor den anderen peinlich war. Er solle es nie wieder erwähnen. Ich sei auch bereit, einen Therapeuten aufzusuchen, aber bis ich es los sei, wolle ich nicht, dass er noch einmal deswegen Spitzen verteile. Er entschuldigte sich auch und versprach, mich nicht mehr damit aufzuziehen."

Zwei Monate später fuhren sie zum Grand Canyon. Steve trat auf einen Felsvorsprung, der als Aussichtsplattform mit einem Geländer versehen war, und drängte Judith, ihm zu folgen. Als sie sich weigerte, sagte er: „Wir sind doch mit dem Flugzeug hergekommen. Und hier hast du sogar Felsen unter den Füßen. Du wirst dir schon nichts tun. Na los, komm her."

Aber bevor Judith etwas einwenden konnte, wurde Steve klar, was er getan hatte, und er schlug sich mit der Hand an die Stirn. „Jetzt habe ich's doch glatt schon wieder gemacht! Nicht zu glauben."

Sein Eingeständnis ohne vorherige Ermahnung vermittelte ihr den Eindruck, dass er es ernst meinte. „Sein Entsetzen wirkte so echt, dass ich ihm spontan vergab."

Wenn wir es jedoch versäumen, solche Rückfälle einzugestehen, interpretiert der andere es als Gleichgültigkeit. Keiner gesteht Fehler gerne ein, aber es zeigt einfach unseren guten Willen, wenn wir ohne Ermahnung unser Versagen zugeben.

Aufstehen und es erneut versuchen

„Aufstehen und neu versuchen" – das ist das Erfolgsrezept der Anonymen Alkoholiker. Zu ihrem Zwölf-Schritte-Programm gehört der Punkt: „Gestehe Gott, dir selber und einem anderen Menschen ein, was genau du falsch gemacht hast." Wer Gott und einer Vertrauensperson seine Fehler bekennt, der muss bereit sein, sich zu demütigen und vor anderen zu öffnen. Aber damit erhält man die Chance für einen Neuanfang.

Vor ein paar Wochen spielte ich mit meiner sechsjährigen Enkelin. Sie versuchte etwas mit Legosteinen zu bauen, aber ab einem bestimmten Punkt wurde das Gebilde instabil, und ich merkte, wie sich ihre Stimmung von Versuch zu Versuch verschlechterte. Schließlich sagte ich zu ihr: „Weiß du, was meine Mutter immer zu mir gesagt hat? ‚Wenn's nicht gleich klappt, dann versuch's, versuch's, versuch's noch mal.' Kannst du dir denken, was sie damit sagen wollte?", fragte ich. Sie nickte stumm und fuhr emsig fort, an ihrer Konstruktion zu werkeln.

Etwas später an jenem Tag versuchte ich vergeblich, ein Gurkenglas zu öffnen. Sie beobachtete mich dabei und sagte schließlich: „Wenn's nicht gleich klappt, dann versuch's, versuch's noch mal." Ich musste laut lachen – und versuchte es ein weiteres Mal, und diesmal erfolgreich. Auch ich musste es wieder einmal lernen.

Thomas Edison hatte bereits viele vergebliche Versuche hinter sich, als es ihm gelang, eine gewöhnliche Glühbirne zu erfinden. Der Baseballstar Babe Ruth musste endlos viele Schläge tun, bis er Erfolge feierte und zur Legende wurde. Nach 111 Fahrten ohne Triumph wurde Lance Armstrong zum ersten Mal Sieger. Aber nach seinem Ausscheiden aus dem Profisport 2005 hatte er viele Male hintereinander die Tour de France gewonnen, sodass er ins Buch der Rekorde aufgenommen wurde. Die Tragik ist, dass Menschen oft kurz vor der Ziellinie aufgeben. Es ist anstrengend, alte Verhaltensmuster abzulegen – das Ziel ist also weit gesteckt. Doch wir schaffen es, wenn wir am Ball bleiben.

Annes Ankündigung

Nach zehn Jahren Ehe eröffnete Anne eines Abends ihrem Mann, dass sie sich von ihm überhaupt nicht geliebt fühle. „Ich weiß nicht, wie ich's ausdrücken soll, aber schon seit längerem habe ich das Gefühl, dass du mich nicht wirklich liebst und du dir insgeheim wünschst, wir wären nicht mehr verheiratet. Dieses Gefühl ist schrecklich, und ich weiß, dass es mein Verhalten dir gegenüber beeinträchtigt. Deshalb meine Anfrage: Können wir mal darüber reden?"

Bob war schockiert, aber er freute sich auch über die Gelegenheit, ihr Verhältnis zu klären. Im Laufe des Gesprächs kam heraus, dass Bob nicht, wie es normal ist, hier und da Kritik übte, sondern unaufhörlich etwas an seiner Frau auszusetzen hatte. Und den Satz: „Ich liebe dich", hatte Anne schon lange nicht mehr gehört.

Bob bedankte sich für ihre Offenheit und fuhr fort: „Doch, ich liebe dich wirklich. Mir war nur nicht klar, dass es dir etwas bedeutet, wenn ich es jeden Tag wiederhole." Trotz ihrer offenen Aussprache kamen sie überein, noch zusätzlich einen Seelsorger aufzusuchen.

So saßen sie bei mir im Büro, und es dauerte gar nicht lange, bis wir herausfanden, dass Annes Sprache der Liebe *Lob und Anerkennung* war. Da Bob aufgehört hatte, sie mit Komplimenten zu verwöhnen, hatte sich ihr Liebestank geleert. Und etwas verschlimmerte die Sache noch:

Statt Anerkennung erntete sie andauernd Kritik. So nahm sie es zumindest wahr. Als Bob die Zusammenhänge verstand, gab er zu, in der letzten Zeit überkritisch mit ihr umgegangen zu sein.

„Ich stehe an der Arbeit mächtig unter Druck, und ich denke, ich habe es an ihr ausgelassen. Mir war nicht bewusst, dass es bei ihr so negativ ankam. Und dass sie sich überhaupt nicht mehr geliebt fühlte, das habe ich schon gar nicht bemerkt."

Bob versuchte es ...

Es fiel Bob nicht schwer, sich bei Anne zu entschuldigen, und gemeinsam arbeiteten wir einen Plan aus, um es Bob zu erleichtern, sein Verhalten zu ändern. Es fiel auf, dass er besonders kritisch gleich in der ersten Viertelstunde nach seiner Heimkehr aus dem Büro war. Er sah sofort, was alles nicht erledigt worden war oder wie sich die Kinder wieder aufführten – während Anne in der Küche schwitzte, um das Essen pünktlich auf den Tisch zu bekommen. Da waren seine kritischen Kommentare natürlich höchst unwillkommen. Ihr Vorschlag lautete deswegen, Bob möge seine Kritik bis später am Abend aufheben, wenn sie entspannt im Sessel saßen. Und Bob meinte, es wäre vielleicht gut, wenn er sich bei der Heimkehr zunächst einmal auf die positiven Dinge beschränkte. Er könnte sich ja erst einmal um die Kinder kümmern, während Anne in Ruhe das Essen vorbereitete, worauf Anne ausrief: „Das wäre perfekt."

Vierzehn Tage später berichtete Bob mir: „Ich hätte nicht gedacht, dass es mir so schwerfallen würde. Mir war nicht bewusst, wie sehr ich mich in eingefahrenen Gleisen befunden habe. Als ich am ersten Abend nach Hause kam, sagte ich Anne, wie toll ich fand, was sie alles in Haus und Garten geschafft hatte, und es tat mir leid, dass ich diese Leistung bisher für so selbstverständlich gehalten hatte. Sie lächelte und meinte, dass ihr mein Kompliment guttat. Dann gab sie mir einen Kuss. Es wurde ein richtig netter Abend.

Aber schon am zweiten Abend kam ich heim und fragte: ‚Wieso spielt Tony draußen ohne Aufsicht? Er ist doch erst zwei! Er sollte noch nicht allein draußen spielen, und außerdem war der Nachbarshund gerade dabei, ihm das Gesicht abzuschlecken.' Anne erwiderte: ‚Ach, ich wusste gar nicht, dass er draußen ist.'

‚Wie? Du hast nicht mitgekriegt, dass er draußen spielt? Ist das nicht deine Aufgabe?', rief ich.

Und schon hatte ich den schönsten Streit vom Zaun gebrochen, und der Abend war verdorben", erzählte Bob.

... und versucht es wieder

„Die nächsten zwei Abende sagte ich gar nichts – weder Positives noch Negatives", fuhr Bob fort. „Ich war so entmutigt, und jedes Kompliment wäre mir wie billige Schmeichelei vorgekommen. Am nächsten Tag dachte ich während der Arbeit über alles nach, und da fiel mir etwas auf: Wenn einmal ein Geschäft nicht zustande kam, gab ich den Kunden ja nicht sofort auf. Ich bemühte mich weiterhin um gute Beziehungen, um vielleicht doch noch irgendwann ein Geschäft abzuschließen. Warum sollte ich also so schnell meine Ehe aufgeben? Am Abend kam ich nach Hause und sagte Anne, dass ich sie liebte und dass es mir leidtat, sie die letzten zwei Tage so angeschwiegen zu haben. Ich berichtete ihr, über alles noch einmal nachgedacht zu haben, und ich wolle auf keinen Fall aufgeben und mein Verhalten ändern. Doch, sie freute sich wohl, aber mehr im Stillen. Besonders euphorisch wirkte sie nicht.

Von nun an hielt ich jeden Abend ein Stück vor unserem Haus an, um mich zu fragen: ‚Welches Kompliment will ich ihr machen, wenn ich durch die Tür trete?‘ Das hört sich vielleicht ein bisschen überspannt an, aber es half mir, meine Gedanken zu ordnen. Und bislang hat es mir sehr geholfen. Ich hatte diese Woche eigentlich nur einen einzigen Rückfall“, sagte er mit einem Lächeln.

„Aber es war nicht besonders schlimm“, erwiderte Anne und lächelte auch.

Einen Monat später sah ich Bob und Anne wieder und stellte fest, dass sie ausgezeichnet miteinander auskamen. „Es ist ganz anders jetzt“, sagte Anne. „Ich fühle mich einfach geliebt und angenommen. Ich merke, dass er sich bemüht, sich zu ändern und meine Sprache der Liebe zu sprechen. Ja, er macht das richtig gut. Klar, perfekt ist niemand, schließlich bin ich es auch nicht, aber ich schätze es hoch ein, dass sich etwas getan hat. Es ist so schön, wie er jetzt mit mir redet, und ich habe auch an ein paar Dingen gearbeitet, die ihm in der Vergangenheit zu schaffen gemacht haben. Ich denke, wir kommen voran in unserer Ehe.“

Bobs Ausdauer hatte sich also ausgezahlt.

Perfektion erwartet wohl niemand nach einer Entschuldigung, aber Bemühen durchaus. Wenn sich der Partner nach einem Rückfall gleich wieder fallen lässt und in alte Verhaltensmuster zurückkehrt, kann der andere seine Entschuldigung nicht ernst nehmen. Diese mag anfangs durchaus von Herzen kommen, aber wer dann beim Sinneswandel auf halber Strecke stehen bleibt, muss sich nicht wundern, wenn seine Worte leer ankommen. Das gilt besonders bei Menschen, deren Sprache des Verzeihens der erkennbare Sinneswandel ist.

Wer sich für den anderen erkennbar ändern will, der sollte dies unmissverständlich zu verstehen geben und sich konkrete Schritte ausdenken. Das ist unerlässlich, wenn er sich glaubwürdig entschuldigen will. Und es ist wahrscheinlich die effektivste Art, glaubwürdig zu sein, wenn man den anderen bei der konkreten Absicherung seines Sinneswandels mit einbezieht. Dazu könnten Sie folgende Vorschläge machen:

Vorschläge für konkrete Pläne zum Neuanfang

- *„Ich weiß, dass ich dich mit meinem Verhalten sehr verletzt habe. Ich will es nie wieder tun. Wenn du Vorschläge hast, was mir helfen würde, mich zu ändern, dann sag es nur.“*

- *„Wie könnte ich es anders ausdrücken, damit es nicht so kritisch bei dir ankommt?“*

- *„Ich weiß, dass mein Verhalten nicht okay ist. Was soll ich deiner Meinung nach anders machen, um dir das Leben leichter zu machen?“*

- *„Ganz ehrlich, ich will mich ändern! Ich werd's zwar nicht perfekt hinkriegen, aber bemühen will ich mich auf jeden Fall. Sagst du mir immer gleich Bescheid, wenn ich in alte Verhaltensweisen zurückfalle? Sag dann einfach nur: Rückfall! Ich denke, das hilft mir aufzuwachen und die Richtung zu ändern.“*

- *„Ich habe dich wieder mit demselben Mist behelligt. Meinst du, du schaffst es, mir noch einmal zu vertrauen?“*

- *„Dieses Verhalten hat sich bei mir so eingeschliffen, dass es schwer wird, mich zu ändern. Sicher geht es auch mal wieder schief, und ich verletze dich. Vielleicht können wir ja gemeinsam darüber nachdenken, wie ich dauerhaft aus der alten Spur herauskomme. Und du kannst mir gern Mut machen, wenn ich etwas tue, was hilft.“*

Die fünf Sprachen des Verzeihens

1. Das Eingeständnis:
„Es tut mir leid."

2. Die Verantwortung:
„Es war mein Fehler."

3. Die Wiedergutmachung:
„Wie kann ich das wiedergutmachen?"

4. Der Sinneswandel:
„Es soll nicht wieder vorkommen."

5. Die Vergebung:
„Willst du mir vergeben?"

5. Die Vergebung:
„Willst du mir vergeben?“

Vor Jahren arbeitete meine (Jennifers) Mutter in einem Büro mit einem ganz ausgezeichneten Betriebsklima. Doch eines Tages wandte sich eine Kollegin an sie mit der Bemerkung, es mache ihr da etwas zu schaffen: Meine Mutter würde sich niemals entschuldigen.

Meine Mutter überlegte, und dann fiel ihr tatsächlich ein Vorfall ein. Sie hatte einen Fehler gemacht, durch den diese Frau Nachteile hatte. „Ich war mir sicher, dass ich mich gleich darauf entschuldigt hatte“, erzählte mir meine Mutter. „Ich habe damals die Verantwortung übernommen und ihr gesagt, dass mir die Unannehmlichkeiten leidtaten. Deshalb fragte ich sie, was sie denn noch von mir hören wollte.“

„Nun, du hast mich nie um Verzeihung gebeten!“, erwiderte die Kollegin.

„Aber natürlich sollst du mir verzeihen, weil mir unsere Beziehung etwas wert ist“, sagte meine Mutter schnell. „Also dann frage ich dich jetzt: Willst du mir bitte vergeben?“

„Na klar“, antwortete die Kollegin.

Die beiden lachten, und alles war wieder in Ordnung zwischen ihnen.

Meine Mutter hatte erfahren, dass Dr. Chapman und ich an einem Buch über die Sprachen des Verzeihens schreiben, und so meinte sie noch über ihre Kollegin: „Sie wollte mir wohl beibringen, welche Sprache des Verzeihens sie spricht.“

„Das scheint mir auch so", sagte ich. „Das ausdrückliche Vergeben einer Schuld ist die persönliche Sprache des Verzeihens dieser Frau. Das wollte sie von dir hören. Ich freue mich, dass du mir diese Begebenheit geschildert hast. Sie bestätigt, was wir in unseren Recherchen gefunden haben."

Als Jennifer mir von diesem Gespräch berichtete, musste ich sofort an ein Ehepaar denken, das ich vor einiger Zeit in der Seelsorge hatte. Neun Jahre waren Angie und Martin schon verheiratet, als sie erfuhr, dass er mit einer Frau aus dem Büro eine Affäre hatte. Sie stellte ihn zur Rede und sagte: „Ich weiß, dass du mit Linda ein Verhältnis hast. Ich hab's mit eigenen Augen gesehen. Leugnen ist also zwecklos." Sie stellte Martin vor die Wahl: Entweder er würde innerhalb einer Woche ausziehen oder das Verhältnis beenden und mit einer Therapie einverstanden sein. „Du kannst uns nicht beide gleichzeitig haben. Also entscheide dich!"

Martin zog zwar zunächst aus, aber schon nach einer Woche kehrte er zurück. Er wollte die Ehe retten, auch die Beziehung zu Linda beenden. Nach ein paar Wochen Therapie sagte Angie: „Es irritiert mich, dass Martin nicht bereit ist, mich um Vergebung zu bitten. Er sagt zwar, dass es ihm leidtut, und ich bin auch überzeugt, dass er die Beziehung zu Linda beendet hat. Ich wäre nicht bereit, an unserer Ehe zu arbeiten, wenn ich da nicht sicher wäre. Sie hat auch gekündigt und ist nicht mehr in der Firma. Aber Martin will mich partout nicht um Vergebung bitten."

„Das ist, als würdest du mir vorsagen, was ich nachzusprechen hätte", entgegnete Martin ihr.

„Ach was, ich will dich doch nicht zu irgendetwas zwingen. Aber deine Weigerung vermittelt mir den Eindruck, dass es dir schwerfällt, deinen Fehler einzugestehen."

„Nein, ich habe doch schon zugegeben, dass ich etwas falsch gemacht habe", wehrte sich Martin.

„Und warum bittest du mich dann nicht um Verzeihung?", fragte sie geradezu flehentlich. „Ich möchte dir ja vergeben. Aber wie kann ich das tun, wenn du mich nicht darum bittest? Es ist so, als ob du gar keine Vergebung nötig hast, weil du dich für unschuldig hältst. Verstehst du das nicht?"

„Ich weiß doch, dass ich einen Fehler gemacht habe. Es fällt mir nur so schwer, dich in Worten um Vergebung zu bitten." Tränen traten ihm in die Augen, während er sagte: „Ich weiß einfach nicht, warum ich's nicht über mich bringe."

Tragisch, dass Angies Sprache des Verzeihens das Vergeben ist. Sie möchte gebeten werden, dem anderen ihre Vergebung zu schenken. Erst das ist eine ernst gemeinte Entschuldigung für sie. Sie ist ja längst vergebungsbereit. Sie sehnt sich regelrecht danach, aber sie braucht von Martin die Bestätigung, dass er diese Vergebung auch wirklich nötig hat.

Und da hat Martin Probleme, ausgerechnet diese Bestätigung zu liefern. Es ist eine Sprache des Verzeihens, die er nicht gewohnt ist zu sprechen.

Unsere Recherchen ergaben, dass es sehr viele Angies in dieser Welt gibt. Auf die Frage: „Was erwarten Sie von einer Entschuldigung?", antwortete jeder Fünfte (21 Prozent): „Ich erwarte von ihm/ihr die Bitte um Verzeihung."[1] Das erst macht für diese Menschen eine Entschuldigung vollgültig.

Warum brauchen manche die Bitte um Vergebung, um zu verzeihen?

Wer um Vergebung gebeten werden will, sehnt sich danach, die Beziehung von Grund auf wiederherzustellen. Peter und Simone sind seit fünfzehn Jahren verheiratet, und Peter weiß, dass seine Sprache des Verzeihens die Vergebung ist. „Wenn sie mich um Vergebung bittet, dann weiß ich, dass sie nichts unter den Teppich kehren will. Sie mag sich entschuldigen, aber erst wenn sie mich bittet, ihr zu vergeben, weiß ich, dass es ihr wirklich ernst ist. Und damit macht sie es mir ganz leicht, ihr zu verzeihen. Ich weiß dann, dass es nichts Wichtigeres für sie gibt als unsere Beziehung."

Sobald einer am anderen schuldig wird, entsteht eine Kluft zwischen ihnen. Und solange die nicht ausgefüllt und überbrückt wird, kann eine Beziehung nicht mehr gedeihen. Eine Entschuldigung ist der Versuch, wieder eine Brücke zu schlagen. Und wenn Sie spüren, dass für Ihren Partner die Vergebung die persönliche Sprache des Verzeihens ist, dann sollten Sie die auch benutzen, um die Kluft so schnell wie möglich wieder zu überbrücken.

Warum kann die Bitte um Vergebung noch wichtig sein? *Sie zeigt, dass man erkannt hat, in der Schuld des anderen zu stehen.* Nur dann gibt es überhaupt einen Grund, Vergebung zu erbitten. Womöglich haben Sie sogar unabsichtlich gehandelt, oder es war nur als Spaß gedacht, aber das Ergebnis zählt: Sie haben Schaden angerichtet, und das ist Schuld, die zu vergeben ist. Die ausdrückliche Bitte um Vergebung ist vor allem dann entscheidend, wenn der andere die entsprechende Sprache des Verzeihens spricht. Die Bitte um Vergebung ist ein eindeutiges Schuldeingeständnis. Sie sagt also, dass man eigentlich Verurteilung und Strafe verdient.

Ich begegnete Annette, und wir kamen ins Gespräch. Dabei stellte ich ihr die Frage: „Woher wissen Sie, dass Ihr Mann es ernst meint, wenn er sich entschuldigt?“ Und Annette antwortete spontan: „Wenn er mir in die Augen sieht und mich fragt, ob ich ihm vergeben will. Ein einfaches *Entschuldige bitte!* reicht mir nicht aus. Mein Vierjähriger hat das richtig gut drauf. *Tschuldige, Mama* hier und *Tschuldige, Mama* dort. Aber wenn ich ihn dann frage, was er mir denn getan hat, starrt er mich mit großen Augen an, weil er sich eigentlich gar keiner Schuld bewusst ist. Wer aber um Vergebung bittet, der gesteht ausdrücklich Schuld ein.“

Schließlich gibt es noch einen dritten Grund, warum die Bitte um Vergebung so wichtig sein kann. *Man legt damit die eigene Zukunft in die Hände desjenigen, an dem man schuldig geworden ist.* Sie haben Ihren Fehler eingestanden und Bedauern darüber geäußert, vielleicht haben Sie sogar Wiedergutmachung geleistet, und nun bitten Sie darüber hinaus: „Kannst du mir auch noch vergeben?“ Sie können sich die Antwort nicht selber geben, das wissen Sie ganz genau. Der andere entscheidet sich – zu vergeben oder auch nicht. Und die Zukunft der Beziehung hängt von dieser Entscheidung ab. Sie geben also die Zügel aus der Hand – und das fällt manchen so unsäglich schwer.

Welchen Menschen fällt es schwer, um Vergebung zu bitten?

Es fällt besonders den Menschen schwer, die an sich dominante Persönlichkeiten sind. Wir berichteten gerade über Angie und Martin. Er brachte es nicht über sich, Vergebung zu erbitten. Und als die beiden einen Persönlichkeitstest absolviert hatten, stellte sich heraus, dass Martin in der Dominanz eine hohe Punktzahl erreichte. Er fühlte sich hundsmiserabel, wenn er in einer bestimmten Situation die Kontrolle aus den Händen geben musste. Angie um Vergebung zu bitten, hieß aber, Kontrolle abzugeben und die Zukunft ihrer Beziehung in ihre Hände zu legen. Und das behagte ihm zumindest unterbewusst gar nicht.

Schließlich erkannte Martin, dass ein seelisch gesunder Mensch sich selbst mit allem, was zu ihm gehört, annehmen kann, jedoch nicht bereit ist, sich von negativen Seiten beherrschen zu lassen, vor allem, wenn sie in seinen Beziehungen Schaden anrichten.[2] Und so überwand sich Martin schließlich, auf Angie zuzugehen und zu sagen: „Willst du mir vergeben?" Mit Tränen in den Augen fielen sie sich in die Arme, und sie sprach ein vernehmliches Ja. Das war der Neuanfang für ihre Ehe – als er bereit war, ihre persönliche Sprache des Verzeihens zu sprechen.

Manche wagen es auch nicht, um Vergebung zu bitten, weil sie sich vor der Abfuhr fürchten. Die Angst vor Zurückweisung ist tief im Menschen verwurzelt. Wenn wir uns entschuldigen, gestehen wir ein, dass wir uns geirrt haben. Und das tun wir nicht gern. Es macht uns verletzlich. Wir bitten um etwas, nämlich Vergebung. Und die kann uns nur der andere gewähren. Wir aber gehen das Risiko ein, eine Abfuhr zu ernten.

Niemand von uns erlebt gern eine Zurückweisung, aber für manche ist sie geradezu unerträglich. Es ist eine tief sitzende Furcht. Wer davon betroffen ist, sollte sie zunächst einmal als Teil seiner Persönlichkeit wahrnehmen, sich aber dann vornehmen, sich nicht mehr davon beherrschen zu lassen. Die Gedankenkette dazu könnte etwa folgendermaßen aussehen: „Ich weiß, dass ich kaum etwas mehr fürchte, als abgewiesen zu werden. Aber ich weiß auch, dass mein Verhalten meiner Beziehung schadet, weil ich nicht um Vergebung bitten kann. Das Problem lässt sich nur dadurch aus der Welt schaffen, dass ich mich überwinde. Wenn also mein Gegenüber die Sprache des Verzeihens spricht, werde ich meine Ängste besiegen und um Vergebung bitten.“ Reife Menschen erkennen ihre Ängste, lassen sich aber von ihnen nicht gefangen nehmen. Wenn ihnen eine Beziehung etwas wert ist, sind sie bereit, gegen die Angst vorzugehen und die nötigen Schritte zu tun, um die Beziehung wieder heil werden zu lassen.

Manche wollen auch nicht um Vergebung bitten, weil sie sich dann vermeintlich als Versager outen. Diese Menschen setzen sich meist hohe Ziele, und Fehler gestehen sie sich nicht zu. Stets sind sie bestrebt, alles richtig zu machen, und wenn es gelingt, haben sie ihren Lebenssinn erfüllt. Für einen solchen Menschen ist das Eingeständnis des Versagens eine Katastrophe, die an die Substanz geht. Deshalb wehren sie sich dagegen mit Sätzen wie: „Du bist viel zu empfindlich.“ – „Man kann es auch ganz anders sehen.“ – „Du hast es in die falsche Kehle gekriegt.“

Diese Menschen verdrängen deshalb ihr Fehlverhalten. Sie argumentieren: „Ich will doch nur, dass du einsiehst, wie falsch du liegst." Und so bitten sie höchst selten einmal um Vergebung. Wir waren deshalb nicht überrascht, als bei unseren Untersuchungen herauskam, wie viele Menschen sich niemals entschuldigen. Ein Mann berichtete uns zum Beispiel: „Sie ist viel zu stur, um sich zu entschuldigen. Zehn Jahre sind wir jetzt verheiratet, und noch nicht ein einziges Mal habe ich eine Entschuldigung von ihr zu hören bekommen." Und eine Frau erzählte: „Ich weiß nicht, ob es männlicher Stolz ist, aber er kann sich zu keiner Entschuldigung durchringen, bis mein mehrtägiges Schweigen ihn doch noch umstimmt."

Alle, die darunter leiden, müssen verstehen lernen, dass die Angst vor dem Versagen eine der größten Ängste des Menschen ist. Viele sind

Warum es schwerfällt, um Vergebung zu bitten

1. *Angst vor dem Kontrollverlust.* Manche Menschen fühlen sich sehr unwohl, wenn sie eine Situation nicht beherrschen. Jemand um Vergebung bitten heißt, die Zügel aus der Hand zu geben und den anderen darüber bestimmen zu lassen, wie es mit der Beziehung weitergeht. Das kann unterbewusst eine unüberwindliche Hürde sein.
2. *Angst vor Zurückweisung.* Wer um Vergebung bittet, muss damit rechnen, eine Absage erteilt zu bekommen. Und das kann sich wie die Zurückweisung des ganzen Menschen anfühlen, was viele einfach nicht ertragen können.
3. *Angst vor dem Versagen.* Wer um Vergebung bittet, mag sich davor fürchten, als großer Versager dazustehen. Versagen heißt, dem eigenen hochgesteckten Standard nicht genügt zu haben. Wer mit hohen Erwartungen an sich selbst um Vergebung bitten würde, gäbe quasi zu, ein Versager zu sein.

davon betroffen. Und falls auch Sie dazu gehören, sollten Sie sich Folgendes eingestehen:

„Es gehört zu meinen Ängsten. Deshalb fällt es mir so schwer, mich zu entschuldigen. Eigentlich müsste ich wissen, dass niemand ohne Fehler ist – ich selber also auch nicht. Manchmal tue und sage ich etwas, was den anderen verletzt, und das schadet jedes Mal der Beziehung. Der einzige Weg, beschädigte Beziehungen wiederherzustellen, ist die Entschuldigung. Deshalb muss ich lernen, mich zu entschuldigen – auch gegen meine Angst, als Versager dazustehen. Ich muss begreifen, dass alle Fehler machen oder an anderen schuldig werden. Das heißt ja noch lange nicht, dass ich durch und durch ein Versager bin. Im Gegenteil. Wenn ich um Verzeihung bitte, tue ich etwas Gutes für meine Beziehung, und das ist alles andere als versagen. Deshalb will ich meine Angst überwinden und mich in aller Form entschuldigen. Ich will eingestehen, dass ich einen Fehler gemacht habe, und um Vergebung bitten.“

Wer auf diese Weise sich selbst gegenüber argumentiert, ist auf dem besten Weg, ein reifer Mensch zu werden.

Bestehen Sie nicht auf Vergebung

Nicht nur die Bitte um Vergebung an sich mag manchem schwerfallen, zuweilen müssen wir uns auch damit abfinden, dass der, dem wir übel mitgespielt haben, gar nicht bereit ist, uns spontan zu vergeben.

Ich (Gary) erinnere mich an ein Eheseminar mit Jennifer, wo wir diese Thematik behandelten. Die Reaktion der Zuhörer überzeugte uns, dass wir damit ins

Schwarze getroffen hatten. Die Erwartungshaltung ist oft groß, wenn um Vergebung gebeten wird. Immer wieder sind uns bei unseren Recherchen Menschen begegnet, die, nachdem sie sich entschuldigt hatten, geradezu vom anderen verlangten, ihr Fehlverhalten zu vergessen und zu vergeben. So äußerte eine Frau: „Ich kann's schon nicht mehr hören – nach 25 Ehejahren! Er sagt immer: ‚Ich habe dich doch um Verzeihung gebeten – also Schwamm drüber!' Dabei wartet er niemals meine Antwort ab. Er geht einfach davon aus, dass ich ihm vergebe. Es ist also gar keine Bitte. Mit anderen Worten: Es ist auch keine echte Entschuldigung, was er da vorbringt. Und es ändert sich auch nichts."

Ich fand nie Gelegenheit, mit ihrem Mann persönlich zu sprechen, aber ich bin fest davon überzeugt, dass er zu den dominanten Persönlichkeiten zählt, die gleichzeitig von Versagensängsten beherrscht werden. Wenn er damals etwas dagegen getan hätte, so wäre es wahrscheinlich nicht zur Scheidung gekommen.

Bestehen Sie nicht auf Vergebung. Sie können sie nicht automatisch erwarten. Wenn wir Vergebung verlangen, missverstehen wir deren Wesen. Vergebung entspringt dem freien Willen, die Strafe aufzuheben und dem andern wieder ungehinderten Zugang zu unserem Leben zu gewähren. Es geht nicht um eine Formalie, sondern um eine Beziehung. Vergebung heißt, Vertrauen wiederherzustellen, und das lässt sich nicht durch eine mechanische Zusage bewerkstelligen. Vergebung will sagen: „Unsere Beziehung ist mir wichtig, deshalb ist es mein Wunsch, deine Entschuldigung anzunehmen und auf Gerechtigkeit zu verzichten.“ Vergebung ist also ein Geschenk. Aber etwas, worauf man pocht, verliert den Charakter einer Gabe, die von Herzen kommt.

Wenn ich auf Vergebung bestehe, mache ich mich zum Richter über den, in dessen Schuld ich eigentlich stehe. Ich werfe ihm oder ihr vor, hartherzig zu sein. Der andere ist eigentlich im Recht, aber ich versuche, ihn mit Schuldgefühlen zu beladen, weil er mir nicht vergeben will. Mache ich mich dagegen zum Bittsteller und frage: „Willst du mir vergeben?“, dann weiß ich eins: Wenn mir die Bitte aus freien Stücken gewährt wird, dann bekomme ich Barmherzigkeit, Liebe und Gnade *geschenkt*. Vergebung kann man also nicht verlangen, sondern allenfalls erbitten.

Vergebung nicht sofort erwarten

Seien Sie sich bewusst, dass die Bitte um Vergebung keine Lappalie ist. Die Antwort kostet den anderen Überwindung. Wer vergibt, verzichtet immerhin auf gerechten Ausgleich. Ärger und Groll müssen verarbeitet werden, auch das Gefühl, gedemütigt worden zu sein. Und manchmal sind die Schäden nicht wiedergutzumachen.

Auch müssen vielleicht gewisse Schäden vergeben werden. Das könnte zum Beispiel eine Geschlechtskrankheit sein oder ein finanzieller Schaden. Dann gibt es die emotionalen Schäden, also die Angst als Folge von Tätlichkeiten oder der Gedanke, den anderen in den Armen einer Geliebten zu wissen. Der Verletzte muss mit all dem weiterleben und es verarbeiten, um Ihnen vergeben zu können. Deshalb, die Bitte um Vergebung hat es in sich.

Wie ein altes chinesische Sprichwort sagt: „Wenn du dich schon verbeugst, verbeug dich tief."

Weil Vergebung so viel kostet, sollten Sie von dem anderen nicht erwarten, dass er oder sie, ohne zu zögern, alles vergibt. Sollte das Vergehen minimal sein und sollten Sie auch noch die richtige Sprache des Verzeihens einsetzen, ist Vergebung natürlich auch spontan möglich. Handelt es sich aber um ein schweres Vergehen oder ist wiederholt Schaden angerichtet worden, muss sich der Betroffene womöglich erst an den Gedanken gewöhnen, dem anderen zu vergeben. Das ist dann ein Prozess, den man nicht abkürzen kann. Der Schuldige muss erst beweisen, dass er bereit ist, den Schaden wiedergutzumachen und sein

Warum Vergebung Überwindung kostet

1. *Wer vergibt, muss auf Gerechtigkeit verzichten.* Der Gläubiger einer Schuld muss den natürlichen Impuls überwinden, es dem anderen heimzuzahlen. Verdient der andere die Vergebung überhaupt? Dieses Gefühl stellt sich ein, weil Schaden angerichtet wurde oder man sich hintergangen fühlt.
2. *Wer vergibt, muss über Folgen hinwegsehen, die möglicherweise lange nicht aus der Welt zu schaffen sind.* Eine erzwungene Abtreibung oder eine Geschlechtskrankheit, vielleicht auch ein materieller Verlust, die Erinnerungen an Gewalttätigkeiten oder tiefe Demütigungen – all das sind Gründe, warum es schwerfallen kann zu vergeben.
3. *Wer massiv oder wiederholt geschädigt wird, hat Mühe, über die Taten des anderen hinwegzusehen.* Um Vergebung zu erlangen, muss man manchmal erst Wiedergutmachung leisten und beweisen, dass man bereit ist, sich zu ändern, vor allem, wenn das die Sprachen des Verzeihens sind, die der andere spricht.

Verhalten nachhaltig zu ändern. Das erfordert Überzeugungsarbeit.

In der Zwischenzeit müssen Sie als derjenige, der den Schaden angerichtet hat, Geduld aufbringen. Stellen Sie sicher, dass Sie inzwischen die Liebessprache des anderen herausfinden und anwenden, und zeigen Sie, dass Sie sich ändern wollen. Wenn Sie das konsequent durchhalten, bekommen Sie zu gegebener Zeit Vergebung geschenkt.

Der Schlüssel für die Tür zu Vergebung und Versöhnung ist oft die richtige Reihenfolge. Bitten Sie erst dann um Vergebung, *nachdem* Sie in der passenden Sprache des Verzeihens Ihr Bedauern ausgedrückt haben. Aber vergessen Sie bei Menschen mit der fünften Sprache des Verzeihens auf keinen Fall, den richtigen Schlusspunkt zu setzen – nämlich um *Vergebung* zu bitten. Alles Vorherige mag wichtig sein, aber letztlich nicht den Durchbruch beim anderen erzielen.

Auf der nächsten Seite folgen einige Aussagen, die Ihnen helfen können, die fünfte Sprache des Verzeihens – die Bitte um Vergebung – zu erlernen.

Wie man um Vergebung bittet

- *„Es tut mir leid, dass ich so hässlich mit dir geredet habe. Ich weiß, dass ich laut geworden bin, und was ich gesagt habe, war gemein. Das hast du nicht verdient. Es war absolut nicht richtig, was ich gemacht habe, und ich möchte dich deshalb um Vergebung bitten."*

- *„Ich weiß, dass es dich sehr verletzt hat, was ich getan habe. Du hättest durchaus das Recht, nie wieder ein Wort mit mir zu reden. Aber es tut mir sehr weh, was ich dir angetan habe. Ich wünschte, du könntest mir dennoch von Herzen vergeben."*

- *„Es war eigentlich nicht meine Absicht, dich zu verletzen, aber ich habe es wohl doch getan. Das ist mir inzwischen klar geworden. Es sollte zwar ein Spaß sein, trotzdem ist es gründlich danebengegangen. Es ist niemals richtig, sich auf Kosten eines anderen zu amüsieren. Ich verspreche dir, es nie wieder zu tun. Deshalb frage ich dich jetzt, ob du mir bitte vergeben willst."*

Im nächsten Kapitel sollen Sie anhand verschiedener Fragen herausbekommen, welche Sprache des Verzeihens Sie selber und auch Menschen Ihrer Umgebung sprechen. Wir sind jedenfalls überzeugt, dass wir Verletzungen und auch Beziehungen viel erfolgreicher als bisher heilen können, wenn wir in Familien und Freundeskreisen anfangen, die verschiedenen Sprachen des Verzeihens zu lernen und anzuwenden.

Die fünf Sprachen des Verzeihens

1. Das Eingeständnis:
„Es tut mir leid."

2. Die Verantwortung:
„Es war mein Fehler."

3. Die Wiedergutmachung:
„Wie kann ich das wiedergutmachen?"

4. Der Sinneswandel:
„Es soll nicht wieder vorkommen."

5. Die Vergebung:
„Willst du mir vergeben?"

6. Welche Sprache des Verzeihens spreche ich selber?

„Was ist für mich bei einer Entschuldigung wichtig?"

In den vorausgegangenen Kapiteln haben wir Sie mit den *fünf Sprachen des Verzeihens* bekannt gemacht – das sind fünf Arten, sich zu entschuldigen. Eine dieser fünf Sprachen ist Ihnen wichtiger als die restlichen. Sie vermittelt Ihnen deutlicher, dass der andere es mit seiner Entschuldigung ernst meint. Jede Art der Entschuldigung tut Ihnen irgendwie gut, aber wenn es nicht Ihre eigene, ganz persönliche Sprache ist, bleiben eher Zweifel, ob die Entschuldigung wirklich von Herzen ausgesprochen wurde. Wenn der andere aber mit Ihrer Sprache des Verzeihens auf Sie zukommt, fällt es Ihnen viel leichter, dem „Täter" zu vergeben.

Deswegen ist es so wichtig, die eigene Sprache des Verzeihens herauszubekommen, aber nicht nur die eigene, sondern auch die der Menschen in Ihrer Umgebung. Erst dadurch sind Sie in der Lage, wirklich zu verzeihen und Vergebung anzunehmen.

Nachdem ich (Jennifer) das Prinzip der fünf Sprachen des Verzeihens verstanden hatte, ist auch meine Ehe besser geworden. Mein Mann ist eher ein Verstandesmensch, der es gewohnt ist, sachliche Debatten zu führen, und Sorgfalt ist eines seiner wichtigsten Lebensprinzipien. Inzwischen habe ich herausgefunden, dass er von mir hören möchte: „Ja, es war mein Fehler", um ehrliche Reue zu spüren. Es ist ihm wichtig, dass ich mich zu meinem

Fehler bewusst stelle und Verantwortung dafür übernehme. Für mich dagegen sind Gefühle von zentraler Bedeutung. Ich muss das emotionale Bedauern spüren, dass er mit mir mitleidet. „Es tut mir *leid.*“ Ja, das möchte ich hören. Im dreizehnten Jahr unserer Ehe lernen wir endlich, unsere Streitigkeiten abzukürzen, indem wir uns nicht in unserer eigenen, sondern in der Sprache des anderen entschuldigen.

Eine andere Sprache lernen

Was Gary und ich in unseren eigenen Ehen erlebt haben, gilt erfahrungsgemäß auch für alle anderen Zweierbeziehungen. Es kommt nicht so häufig vor, dass Mann und Frau genau dieselbe Sprache des Verzeihens sprechen. Und die Folge ist, dass Bekundungen des Bedauerns viel zu oft auf Widerstand stoßen, statt milde zu stimmen.

Gut 75 Prozent der befragten Paare hatten keine übereinstimmende Sprache des Verzeihens. Das ergab unsere Umfrage. Und bei 15 Prozent dieser Paare mit unterschiedlichen Sprachen war die Sprache des Partners die letzte Wahl. Wenn Sie sich also in Ihrer eigenen Sprache beim anderen entschuldigen, ist die Wahrscheinlichkeit ziemlich klein, auch die Sprache des anderen zufällig zu treffen. Wenn unsere Daten stimmen, müssen also drei von vier Paaren zum Sprachunterricht. Es müssen Sprachen gelernt werden, die man nicht von Haus aus spricht!

Wie man die eigene Sprache des Verzeihens identifiziert

Zunächst wollen Jennifer und ich Ihnen helfen, Ihre eigene Sprache des Verzeihens herauszufinden. Manchem mag es wie Jim gehen, der mir einmal erzählte: „Ich kenne meine eigene Sprache des Verzeihens nicht, weil meine Frau sich nie entschuldigt. Sie ist davon überzeugt, dass sie keine Fehler macht. Warum sollte sie sich also entschuldigen? Mein Vater dachte übrigens genauso. Er sagte immer: ‚Entschuldigen bringt nichts. Bemühe dich, es richtig zu mache und blick nicht zurück.' Ich bin also das Entschuldigen überhaupt nicht gewohnt. Es ist ein ganz neuer Gedanke für mich. Aber ich muss zugeben, dass es mir gefiele, wenn sich meine Frau mal entschuldigen würde, wo sie mich doch ganz schön verletzen kann. Ich hätte nie gedacht, dass sie mit einem anderen Kerl eine Affäre haben würde. Ich glaube nicht, dass unsere Ehe überlebt, es sei denn, sie entschuldigt sich glaubwürdig."

Seine Frau hatte ihn betrogen, und Jim erwartete eine Entschuldigung dafür. Und so fragte ich (Gary) ihn, was für ihn eine echte Entschuldigung beinhalten müsse.

„Ich möchte, dass sie ihren Fehler eingesteht. Sie muss zugeben, dass sie etwas falsch gemacht hat, und versprechen, es nie wieder zu tun."

„Ich denke, wir wissen bereits, welche Sprache des Verzeihens Sie sprechen", sagte ich.

„Welche?", wollte Jim wissen.

„Der glaubwürdige Sinneswandel", sagte ich und fuhr fort: „Ich denke, wenn Ihre Frau nur sagen würde: ‚Ja, das war falsch', ohne Besserung zu versprechen, würde Ihnen das nicht genügen. Sie müssen spüren, dass sie ernsthaft bemüht ist, sich zu ändern. Wenn das nicht geschieht, fällt es Ihnen ausgesprochen schwer, ihr zu verzeihen. Ihnen ist am allerwichtigsten, dass sie es nicht mehr tut."

„Ganz genau", rief er. „Nur dann würde ich ihr wirklich vergeben können."

Frage 1: Was soll der andere sagen oder tun?

Mein Gespräch mit Jim illustriert eine Möglichkeit, die eigene Sprache des Verzeihens herauszubekommen. Stellen Sie sich folgende Frage: *Was müsste der andere sagen oder tun, um mich zu bewegen, ihm zu verzeihen?* Vielleicht fallen Ihnen erst einmal Dinge ein, die auf mehrere Sprachen hindeuten.

Annika und Bill saßen bei mir im Büro, weil sie einen handfesten Ehekrach hinter sich hatten. Er hatte den Hochzeitstag vergessen und nicht daran gedacht, etwas Nettes dafür zu planen. Nachdem ich beiden eine Weile zugehört hatte, fragte ich Annika: „Was müsste Bill zu Ihnen sagen, damit Sie ihm vergeben können?"

„Er soll sagen, dass es ihm leidtut", antwortete sie. „Ich glaube, er empfindet es gar nicht nach, wie sehr es mir wehgetan hat. Das möchte ich hören. Wie konnte er einen für uns so wichtigen Tag vergessen? Darüber hinaus würde ich mich freuen, wenn er sich etwas ausdenken würde, um es wiedergutzumachen – irgendeine eigene Idee entwickeln."

„Sie haben gleich drei Dinge erwähnt", sagte ich. „Sie möchten hören, dass es ihm leidtut, dass er für seinen Fehler geradesteht und dass er Wiedergutmachung leistet.

Wenn Sie aber nur eins davon bekommen könnten, was würden Sie wählen?"

„Am wichtigsten wäre mir, dass er fühlt, wie sehr er mir wehgetan hat", antwortete sie. „Ich glaube, er ist sich dessen gar nicht bewusst. Solche besonderen Tage sind für ihn lange nicht so wichtig wie für mich."

Nun war offensichtlich, dass ihre persönliche Sprache des Verzeihens das Eingeständnis ist, dass er mitleidet. Sie wollte von Bill hören: „Mir ist klar geworden, wie sehr ich dich verletzt habe. Ich weiß, dass unser Hochzeitstag etwas sehr Wichtiges für dich ist. Wie konnte ich das nur vergessen! Es tut mir von Herzen leid." Würde er dann noch hinzufügen: „Ich will sehen, wie ich es wiedergutmachen kann", so wäre das das Sahnehäubchen auf seiner Entschuldigung, und es würde einen Prozess in Gang setzen, an dessen Ende sie ihm sogar freudig vergeben könnte.

Frage 2: Was verletzt mich am meisten daran?

Eine weitere Frage hilft, um herauszubekommen, welche Sprache des Verzeihens Sie persönlich sprechen: *Was ist so besonders verletzend an der Situation?* Diese Frage hilft besonders dann, wenn der andere sich noch gar nicht entschuldigt hat oder es nur unbefriedigend getan hat. Kevin war von seinem Bruder Georg tief verletzt worden. Die beiden hatten immer ein besonders enges Verhältnis gehabt, sowohl brüderlich als auch freundschaftlich. Ein halbes Jahr zuvor hatte Georg von einem Arbeitskollegen einen Investment-Tipp bekommen, der sich bald auszahlte. Da erzählte er seinem Bruder die freudige Nachricht, doch zu seiner Überraschung reagierte der erbost: „Ich kann's nicht glauben, dass du mich nicht eingeweiht hast! Wir sind doch Brüder. Warum hast du mir kein Sterbenswörtchen gesagt?"

„Ich hatte ja keine Ahnung, dass du Lust auf so was hast", erwiderte Georg perplex.

„Was heißt hier ‚keine Lust'? Wer will nicht investieren, wenn er einen todsicheren Tipp kriegt! Da will doch jeder mitmachen!"

Der Schlagabtausch wurde immer heftiger und führte schließlich dazu, dass sich die Brüder drei Wochen nicht sahen. Schließlich ging Georg zu Kevin und wollte sich entschuldigen, aber Kevin reagierte wenig enthusiastisch. Zwar planten sie wieder gemeinsame Unternehmungen, aber die Beziehung war nicht mehr dieselbe wie früher. Eine Kluft hatte sich zwischen ihnen aufgetan. Ich traf sie eines Tages zufällig im Baseballstadion, und als sie mich sahen, sagte einer von ihnen: „Guten Tag, Dr. Chapman. Sie sind Seelsorger. Vielleicht können Sie uns helfen, unseren Konflikt zu bereinigen." Sie erklärten mir ihr Problem, und ich fragte darauf Kevin: „Was macht Ihnen am meisten an dieser Situation zu schaffen?"

„Dass Georg seinen Fehler nicht zugeben will. Wie kann man dem Bruder eine solche Chance entgehen lassen! Er sagt zwar, dass es ihm leidtut, wie es gekommen ist, aber er will nicht zugeben, dass sein Verhalten grundsätzlich falsch war. Das ist es, was mich am meisten verletzt."

Ich sah Georg herausfordernd an, und der erwiderte: „Ich sehe das nicht als Fehlverhalten. Im Nachhinein tut's mir natürlich leid, dass ich Kevin nicht eingeweiht habe, aber es war ja überhaupt nicht meine Absicht, ihm zu schaden. Ich konnte mir einfach nicht vorstellen, dass er der Typ ist, der Geld anlegt, um zu spekulieren. Deshalb kam sein Protest für mich aus heiterem Himmel."

„Sind Sie sich im Klaren, dass Ihr Verhalten Kevin verletzt hat?", fragte ich.

„Inzwischen weiß ich es", antwortete Georg. „Aber es geschah ja nicht mit Absicht."

„Sicher nicht. Aber lassen Sie mich trotzdem eine Frage stellen: Wenn Sie unabsichtlich jemand im Büro umrennen, der gerade mit einem Becher Kaffee kommt, und darauf Hemd, Hose und Teppich braun gefärbt sind, was würden Sie dann sagen?"

„Wahrscheinlich: ‚Oh, Verzeihung. Wo habe ich nur meine Augen! Kann ich Ihnen helfen?' Und ich würde wahrscheinlich anbieten, die Reinigung für Hose, Hemd und Teppich zu bezahlen."

„Aha! Selbst wenn es unabsichtlich war, würden Sie Verantwortung übernehmen und Wiedergutmachung anbieten!"

„Schon", meinte Greg. „Immerhin habe ich ja den Kaffee verschüttet."

Ich ließ ihm einen Augenblick zum Nachdenken, und dann sagte ich: „Kevins ‚Kaffee' ist auch verschüttet worden, auch wenn es nicht Ihre Absicht war."

„Hab verstanden", sagte er nachdenklich. „Ich hätte aufmerksamer sein müssen an dem Tag, als ich den Tipp bekam. Vielleicht wäre ich dann doch auf die Idee gekommen, meinem Bruder davon zu erzählen, denn eigentlich mag ich ihn ja sehr. Die letzten Wochen ist's mir auch gar nicht gut gegangen."

Georg blickte hinüber zu seinem Bruder und sagte: „He,

ich mag dich doch, alter Junge! Und ich hätte damals an dich denken sollen. Ich werde das Aktienpaket verkaufen und den Gewinn mit dir teilen."

„Das musst du nicht", erwiderte Kevin. „Du hast schon genug getan. Ich vergebe dir."

Die Brüder fielen sich in die Arme, und ich freute mich umso mehr, an diesem Tag zum Baseball gegangen zu sein.

Hätte ich Kevin nicht gefragt, was ihm an der Situation am meisten zu schaffen gemacht hatte, hätte ich seine Sprache des Verzeihens nicht so schnell herausgefunden. Für ihn war am wichtigsten, dass Georg Verantwortung übernahm und zugab: Ja, ich habe etwas falsch gemacht. Es war Kevin nicht so wichtig, dass Georg Mitleid mit ihm hatte. Aber der Satz: „Ich hätte damals an dich denken sollen", sagte ihm, dass sein Bruder sich ausdrücklich zu seinem Fehler bekannte. Erst danach war er frei, ihm zu vergeben.

Später erfuhr ich, dass Georg das Aktienpaket tatsächlich verkauft und die Hälfte des Gewinns Kevin geschenkt hatte. Das war wieder das berühmte Sahnehäubchen, das nicht wirklich nötig ist. Aber es besiegelte die Versöhnung und heilte die Beziehung.

Frage 3: Welche Sprache benutze ich selber, wenn ich mich entschuldige?

Noch eine weitere Frage hilft weiter: *Wenn ich mich bei anderen entschuldige, welche der fünf Sprachen des Verzeihens benutze ich dann spontan?* Mit dieser Frage gehen wir davon aus, dass die Sprache, die Sie selber sprechen, auch die ist, die sie von anderen am liebsten hören wollen.

Lesen Sie, was Marie zu sagen hat: „Wenn ich mich bei anderen entschuldige, dann sollen sie in erster Linie erfahren, dass mir mein Fehler im tiefsten Innern *leidtut*. Ich wünschte mir, es wäre nie geschehen. Niemals hätte ich den anderen verletzen wollen, und schon gar nicht mit Absicht." Marie gibt offen zu, dass es ihr wehtut, einen Fehler gemacht zu haben, und so ist das *Eingeständnis* ihre persönliche Sprache des Verzeihens, die sie auch von anderen hören möchte.

Lukas ist LKW-Fahrer: „Wenn ich mich entschuldige, gebe ich freiweg zu, dass ich etwas falsch gemacht habe. Das ist für mich dann eine echte Entschuldigung. Wenn du nicht Manns genug bist, dich zu deinem Fehler zu stellen, dann hast du dich auch nicht entschuldigt." Verantwortung – das ist das Stichwort für Lukas und auch seine Sprache des Verzeihens.

Anna berichtete: „Wenn ich mich bei anderen entschuldige, sollen sie wissen, dass ich es mit Gottes Hilfe nie, nie wieder tun will. Ich will damit unmissverständlich sagen, dass ich es absolut blöd finde, was ich gemacht habe, und mein Verhalten ändern will." Anna hört eine Entschuldigung wahrscheinlich am unmissverständlichsten mit Sprache vier, bei der es um den Sinneswandel geht. Man will sich alle Mühe geben, es nicht wieder zu tun.

Sind Sie zweisprachig?

Anhand dieser Fragen können Sie nun hoffentlich Ihre persönliche Sprache des Verzeihens bestimmen. Vielleicht sind es ja sogar zwei Sprachen, die Ihnen sehr unmissverständlich den Eindruck vermitteln, der andere entschuldigt sich von Herzen. Forschen Sie im inneren Zwiegespräch nach, ob die eine nicht doch wichtiger ist als die andere. Sollten Sie dabei zu keinem Ergebnis kommen, sind Sie eben zweisprachig. Das ist vollkommen in Ordnung. Sie machen es denen leichter, die sich bei Ihnen entschuldigen wollen.

Es kommt gar nicht so selten vor, dass nicht nur eine Sprache des Verzeihens im Vordergrund steht. Aber eine ist doch meistens ein bisschen wichtiger.

Detektivarbeit: Die Sprache des Verzeihens von anderen finden

Wie findet man die Sprache des Verzeihens von anderen heraus, mit denen man in Beziehung steht? Man könnte ihnen nahelegen, dieses Buch zu lesen und die oben genannten Fragen zu beantworten. Das wäre wahrscheinlich die einfachste Methode.

Wenn jedoch keine Bereitschaft vorhanden ist, ein Buch zu lesen, könnten Sie die gerade vorgestellten drei Fragen nehmen und individuell anpassen. Bitten Sie, eine Entschuldigung zu beschreiben, die der Betreffende bekommen hat, ohne damit zufrieden gewesen zu sein. Fragen Sie, was gefehlt hat. Was hätte der Schuldige sagen oder tun müssen? Sollten Sie selber Grund haben, sich bei jemand zu entschuldigen, so sagen Sie: „Ich weiß, dass ich dich verletzt habe. Unsere Beziehung ist mir aber sehr wichtig. Was soll ich dir also sagen oder was soll ich tun, damit es dir leichtfällt, mir zu vergeben?“ Je spontaner die Antwort ausfällt, desto sicherer können Sie sein, daran die persönliche Sprache des Verzeihens zu erkennen.

Eine Frau antwortete ihrem Mann auf diese Frage: „Ich sage dir was: Ich denke gar nicht daran, dir zu verzeihen, solange du deinen Fehler nicht eingestehst. Du tust immer so, als könntest du mir alles an den Kopf werfen, wenn's nur als Scherz verpackt ist. Aber ich habe deine Scherze satt. Sie kränken mich, und ich werde dir nie verzeihen, bis zu eingestehst, dass es nicht richtig ist, mit mir so umzugehen." Ihre Antwort offenbarte unmissverständlich ihre Sprache des Verzeihens: die Übernahme von Verantwortung.

Sollte Ihnen klar geworden sein, dass Sie einen Mitmenschen beleidigt haben, könnten Sie die weiter oben genannte Frage 2 individuell anpassen. Beispielsweise so: „Ich weiß, dass ich etwas falsch gemacht habe. Ich merke es dir doch an. Es tut mir weh, dass ich dir wehgetan habe. Sag mir, was dich dabei am meisten verletzt hat."

Die dritte Frage ist eher grundsätzlicher Natur, die Sie auch stellen können, ohne dass akut etwas vorgefallen ist. So könnten Sie sagen: „Ich habe gerade ein Buch über das Verzeihen gelesen. Dazu möchte ich deine Meinung erfahren. Wenn du dich bei jemand entschuldigst, was ist dann deiner Meinung nach das Wichtigste an dieser Entschuldigung? Wenn du willst, kann ich dir die fünf Aspekte des Entschuldigens aus dem Buch nennen."

Ist Ihr Gegenüber offen, so erzählen Sie, was Sie gelesen haben. Falls nicht, hören Sie einfach nur zu. Sie erfahren wahrscheinlich auch so die Sprache des Verzeihens, die der andere spricht.

William, ein 35-jähriger Geschäftsmann, bekam diese Frage von einem Kollegen gestellt, und seine Antwort lautete: „Für mich gehört zu einer echten Entschuldigung, dass der andere erfährt, wie mies man sich selber als Schuldiger fühlt, weil man ihn so schlecht behandelt hat.“ Konkret erinnerte sich William an eine Begebenheit, als er sich bei seiner Tochter dafür entschuldigte, zu spät gekommen zu sein, um ihren ersten Soloauftritt am Klavier mitzuerleben.

Drei Fragen, die helfen, bei anderen die Sprache des Verzeihens zu ermitteln

1. Denken Sie darüber nach, wie der Betreffende sich bei Ihnen entschuldigt hat. Welche Sprache des Verzeihens kam vor, was fehlte?
2. Wenn Sie jemanden beleidigt haben, dann sagen Sie dem betreffenden: „Es tut mir leid, was ich getan habe, aber sage mir doch, was dich am meisten schmerzt an dem, was ich dir angetan habe?“
3. Falls die Antwort nicht aussagekräftig genug ist, fragen Sie darüber hinaus: „Was sollte ich tun oder sagen, um es dir leichter zu machen, mir zu vergeben?“

„Als ich ihr enttäuschtes Gesicht sah, sagte ich zu ihr: ‚Ich weiß, wie viel es dir bedeutet hat, und ich fühle mich schrecklich, weil ich die Gelegenheit verpasst habe, deinen Auftritt mitzuerleben. Ich weiß, dass du ganz wunderbar Klavier spielst, und ich bin der Dumme, weil ich dich nicht gehört habe. Ich hoffe, dass du mir vergibst und mir eine zweite Chance lässt. Ich liebe dich, deine Schwester und Mama doch mehr als alles in der Welt.‘ Ich umarmte sie und sie weinte. Ich war sicher, dass sie mir vergeben wollte, denn ich tat alles, um ihr zu vermitteln, wie weh es mir selber tat. Es ist keine Entschuldigung, wenn man sich nicht wegen seiner Tat schrecklich fühlt."

Die Antwort dieses Vaters macht deutlich, dass für ihn das Eingeständnis tiefen Bedauerns die Sprache des Verzeihens ist.

Für die ganze Familie

Beziehen Sie auch einmal die ganze Familie mit ein, um gegenseitig die jeweilige Sprache des Verzeihens zu ermitteln. Beginnen Sie mit den Eltern, und erst später werden auch noch die Kinder dazugeholt (sofern sie alt genug sind und sich dafür interessieren). Nehmen Sie sich als Ehepaar Zeit, und schreiben Sie auf, welche Sprache des Verzeihens Ihnen jeweils liegt. Notieren Sie die restlichen, nach Bedeutung geordnet. Schreiben Sie darüber hinaus auf, welche Sprache des Verzeihens Sie beim Partner vermuten – und auch hier vielleicht die anderen in der entsprechenden Reihenfolge.

Besprechen Sie die Ergebnisse mit dem Partner. Sagen Sie, was Sie für die eigene Sprache des Verzeihens halten. Überlegen Sie gemeinsam, wann Sie sich beim anderen erfolgreich entschuldigt haben und wann Ihre Entschuldigung weniger glaubwürdig geklungen hat. Sprechen Sie darüber, wie Sie sich in Zukunft noch verständlicher machen, sobald eine Entschuldigung nötig wird. Damit haben Sie eine Grundlage für eine gute Kultur des Verzeihens in Ihrer Beziehung gelegt.

Dann beziehen Sie noch Ihre Kinder mit ein. Auch sie sollen ihre vermutete Sprache des Verzeihens notieren und die anderen nach Wichtigkeit geordnet auflisten. Lassen Sie sie die Sprachen von Eltern und Geschwistern schätzen.

Alle fünf Sprachen sprechen

Wir möchten nicht missverstanden werden. Sie sollen nicht ausschließlich die eine bevorzugte Sprache Ihres Gegenübers bedienen. Jede Sprache des Verzeihens hat für sich ihren Stellenwert. Die eine, besondere muss zwar zuallererst benutzt werden, aber die anderen können zusätzlich Wirkung erzielen. Nur ohne die wichtigste klingen die anderen nicht optimal glaubwürdig. Wenn Sie die Sprache des Verzeihens von Ihrem Gegenüber noch nicht kennen, so setzen Sie sicherheitshalber alle ein. Wenn Sie das mit Engagement tun, klingt das wie Musik in den Ohren des anderen, und Ihre Entschuldigung kommt glaubwürdig an.

Glaubwürdigkeit ist der Schlüssel

Eine Entschuldigung soll zum Ausdruck bringen, dass einem etwas an der ungetrübten Beziehung zum anderen liegt. Sie ebnet den Weg zu Vergebung und Versöhnung. Unser Wunsch ist es deshalb, dass dieses Buch dazu beitragen möge, immer mehr Menschen in die Lage zu versetzen, die Versöhnung untereinander so erfolgreich wie möglich zu betreiben.

Sollten Sie nach einer Entschuldigung das Gefühl haben, sie sei beim anderen nicht durchgedrungen, können Sie eine Methode einsetzen, die wir Ihnen hier vorstellen wollen. Einen oder zwei Tage später, nachdem Sie sich entschuldigt haben, sagen Sie zu dem Betreffenden: „Wie würdest du die Ernsthaftigkeit meiner Entschuldigung von vorgestern auf einer Skala von eins bis zehn bewerten?" Antwortet der andere mit einem Wert, der kleiner als zehn ist, fragen Sie nach: „Was könnte ich noch tun, um die zehn zu erreichen?" Die Antwort gibt Ihnen die nötigen Informationen, die Sie brauchen, um die Versöhnung so erfolgreich zu betreiben, dass am Ende die Vergebung steht.

Ein Mann stellte seiner Frau diese Frage und erhielt als Antwort: „Etwa sieben", worauf er fragte: „Was könnte ich tun, damit ich auf zehn komme?"

„Irgendwie glaube ich schon, dass du's ernst meinst, aber du hast nicht eingestanden, dass es dein Fehler war. Ich frage mich, ob du dein Verhalten damit begründest, dass ich *dir* zuvor etwas angetan habe. Ich bin nicht fehlerlos, das weiß ich, aber ich denke nicht, dass dir irgendetwas davon als Vorwand dienen kann, mich so zu behandeln. Ich bin mir eben nicht sicher, ob du das nicht doch so siehst."

Ihr Mann hörte zu, nickte zustimmend und sagte dann: „Ich kann nachvollziehen, dass du so denkst. Aber du sollst wissen: Ich weiß, dass ich falsch gehandelt habe. Es gibt keine Entschuldigung für mein Vorgehen. Ich trage allein die Verantwortung dafür. Du hast keinerlei Schuld daran. Es tut mir leid, und ich hoffe nur, dass du mir eines Tages vergeben kannst."

Mit dieser Aussage verbesserte der Mann die Aussicht auf Vergebung ganz erheblich.

Die fünf Sprachen des Verzeihens

1. Das Eingeständnis:
„Es tut mir leid."

2. Die Verantwortung:
„Es war mein Fehler."

3. Die Wiedergutmachung:
„Wie kann ich das wiedergutmachen?"

4. Der Sinneswandel:
„Es soll nicht wieder vorkommen."

5. Die Vergebung:
„Willst du mir vergeben?"

7. Entschlossen zu verzeihen

„Aber was, wenn ...?“ Ja, sobald es um's Entschuldigen geht, werden wir erfinderisch mit Gegenfragen. Am häufigsten werden wir gefragt: „Aber wenn ich mich gar nicht gedrängt fühle, mich zu entschuldigen?“ So wandte beispielsweise ein Mann ein: „Ich weiß, dass ich etwas verkehrt gemacht habe, aber sie doch genauso. Vor allem, was sie sich geleistet hat, hat das Ganze ja erst ins Rollen gebracht. Warum sollte *ich* mich entschuldigen, wo sie doch angefangen hat?“

Mit dem Abwarten ist das so eine Sache. Wie viel Zeit unserer kurzen Lebensspanne wollen wir damit verbringen, in angeknacksten Beziehungen auf ausbleibende Entschuldigungen zu warten? Ich kenne Paare, die jahrelang wie Fremde unter einem Dach gelebt haben, weil jeder vom anderen eine Entscheidung erwartete.

Ich kenne zwei Brüder, die 18 Jahre kein Wort mehr miteinander geredet haben, weil einer glaubt, vom andern bei einem Autokauf hinters Licht geführt worden zu sein. Der Beschuldigte verteidigte sich damals noch: „Ich hab dir sehr wohl alles gesagt, was mit dem Auto war.“ Und das war der letzte Satz, der zwischen den beiden gewechselt wurde, obgleich sie in derselben Stadt leben. Was für eine Tragik, wenn Menschen sich bewusst gegen eine Versöhnung entscheiden und sich partout nicht entschuldigen wollen.

Gründe, sich nicht zu entschuldigen

Geringschätzung einer Beziehung

Warum weigern sich Menschen, sich zu entschuldigen? *Manchmal bedeutet ihnen die Beziehung selbst nicht viel.* Man ist schon häufig aneinandergeraten, und viel Ärger ist unter den Teppich gekehrt worden. So sagte eine Frau über ihre Schwester: „Irgendwann war mir unsere Beziehung egal. Ich konnte machen, was ich wollte, nie machte ich es ihr recht. *Ich* war es immer, die sich geirrt hatte. Sie hat mich so oft gekränkt und verletzt, und da habe ich irgendwann aufgegeben, etwas für die Beziehung zu tun. Wenn ich auf dem Display meines Telefons ihre Nummer sah, bin ich einfach nicht rangegangen. Sie hätte mich eh wieder nur heruntergeputzt. Da rede ich doch lieber gar nicht erst mit ihr. Wenn ich meine Mutter besuchen will und ihr Auto steht vor der Tür, fahre ich vorbei. Ich habe einfach keine Lust, ihr über den Weg zu laufen."

Aus verschiedenen Gründen, die womöglich sogar berechtigt sind, hielt diese Frau nicht mehr viel von der Beziehung zu ihrer Schwester. Und deshalb sah sie keinen Grund, sich für ihren eigenen Anteil an dem Zerbruch zu entschuldigen.

Sich im Recht fühlen

Ein zweiter Grund, sich nicht zu entschuldigen, *ist die feste Überzeugung, selber im Recht zu sein.* Ein Berufssportler, der sich in einer Kneipe mit einem anderen Gast geprügelt hatte, sagte: „Ich werde mich auf keinen Fall entschuldigen. Er hätte nicht diese blöden Bemerkungen machen sollen." Seine Lebensregel schien zu lauten: „Du hast mich angepöbelt, also bezahlst du gefälligst auch dafür. Bitte mich gar nicht erst um Entschuldigung. Du verdienst, was du gekriegt hast, und mach's nicht noch mal, sonst wird's noch schlimmer." Ihm ging es nicht um Beziehungen, sondern allein um Revanche. Wer so lebt, baut immer nur Mauern auf und reißt keine ein.

Für diese Menschen gilt immer nur: „Wie du mir, so ich dir." Aber diese Lebenseinstellung steht im völligen Gegensatz zum Rat der Bibel, nicht Böses mit Bösem zu vergelten. „Soweit es irgend möglich ist und von euch abhängt, lebt mit allen Menschen in Frieden [und] verschafft euch nicht selbst Recht. Überlasst vielmehr Gott das Urteil, denn er hat ja in der Heiligen Schrift gesagt: ‚Es ist allein meine Sache, euch zu rächen. Ich, der Herr, werde ihnen alles vergelten.'"[1]

Wer glaubt, es grundsätzlich nicht nötig zu haben, andere um Vergebung zu bitten, der macht sich selber etwas vor. In Wahrheit lässt sich jeder von uns regelmäßig etwas zuschulden kommen, indem er lieblos ist und Verletzendes tut oder sagt. Derjenige, der nicht einsieht, sich entschuldigen zu müssen, führt ein Leben voller zerbrochener Beziehungen.

Bei unseren Recherchen sind uns solche Menschen leider in großer Zahl begegnet. Hier nun ein paar Beispiele von entsprechenden Äußerungen. Betsy sagte: „Nach einer Beziehung, die zehn Jahre gedauert hat, habe ich gelernt, ohne Versöhnung zu leben. Ich habe zwar hier und da versucht, meinem Partner eine Entschuldigung abzutrotzen, aber jedes Mal wenn er sich äußerte, kam es nicht von Herzen, und wirklich eingesehen hat er nie etwas. Er behauptet, eigentlich nie Grund zu haben, um sich wirklich zu entschuldigen. Also habe ich mich mit der Tatsache abgefunden, niemals ein Wort des Bedauerns zu bekommen. Ich hoffe nur, dass es nicht schlimmer mit uns wird."

Margret sagte: „Mein Mann macht nicht viele Worte, und entschuldigen tut er sich schon gar nicht. In seiner Familie sind Probleme immer nur unter den Teppich gekehrt worden. Deshalb gibt es bei ihnen, aber auch bei uns so viele ungeheilte Verletzungen. Alles, was man nicht wahrhaben will, schmort vor sich in, und der Groll wird immer unverträglicher. Als Familie leben wir nebeneinanderher, um ja den Schein zu wahren. Ich empfinde mich als ausgemachte Heuchlerin."

Wenn Sie sich jetzt fragen, ob das ein spezielles Problem der Männer ist, dann können wir darauf mit einem klaren Nein antworten. Auch Frauen sind zu stolz, um sich zu entschuldigen. So erzählte John: „Selbst wenn meine Frau eindeutig im Unrecht ist, versteht sie es noch, mir Schuldgefühle zu machen. Wenn ich denke, diesmal muss sie es einsehen und sich entschuldigen, hat sie schon wieder den Spieß umgedreht und macht mich für ihr Verhalten verantwortlich. Und was ist das Ende vom Lied? Ich bin's, der sich Selbstvorwürfe macht."

Mark berichtet Ähnliches: „Meine Frau entschuldigt sich niemals, es sei denn, es ist etwas wirklich Gravierendes vorgefallen. Aber selbst dann habe ich nie das Gefühl, dass es ihr von Herzen leidtut."

Ein schwaches Selbstwertgefühl ... und was man dagegen tun kann

Bei Menschen, die sich um keinen Preis entschuldigen wollen, ist das Gewissen abgestumpft. Und ein abgestumpftes Gewissen geht oft mit einem schwachen Selbstwertgefühl einher. Womöglich haben sie von den Eltern vermittelt bekommen, dass es ein Zeichen von Schwäche sei, sich bei anderen zu entschuldigen. Eltern, die diese Lebenseinstellung vertreten, haben oft selber ein schwach ausgeprägtes Selbstwertgefühl, und so entwickeln auch ihre Kinder keins. Die Folge ist, dass auch die folgenden Generationen davon betroffen sind. Die jungen Leute, die mit dieser Hypothek heranwachsen, kämpfen verzweifelt darum, etwas wert zu sein, und weil sie verinnerlicht haben, dass jede Entschuldigung ein Zeichen der Schwäche ist, machen sie jeden anderen verantwortlich, nur nicht sich selber.

Solche Menschen weisen die Schuld immer von sich, und wer es nicht über sich bringt, sich bei anderen zu entschuldigen, sollte therapeutische Hilfe in Anspruch nehmen, um diese tief eingefahrenen Verhaltensmuster zu beseitigen. Es muss ein Umdenken stattfinden und die Gefühlswelt neu ausgerichtet werden.

Die Betreffenden begreifen eins nicht: Wer sich entschuldigt, *stärkt* sein Selbstwertgefühl. Wer Verantwortung für seine Fehler übernimmt, wird nämlich von anderen respektiert. Und der Respekt stärkt wieder das Gefühl, etwas wert zu sein. Diejenigen aber, die ihr Versagen vertuschen, verlieren den Respekt und das Wohlwollen ihrer Umwelt, was letztlich ihr mangelndes Selbstwertgefühl noch verschlimmert. Das Problem ist nur, wer sich in dieser Abwärtsspirale befindet, dem fällt es meist schwer, diesen Zusammenhang zu erkennen.

Ein gutes Beispiel dafür, wie es auch anders gehen kann, sind David und seine Frau Ellie. Als sie zum ersten Mal bei Jennifer zur Seelsorge erschienen, erwähnte David, dass er pornografiesüchtig gewesen sei, sich aber von diesem zerstörerischen Hang hätte befreien können. Dazu meinte Ellie, dass sie die lange Zeit der heimlichen Sucht tief verletzt habe.

„Hat sich David denn glaubwürdig für das, was er getan hat, entschuldigt?“, fragte ich (Jennifer). Ellie schwieg, und David antwortete an ihrer Stelle: „Na ja, ich habe schon gesagt, dass mir meine Sucht leidtut, aber ich bin nicht sehr ins Detail gegangen, weil ich nicht wusste, wohin das Gespräch dann führen würde.“ David empfand seine Lage als misslich genug, und da wollte er sich nicht durch weitere Details in noch größere Verlegenheit bringen.

Ich wollte aber, dass David etwas einsah: Wenn er jetzt etwas von seiner Schuld verschwieg, würden alle Beteiligten viel länger darunter leiden. Ich machte es den beiden am Beispiel einer Waage deutlich. „Als Ellie von Ihrer Pornografiesucht erfuhr, war das, als sei die Waage, die Ihre Ehe im Gleichgewicht gehalten hat, in eine völlige Schieflage geraten. Ellies Waagschale ist sogar auf dem Boden aufgestoßen. Sie fühlte sich gedemütigt, traurig, einsam, wütend und voller Angst, Ihnen nie wieder trauen zu können. Und Ihre eher allgemein gehaltene Entschuldigung vermochte es nicht, die Beziehung wieder ins Gleichgewicht zu bringen. Ellie ist noch immer verletzt, und sie fürchtet sich. Wenn Sie Ellie an diesem Tiefpunkt lassen, wird sie das Gewicht verringern wollen, das sie am

Boden hält. Und das tut sie, indem sie Ihnen Gehässigkeiten zuwirft. Spüren Sie nicht, dass Sie immer wieder mit Gehässigkeiten bombardiert werden?“

Ja, das gab David zu. Er spüre ihren Groll durchaus.

Und so schloss ich das Bild ab, indem ich sagte: „Ellie braucht Hilfe, um das Gewicht ihrer Waagschale zu vermindern. Sie tun sich und Ihrer Ehe einen großen Gefallen, wenn Sie das Gespräch suchen und dabei ruhig ins Detail gehen. Menschen, die sich entschuldigen und mit nichts hinterm Berg halten, nehmen damit dem Partner Lasten ab, und er fühlt sich in seinen ursprünglichen Stand versetzt und ist dankbar. So kann Ellie ihren Zorn loslassen, den sie Ihnen im Moment immer wieder zuschleudert, um sich selber zu entlasten. Denn wenn Sie sich glaubwürdig entschuldigen, hat sie das nicht mehr nötig.“

David hörte aufmerksam zu, und es schien, als sei ihm ein Licht aufgegangen. Er versprach, zu Hause eine detaillierte Entschuldigung zu versuchen und mir davon in der folgenden Woche zu berichten.

David und Ellie schwebten eine Woche später geradezu leichtfüßig in mein Büro, und David erzählte: „Ich habe ausprobiert, was Sie vorgeschlagen haben, na ja, und das Ergebnis kann sich sehen lassen. Ich meinte zu Ellie, dass es mies war, den Pornografie-Müll all die Jahre heimlich im Haus zu haben. Es tat mir leid, dass die Kinder die Magazine gefunden und womöglich einen seelischen Schaden davongetragen hatten. Und ich sprach noch weitere Dinge an – dass ich Ellie das Gefühl gegeben hatte, keine richtige Frau zu sein, und dass ich sie hintergangen hatte, wenn ich ihr Ausreden auftischte, um mein Tun zu verschleiern.“

David war selber so angetan von seinem Mut und der Freiheit, die sich einstellte, dass es sogar einen Freund überzeugen wollte. „Ich habe das Beispiel mit der schiefen Waage benutzt. Auch er muss sich nämlich dringend bei seiner Frau entschuldigen, und nun sagt er, dass er's auch tun will."

Schließlich wandte ich mich an Ellie: „Und wie haben Sie sich dabei gefühlt, als David so mit Ihnen redete?" Sie antwortete: „Ich weiß, dass es für ihn ein Riesenschritt war. Ich hatte mich schon damit abgefunden, dass er niemals Verantwortung für sein Tun übernehmen würde. Nun habe ich wieder Hoffnung, dass es mit unserer Ehe doch noch klappen könnte."

Sollten Sie Folgendes bei sich feststellen, raten Gary und ich Ihnen dringend, fremde Hilfe in Anspruch zu nehmen: Ein schwaches Selbstwertgefühl, ein unterentwickeltes Gewissen und die Neigung, andere für die eigenen Fehler verantwortlich zu machen. Ihre Beziehung ist niemals so, wie sie sein könnte, wenn Sie nicht lernen, sich zu entschuldigen, denn Sie verletzen die wichtigsten Menschen in Ihrem Leben.

Wenn einem die Sprache nicht liegt

Diese Frage hören wir oft. Die Zuhörer, die diese Frage stellen, sind meist ernsthaft lernbereit, aber sie gestehen auch ein: „Ich habe es einfach nicht geschafft, diese bestimmte Sprache des Verzeihens zu lernen. Fällt es nicht besonders schwer, eine Sprache zu lernen, die einem völlig fremd ist?"

Es trifft natürlich zu, dass die einen leichter lernen als

die anderen. Es hängt viel von den Erfahrungen ab, die wir im Laufe unseres Lebens gemacht haben. Aber wir haben auch eine gute Nachricht: Alle fünf Sprachen des Verzeihens sind grundsätzlich erlernbar. Deshalb wollen wir Ihnen ein paar Menschen vorstellen, die es geschafft haben, eine Sprache des Verzeihens zu lernen, die ihnen zunächst gar nicht lag. Die meisten geben zu, dass es am Anfang ziemlich mühevoll war, aber die Ergebnisse beweisen doch die Lernfähigkeit des Menschen, wenn es darum geht, sich eine neue Sprache des Verzeihens anzueignen.

Sich überwinden, Bedauern zu äußern

Carl, der ans Heiraten dachte, kam mit seiner Freundin Melanie zu einem unserer Seminare. Nachdem sie sich alles angehört hatten, sagte Melanie zu ihm, dass es ihr am wichtigsten sei, ein von Herzen kommendes *Es tut mir leid* zu hören.

Im Laufe des Seminars kam Carl dann auf mich (Gary) zu und sagte: „Ich will ehrlich sein. Ich habe diesen Satz nie zuvor gesprochen. *Es tut mir laaiid* – das hört sich irgendwie so weibisch an. Ich habe immer geglaubt, dass sich echte Männer nicht entschuldigen. Aber das sind wohl Macho-Allüren.

Trotzdem weiß ich nicht, wie ich den Satz über die Lippen bringen soll, und das scheint Melanie ganz schön zu schaffen zu machen. Vielleicht hätten wir gar nicht zu Ihrem Seminar kommen sollen“, ergänzte er mit einem Grinsen.

„Ich möchte Ihnen eine Frage stellen“, sagte ich. „Ist

Ihnen schon einmal etwas passiert, was Sie wirklich bedauert haben? Und haben Sie danach zu sich selber gesagt: ‚Hätte ich's bloß nicht getan!'?"

Er nickte und antwortete: „Ja, ich habe mich am Abend vor der Beerdigung meiner Mutter betrunken, sodass ich am nächsten Tag mit einem heftigen Kater zu kämpfen hatte. An die Beerdigung kann ich mich kaum noch erinnern."

„Und wie haben Sie sich danach gefühlt?", wollte ich wissen.

„Richtig mies", antwortete Carl. „Mir war, als hätte ich meine Mutter entehrt. Es ist einfach so, dass mich ihr Tod schwer getroffen hat. Wir standen uns immer sehr nahe, und ich konnte mit ihr immer über alles reden. Wahrscheinlich habe ich nur meine Trauer ertränken wollen. Meine Methode, Dinge zu lösen. Es hätte sie bestimmt sehr traurig gemacht, wenn sie es erfahren hätte. Sie hat mir immer wegen meiner Trinkerei in den Ohren gelegen. Und nun hoffte ich inständig, dass die Leute im Himmel nicht mitkriegen, was hier auf der Erde vor sich geht. Ich wollte sie doch auf keinen Fall kränken."

„Aber nehmen wir einen Augenblick an, die Leute da oben kriegen doch alles mit, dass Ihre Mutter doch enttäuscht ist über das, was Sie getan haben. Und nehmen wir weiter an, Sie könnten mit ihr reden. Was würden Sie ihr denn sagen?"

Carls Augen wurden feucht, und dann sagte er: „Ich würde ihr sagen, wie leid es mir tut, dass ich mich so schäbig benommen habe. Ich hätte doch wissen müssen, dass ich an so einem Abend nichts hätte trinken dürfen. Wenn ich doch noch einmal zurückkehren könnte, um diesen Abend ein zweites Mal zu durchleben. Ich würde nicht noch einmal in die Kneipe gehen. Ja, wenn ich mit ihr reden könnte, würde ich ihr sagen, wie sehr ich sie liebe und darauf hoffe, dass sie mir vergeben kann."

Ich legte meine Hand auf Carls Schulter und fragte: „Wissen Sie, was Sie gerade getan haben?"

Er nickte gedankenverloren und sagte dann: „Schon. Ich habe mich gerade bei meiner Mutter entschuldigt. Und es fühlt sich richtig gut an. Glauben Sie, dass sie mich gehört hat?"

„Ich glaube schon", antwortete ich. „Und ich bin überzeugt, dass sie Ihnen vergeben hat."

„Mann, ich wollte doch nicht heulen", murmelte er, während er sich die Tränen von den Wangen wischte.

„Das ist auch so etwas", sagte ich. „Man hat Ihnen beigebracht, dass Männer nicht weinen, nicht wahr?"

„Stimmt."

„Da hat man Ihnen einen ganz schönen Bären aufgebunden, Carl", sagte ich. „Tatsache ist, dass wahre Männer durchaus weinen und sich entschuldigen. Sie sagen sogar: *Es tut mir leid!*, wenn sie jemand verletzt haben, den sie lieben. Und Sie sind auch ein ganzer Mann, Carl! Das haben Sie heute gezeigt. Vergessen Sie das niemals wieder. Wenn Sie und Melanie einmal heiraten, werden Sie kein perfekter Ehemann sein und Melanie keine perfekte Ehefrau. Aber es ist auch gar nicht nötig, vollkommen zu sein, um eine gute Ehe zu führen. Nötig ist jedoch, sich zu entschuldigen, wenn man dem anderen etwas angetan hat. Und wenn es Melanies Sprache des Verzeihens verlangt, dass Sie bei einer Schuld Ihr *Leid* bekunden, dann sollten Sie diese Sprache schleunigst lernen."

„Hab verstanden", sagte er und grinste breit. „Jetzt bin ich doch froh, dass wir zum Seminar gekommen sind."

„Und ich erst!"

Ein Jahr später veranstaltete ich ein Eheseminar in South Carolina. Und noch bevor die ersten Gäste erschienen, wer spazierte da in den Saal? Carl und Melanie! „Wir sind so früh gekommen, weil wir hofften, so noch ein paar Worte mit Ihnen wechseln zu können", sagte er. „Wir wollten Sie nur wissen lassen, wie viel uns Ihr Seminar von damals bedeutet hat. Es war der Wendepunkt in unserer Beziehung. Drei Monate später haben wir geheiratet, und wir haben uns gemerkt, was Sie uns damals beigebracht hatten."

„Ich weiß nicht, ob wir noch verheiratet wären", sagte Melanie, „wenn wir nicht an dem Seminar teilgenommen hätten. Ich hätte nicht gedacht, dass das erste Ehejahr so kompliziert werden kann."

„Sagen Sie mir, versteht Carl, sich zu entschuldigen?", fragte ich.

„Oh ja! Wir sind beide gut im Entschuldigen", antwortete sie. „Das gehört ja zu den wichtigsten Sachen, die wir damals gelernt haben – das und die Lehre von den fünf Sprachen der Liebe. Diese zwei Dinge haben dafür gesorgt, dass wir überlebten."

Carl sagte: „Es ist mir nicht leichtgefallen, aber als ich mich damals bei meiner Mutter entschuldigte, das war der Durchbruch. Ich begriff, wie wichtig es ist, ehrlich vor mir selber zu sein."

„Was ist übrigens Ihre Sprache der Liebe?", fragte ich Melanie.

„Gefälligkeiten und Hilfsbereitschaft", antwortete sie.

„Und Carl wird richtig gut darin. Er hilft mir sogar, die Wäsche zu waschen und zu legen."

Carl schüttelte mit einem Lächeln den Kopf und sagte: „Wer hätte das gedacht! Aber ich muss auch zugeben, dass mir die Wäsche leichter von der Hand geht, als mir der Spruch über die Lippen kommt, dass mir etwas leidtut. Trotzdem habe ich inzwischen beides gelernt – schließlich wünsche ich mir doch eine glückliche Ehe. Weder Melanies Eltern noch meine Eltern haben glückliche Ehen geführt. Aber wir beide wollen zusammen alt werden. Deshalb sind wir heute wieder hier, um unser Wissen aufzufrischen. Aber wir freuen uns auch darauf, Neues zu lernen."

„Sie sind ein ganzer Mann", sagte ich und klopfte Carl auf die Schulter. „Was ist eigentlich Ihre Sprache des Verzeihens? Was wollen Sie zuallererst hören, wenn Melanie Sie verletzt hat?"

„Na ja, schön ist es schon, wenn sie zugibt, einen Fehler gemacht zu haben und dass es ihr leidtut. Aber wenn sie ankommt, um mit mir zu kuscheln – und vielleicht auch ein bisschen mehr –, vor allem, wenn sie die Initiative ergreift, dann weiß ich, dass es ihr wirklich von Herzen leidgetan hat. Hinterher ist dann alles wieder in Ordnung zwischen uns. Ich kann loslassen, weil ich einfach weiß, dass sie mich liebt."

„Ihre Sprache der Liebe sind also die Zärtlichkeiten", sagte ich.

„Stimmt."

„Wenn sie mit Ihnen schläft, dann füllt sich Ihr Liebestank, und Sie fühlen sich in ihrer Liebe geborgen."

„Es gibt nichts Schöneres."

Ich wandte mich an Melanie und fragte: „Fällt es Ihnen etwa schwer, seine Liebessprache zu sprechen?“

„Ganz und gar nicht“, antwortete sie. „Ich bin in einer echten Kuschelfamilie aufgewachsen, und ich genieße jede körperliche Berührung. Na ja, und die Liebe im Bett auch“, sagte sie und lächelte verschmitzt.

Carls eigene Sprache des Verzeihens ist die Wiedergutmachung. Er braucht, wenn er verletzt worden ist, den handfesten Beweis, dass Melanie ihn noch immer liebt. Und da die Zärtlichkeit seine Muttersprache der Liebe ist, fühlt er sich sicher, wenn sie mit ihm schläft. Dann weiß er, dass sie es mit ihrer Entschuldigung ernst meint. Es fällt Melanie glücklicherweise leicht, seine Sprache des Verzeihens zu sprechen, denn sie ist ohne Körperscheu in ihrer Familie groß geworden. Carl fiel die schwierigere Aufgabe zu, eine Sprache des Verzeihens zu erlernen, mit der er bislang wenig Erfahrungen machen konnte. Aber er lernte, sein tiefes Bedauern auszudrücken, indem er sagte: „Es tut mir von Herzen leid.“ Melanie musste spüren, dass es ihm wirklich *leidtat,* dann glaubte sie, dass es von Herzen kam.

Verantwortung übernehmen

Ute gab zu, dass es ihr schwerfiel, die Sprache ihres Mannes zu sprechen. Er erwartete, dass sie sich zu ihrem Fehlverhalten stellte und Verantwortung dafür übernahm: „*Ich* habe den Fehler gemacht!“ Das wollte er von ihr hören.

„Ich weiß nicht, warum mir das so abwegig vorgekommen ist“, sagte sie zu mir. „Vielleicht kommt es daher, dass ich es von meinen Eltern nie gehört habe. Sie haben mir das Entschuldigen einfach nicht beigebracht. Bei uns hieß es immer nur: ‚Gib dein Bestes. Leiste was! Tu, was du kannst!' Aber über's Entschuldigen ist nie viel geredet worden. Deshalb habe ich wohl auch keine einzige Sprache des Verzeihens wirklich kennengelernt."

Einen Monat nach unserem Seminar fand ich folgende Nachricht unter meinen E-Mails: „Ich habe in den letzten Wochen viel über die Sprachen des Verzeihens nachgedacht. Und kürzlich habe ich mich entschlossen, die Sprache meines Mannes zu erlernen. Ich habe erst mal geübt und laut vor mich hingesagt: ‚Es war *mein* Fehler. Ich hätte es nicht tun sollen!' Aber es ist mir sehr schwer gefallen. Jede Silbe war wie Klebstoff in meinem Mund, doch als es heraus war, fühlte es sich gut an – als wäre mir eine schwere Last von den Schultern genommen worden. Es ist, als würde ich lernen, Verantwortung für mein Verhalten zu übernehmen."

An Utes Beispiel sehen wir, dass es oft große Überwindung kostet, die Sprache des Verzeihens des andern zu sprechen. Und es gibt verschiedene Gründe, warum es gerade auch ihr so schwerfällt: Da ist das Vorbild der Eltern. Sie hat das Verzeihen zu Hause nicht gelernt. Es gehörte nicht zu ihrem Erfahrungsschatz. Aber nun als Erwachsene war sie fest entschlossen, es anders zu machen. Sie nahm sich vor, die Sprache des Verzeihens ihres Partners zu erlernen. Und damit veränderte sich die Qualität der Beziehung zum Guten.

Wenn es auch Sie Überwindung kostet, dem anderen zu sagen, dass Sie einen Fehler gemacht haben und dieses oder jenes nicht hätten tun dürfen, dann möchte ich Ihnen eine Übung vorschlagen: Schreiben Sie folgende Sätze auf eine Karteikarte: „Ich bin nicht perfekt. Ich mache auch Fehler. Manchmal sage oder tue ich Dinge, die andere verletzen. Die Sprache des Verzeihens, die mein Partner spricht, verlangt von mir, dass ich (als Beispiel) Verantwortung für mein Tun bekenne. Ich muss sagen: ‚Es war *mein* Fehler, und ich hätte es nicht tun sollen.' Deshalb werde ich diese beiden Sätze sprechen lernen." Lesen Sie laut vor, was auf der Karte steht. Dann wiederholen Sie die Sätze: „Es war *mein* Fehler, und ich hätte es nicht tun sollen!" Sagen Sie es laut und vor dem Spiegel. Es kostet Überwindung, die eigene Stimme etwas sagen zu hören, was einem nicht so ohne Weiteres über die Lippen kommt. Aber es ist der erste Schritt auf dem Weg zu einer neuen Sprache des Verzeihens.

Man übernimmt umso leichter Verantwortung für sein eigenes Fehlverhalten, je klarer einem bewusst ist, dass alle Menschen Fehler machen. Und ich bin genauso mit Fehlern behaftet. Ich tue wie alle anderen meinen Mitmenschen weh. Wenn ich mir aber selber eingestehe, menschlich zu sein, was ist schon dabei? Und außerdem bin ich dann noch ein Mensch, der sich weiterentwickelt und Fortschritte macht!

Echte Umkehr

„Ich setzte alles daran, dass es nicht wieder geschieht." So etwas zu sagen, fällt manchem schwer. Man verspricht damit nämlich eine konkrete Kehrtwendung. Uwe war sehr ehrlich zu mir, als er sagte: „Ich möchte eigentlich gar nicht versprechen, dass ich mich ändern kann, weil ich's womöglich gar nicht schaffe. Mein guter Vorsatz ist es durchaus, sonst würde ich mich ja nicht entschuldigen.

Aber wenn ich ankündige, mich konkret zu ändern, dann gehe ich das große Risiko ein, doch noch zu scheitern. Und das tut der Beziehung erst recht nicht gut. Warum reicht es denn nicht, wenn ich mich praktisch ändere, ohne es vorher groß anzukündigen?"

Uwe spricht da etwas an, was viele empfinden. Das Problem ist nur, dass der andere nicht Gedanken lesen kann. Sie selber wissen zwar, dass es anders werden soll, aber der Partner nicht! Wir äußern also unsere Umkehrabsicht, weil es wie alle anderen Formen des Entschuldigens eine *Sprache* des Verzeihens ist. Der andere soll doch übermittelt bekommen, dass wir unseren Fehler bemerkt haben. Unsere Beziehung ist uns wichtig, und deshalb wollen wir, dass man uns vergibt.

Elly aus Alabama drückte es folgendermaßen aus: „Mein Mann hält nicht viel vom Reden. Aber wenn er nichts sagt, muss ich davon ausgehen, dass es ihm egal ist, auch dass er's nicht einsieht und nicht die Absicht hat, es beim nächsten Mal anders zu machen. Und selbst wenn es ihm doch leidtut und er sich bemühen will, sich zu ändern, weiß ich davon nichts. Ohne ein Wort – wie soll ich da wissen, dass er sich im Grunde bei mir entschuldigen will? Für mich ist der Sinneswandel – die Absichtserklärung zur Umkehr – die persönliche Sprache des Verzeihens. Und wenn ich schon die gute Absicht mitkriege, bin ich bereit, ihm zu verzeihen. Aber wenn er stumm bleibt, dann ist das, als würde er meine Sprache des Verzeihens missachten. Und es fällt mir unsäglich schwer, ihm abzunehmen, dass er es ernst meint."

Eins wird hier deutlich: Die Absichtserklärung, sich ändern zu wollen, ist der erste unerlässliche Schritt.

Es geht nicht darum, hoch und heilig zu versprechen, dass Sie sich ändern wollen. Sie kündigen nur an, sich anzustrengen, ein bestimmtes Verhalten zu unterlassen. Nur wer sich etwas vornimmt, hat auch Erfolg. Jeder weiß aus Erfahrung, wie viel Überwindung es oft kostet, eingefahrene Gleise zu verlassen. Aber der erste Schritt besteht darin, sich etwas bewusst zu machen, nämlich dass sich etwas ändern muss – mit Gottes Hilfe. Wenn der andere erfährt, dass Sie sich auf den Weg gemacht haben – auch wenn es anfangs ein wenig holperig zugeht –, fasst er oder sie selber Mut und ist vergebungsbereit.

Lassen Sie nicht zu, dass die Angst vor dem Versagen Sie davon abhält, den ersten Schritt zur Umkehr zu tun.

„Was, wenn ich's mit dem Entschuldigen übertreibe?"

Bei unseren Recherchen sind uns immer wieder auch Menschen begegnet, die zugaben, sich bei jeder Kleinigkeit zu entschuldigen. Sobald irgendetwas Irritierendes geschah, baten sie um Verzeihung. Das ist in der Tat eine berechtigte Frage: Was ist, wenn man sich übertrieben oft entschuldigt?

Zu viel des Guten gibt es auch

Es gibt verschiedene Gründe, warum Menschen sich zu oft oder zu überschwänglich entschuldigen. Manche müssen sich ständig entschuldigen, weil sie einfach oft ins Fettnäpfchen treten. So erzählte mir Jonathan: „Ich habe oft Grund, mich zu entschuldigen, weil ich ein Tollpatsch bin. Ich trage das Herz sozusagen auf der Zunge. Und da komme ich schon regelmäßig in Schwierigkeiten. Ich sage etwas, ohne nachzudenken, und erst später wird mir klar, dass ich meine Frau oder einen Kollegen beleidigt habe. Deshalb muss ich mich auch oft entschuldigen."

Emma berichtete, dass auch ihr Mann Andreas häufig Grund hatte, um Verzeihung zu bitten: „Es vergeht kein Tag ohne einen Anlass für ihn, sich bei mir zu entschuldigen."

Hatte ich richtig gehört? Aber sie sagte es mit einer so ernsten Miene. Es konnte kein Scherz sein. „Sie machen keinen Spaß, oder?", fragte ich sicherheitshalber nach.

„Keinesfalls! Mir ist nie zuvor ein Mensch begegnet, der so unsensibel ist. Andererseits entschuldigt er sich auch schnell wieder. Wenn er's doch lernen würde, gar nicht erst einen Grund dafür zu schaffen!"

Das Problem von Jonathan und Andreas ist nicht, dass sie unwillig wären, sich zu entschuldigen. Ihnen fehlt eher die soziale Kompetenz, eine Beziehung zu pflegen. Und sie kompensieren dieses Defizit durch regelmäßiges Entschuldigen. Eine befriedigendere und langfristigere Lösung wäre für sie eine Therapie, durch die sie lernen, gewinnender mit Menschen umzugehen. Das kann eine Seelsorge sein oder auch ein gutes Buch über die Grundlagen zwischenmenschlicher Beziehungen.

Eine Frage des Selbstwertgefühls

Andere entschuldigen sich fortwährend, weil es ihnen an Selbstbewusstsein mangelt. Lucy ist 35 Jahre alt und Single. Sie berichtete mir: „Ich gehe grundsätzlich immer zuerst davon aus, selber schuld zu sein – in der Arbeit, zu Hause und in allen meinen Beziehungen. Ich habe mich noch nie im Leben wohl in meiner Haut gefühlt. Und weil ich nie im Reinen mit mir selber bin, halte ich es immer für meinen Fehler, wenn irgendetwas mit anderen schiefgeht. Und dann entschuldige ich mich sofort. Ich höre immer wieder von anderen, dass ich mich nicht zu entschuldigen bräuchte, weil ich gar nichts falsch gemacht hätte. Aber mein Gefühl sagt mir etwas anderes."

Patricia und ihr Mann sind frühzeitig in Rente gegangen und in ein wärmeres Klima zogen. Bei unserer Begegnung klagte sie über ihren Mann: „Dave entschuldigt sich pausenlos. Aber ich weiß auch, dass dahinter das Bild steckt, das er von sich selber hat: ‚Ich weiß, dass ich ein Kamel bin, das eh nichts hinkriegt.' Aber es ist nicht wahr. Er war mal ein ziemlich erfolgreicher Geschäftsmann. Hätten wir es uns sonst leisten können, so früh in Rente zu gehen? Und es gibt auch wenig Anlass für ihn, sich zu entschuldigen. Er tut's wahrscheinlich nur, weil er selber von sich so wenig hält. Das Problem ist, dass mir bei dieser Inflation der Worte oft die Ernsthaftigkeit dahinter nicht erkennbar ist. Er sagt im Grunde nicht: ‚Verzeih mir, weil ich dir dies oder das angetan habe, sondern: ‚Verzeih mir, weil ich ein Idiot bin.' Wie soll ich darauf reagieren?"

Ich bekam leider nie Gelegenheit, mit ihrem Mann zu sprechen, dennoch hatte ich eine Vermutung. Entweder stammte sein mangelndes Selbstwertgefühl von schlechten Erfahrungen aus der Kindheit, oder aber seine Frau war eine überkritische Persönlichkeit, deren Einfluss er sich zu entziehen suchte, indem er im vorauseilenden Gehorsam eine Entschuldigung nach der anderen aussprach – ein Mechanismus, der sich im Laufe von vielen Jahren eingestellt hatte. Er löste den Konflikt für sich, indem er ihre Verurteilung annahm. In beiden Fällen litt sein Selbstbild. Und das war sein eigentliches Problem. Um ihre Beziehung zu retten, hätte sie ihr gemeinsamer Weg zu einem Seelsorger führen müssen, wo Dave sein Selbstbild hätte korrigieren können. So aber war er ohne Selbstwertgefühl in einem Käfig gefangen, in dem er nicht bis zum Ende seines Lebens zu bleiben bräuchte.

Konfliktscheu

Auch konfliktscheue Menschen neigen dazu, sich übertrieben häufig zu entschuldigen, weil sie die Spannung nicht ertragen und auf diese Weise versuchen, so schnell wie möglich den „Normalzustand" wiederherzustellen. Sie übernehmen vorsichtshalber die Verantwortung für alles Mögliche, obgleich sie sich eigentlich gar keiner Schuld bewusst sind, nur um eventuelle Spannungen schnellstens abzubauen. Langwierige und komplizierte Gespräche sind ihnen ein Gräuel. Lieber bitten sie um Verzeihung, machen sich selber zum Schuldigen und hoffen, damit sei dann alles aus der Welt. Hier ein paar Beispiele von Männern und Frauen, die in diese Kategorie fallen.

„Bevor ich einschlafe, muss alles bereinigt sein", erzählt Mildred, die mit Bernd seit 24 Jahren verheiratet ist. „Oft entschuldige ich mich einfach bei Bernd, selbst wenn ich mir nichts habe zuschulden kommen lassen. Das beendet jeden Streit, und ich wache morgens mit einem reinen Gewissen auf."

Kevin besuchte eins meiner Eheseminare. Als wir ins Gespräch kamen, sagte er: „Meine Eltern haben früher jeden Zank vermieden. Streitende Menschen bin ich deshalb überhaupt nicht gewöhnt. Wenn ich mich also über etwas ärgere und es zum Streit kommen könnte, entschuldige ich mich lieber schnell, damit wieder Frieden herrscht. Ich bin katholisch erzogen worden und bin immer gern zur Beichte gegangen. Es war eine große Erleichterung, seine Sünden auszusprechen und zu bekennen und dann Vergebung zugesprochen zu bekommen."

Jonathan ist 25 und seit zwei Jahren verheiratet. Er sagt: „Es macht mir überhaupt nichts aus, wenn ich als Klügerer nachgebe, vor allem, wenn ich dabei Streitereien vermeiden kann. Ich entschuldige mich, auch wenn es nicht mein Fehler war, weil ich mich nicht gern von so was aufhalten lasse. Es ist einfach Zeitverschwendung, sich um des Kaisers Bart zu streiten. Mir ist es wichtiger, mit allen gut auszukommen. Da bin ich überhaupt keine Kämpfernatur."

Als ich Susanna fragte, wer sich bei ihnen leichter entschuldige, sie oder ihr Mann, antwortete sie: „Mein Mann kann es viel, viel besser als ich. Er tut es so ausgiebig, auch wenn er selber gar nichts verbrochen hat. Er wünscht sich Harmonie um jeden Preis, deshalb ist er immer der Erste, der sich wieder vertragen will."

Ähnliches hatte Erika zu berichten: „Spannungen zwischen uns kann mein Mann nicht vertragen, und wenn wir streiten, ist er es meistens, der klein beigibt. Deshalb hat er es immer so eilig, sich zu entschuldigen."

Bei Daniel und Denise ist es die Frau, die sich umgehend entschuldigt. „Wenn sich ein Streit in die Länge zieht, macht ihr das sehr zu schaffen. Für sie ist er erst bereinigt, wenn sich einer entschuldigt hat, und dann macht sie es eben, auch wenn sie meint, ich wäre schuld."

Doch diese Art brachte Daniel auf die Palme. „Sie macht mich noch ganz verrückt damit. Ich möchte, dass wir uns auseinandersetzen, und sie zieht sich aus der Affäre, indem sie sich entschuldigt."

Und was sagt Denise dazu? „Ich will doch nur die Spannung abbauen."

Ein „Friede", der Groll nach sich zieht

Die Männer und Frauen aus den genannten Beispielen und viele andere wollen Frieden um jeden Preis. Sie gestehen lieber einen nicht gemachten Fehler ein, als einen Konflikt bis zu Ende auszutragen. Recht behalten ist ihnen weniger wichtig als Ruhe und Frieden. Das mag im ersten Augenblick als bewundernswerter Zug erscheinen, aber das Ergebnis ist oft ein schwelender Konflikt.

Jana und Klaus sind seit 15 Jahren verheiratet. Sie erzählte mir: „Ich bin diejenige, die sich am meisten in unserer Ehe entschuldigt. Klaus versteht es überhaupt nicht, seine Gefühle in Worte zu fassen. Um das, was schiefgegangen ist, irgendwann einmal abhaken zu können, bin ich es also meist, die sich entschuldigt. Allerdings schlucke ich dann oft eine Menge Ärger herunter, weil ich wieder um des lieben Friedens willen nachgeben muss, auch wenn ich selber völlig unschuldig bin."

Dieser verinnerlichte Groll schafft nach und nach eine

tiefe Kluft zwischen Menschen. Oberflächlich betrachtet sieht alles relativ friedlich aus, aber im Verborgenen brodelt es mächtig, und die Explosion ist nur eine Frage der Zeit.

Wer diesen Groll in sich spürt, der sich aufstaut und mächtiger wird, der sollte so schnell wie möglich einen Seelsorger, Pastor oder guten Freund aufsuchen. Wenn dieser angestaute Groll nicht rechtzeitig bearbeitet wird, steht die gesamte Beziehung auf dem Spiel. Friede um jeden Preis ist nicht der Weg zu einer echten, vertrauensvollen Beziehung. Die Bitte um Vergebung muss authentisch sein. Wenn wir uns aber nur entschuldigen, um einen Konflikt zu übertünchen, statt wahrhaft zu versöhnen, dann laufen wir Gefahr, die echte Bitte um Vergebung zu einem stumpfen Instrument zu machen. Denken wir immer daran, dass jede Entschuldigung dazu dienen soll, Vergebung zu erlangen und Versöhnung mit dem Menschen zu schaffen, an dem wir schuldig geworden sind.

Im nächsten Kapitel wollen wir uns die zweite Seite der Medaille anschauen. Die Bitte um Vergebung braucht auch eine Antwort. In diesem Zusammenhang wollen wir uns mit der Frage beschäftigen: „Wie sollen wir uns verhalten, wenn sich der andere nicht entschuldigen will?"

Die fünf Sprachen des Verzeihens

1. Das Eingeständnis:
„Es tut mir leid."

2. Die Verantwortung:
„Es war mein Fehler."

3. Die Wiedergutmachung:
„Wie kann ich das wiedergutmachen?"

4. Der Sinneswandel:
„Es soll nicht wieder vorkommen."

5. Die Vergebung:
„Willst du mir vergeben?"

8. Vergeben lernen

Jede ernst gemeinte Entschuldigung hat zwei grundsätzliche Ziele: Dem „Täter" soll vergeben und die Beziehung wiederhergestellt werden. Erst wenn Vergebung und Versöhnung erreicht sind, kann die Beziehung wieder gedeihen.

Aber Vergebung bleibt immer freiwillig. Wenn sich jemand mit einer Entschuldigung an uns wendet, können wir uns entscheiden, ob wir darauf eingehen oder nicht.

Wie ein Blitz aus heiterem Himmel

Eine Gemeinheit, eine Grobheit oder ein Angriff auf unser inneres Gleichgewicht trifft uns oft wie ein Blitz aus heiterem Himmel. Der Frieden in einer Beziehung ist sofort dahin. Man fühlt sich verletzt, ist verärgert oder enttäuscht, vielleicht auch vor den Kopf gestoßen – und man kann es nicht glauben. Unwillkürlich stellt sich die Frage, ob der andere einen noch gern hat – sei es der Kollege, der Zimmernachbar, ein Elternteil oder der Partner. *Wie kann er mich lieben und mir dann so etwas antun?* Ihr Liebestank ist leckgeschlagen.

Aber es geht nicht nur uns so. Wie oft sind wir es selber, die anderen ein Leck in den Liebestank schlagen, sodass er ausläuft. Wir alle sind unvollkommen und bleiben unseren Mitmenschen Liebe schuldig. Deshalb gehört das Vergeben grundlegend zu einer gesunden Beziehung. Wer sich bei wem entschuldigt, spielt dabei keine Rolle, aber dass jeder es bei Bedarf tut, das ist wichtig. Sich entschuldigen heißt, sich nach Vergebung zu sehnen. Untersuchen wir also, was es mit der Kunst des Vergebens auf sich hat.

Was ist Vergebung?

Klären wir zuerst die Wortbedeutung. In den Originalsprachen der Bibel – Griechisch und Hebräisch – kommen ganz verschiedene Wörter vor, die das Wort *vergeben* beinhalten. Es sind Synonyme mit leicht variierender Bedeutung. Es geht dabei um: *bedecken, fortnehmen, verzeihen oder begnadigen.*

Der Gedanke des Fortnehmens (der Sünden) spielt dabei die wichtigste Rolle. So sagt zum Beispiel der Psalmist: „So fern wie der Osten vom Westen liegt, so weit wirft Gott unsere Schuld von uns fort!“[1] Es ist hier von Gottes Vergebung die Rede, und das bedeutet, dass er das Urteil nicht vollstrecken muss, weil die Schuld fortgeworfen ist. Ein weiteres Schriftwort sagt: „Er bestraft uns nicht, wie wir es verdienen; unsere Sünden und Verfehlungen zahlt er uns nicht heim.“[2] Und Jesaja spricht davon, dass Gott unsere Sünden vergeben und vergessen wird.[3] Gottes Vergebung bedeutet also, dass unsere Sünde nicht länger als trennende Mauer zwischen uns und ihm steht. Vergebung überwindet die Ferne und eröffnet uns die Gemeinschaft mit Gott.

Das Gleiche gilt für die zwischenmenschliche Vergebung. Wenn wir vergeben, entschließen wir uns, die Strafe aufzuheben und den, der Unrecht getan hat, zu begnadigen. Die Schuld wird weggeworfen und der andere wieder in unser Leben integriert. Vergebung ist keine Gefühlssache, sondern ein Entschluss. Es ist der Entschluss, die Beziehung gedeihen zu lassen und alles Trennende zu beseitigen.

Sind Sie der oder die Geschädigte, so bedeutet Vergebung den Verzicht auf Rache. Sie fordern nicht mehr Gerechtigkeit ein, und die Tat soll nicht mehr trennend zwischen Ihnen stehen. Vergebung mündet in Versöhnung ein, was allerdings nicht bedeutet, dass das Vertrauen schlagartig wiederhergestellt sein muss. Auf dieses Thema kommen wir später noch einmal zurück. Versöhnung bedeutet, dass Sie und der andere die Angelegenheit aus dem Weg geräumt haben und sich nun gemeinsam der Zukunft zuwenden.

Der Zyklus des Verzeihens:

Tat – Entschuldigung – Vergebung.

Die Tat wird begangen, die Entschuldigung erbeten und die Vergebung gewährt.

Das göttliche Vorbild

Auch in der Beziehung zwischen Gott und den Menschen begegnen wir diesem Zyklus. Der Prophet Jesaja überbrachte Israel folgende Botschaft: „Eure Schuld – sie steht wie eine Mauer zwischen euch und eurem Gott! Eure Sünden verdecken ihn, darum hört er euch nicht.“[4] Von der Liebe Gottes kann uns nichts mehr trennen, aber unser Ungehorsam trennt uns immer noch von der Gemeinschaft mit ihm. Und das Neue Testament erinnert uns daran, dass „die Sünde mit dem Tod bezahlt wird.“[5] Der

Tod ist das Bild für die endgültige Trennung. Die wünscht sich Gott natürlich nicht für seine Geschöpfe. Deshalb fügt der Verfasser dieser Worte auch schnell hinzu: „Gott aber schenkt uns in der Gemeinschaft mit Jesus Christus, unserem Herrn, ewiges Leben.“[6] Gott sehnt sich nach Gemeinschaft mit seinen Geschöpfen, das will uns das Kreuzgeschehen sagen. Gottes Vergebung ist ein Geschenk.

Um dieses Geschenk aber in Empfang zu nehmen, müssen die Menschen von ihrem bisherigen Weg umgekehrt sein und den, der sie beschenken will, als ihren Retter annehmen. [7] Die Botschaft ist also klar. Wenn wir Gottes Vergebung annehmen wollen, müssen wir zuvor unsere Sünde eingestehen. So schreibt Johannes: „Wenn wir aber unsere Sünden bekennen, dann erfüllt Gott seine Zusage treu und gerecht: Er wird unsere Sünden vergeben.“[8] Wenn unsere Gemeinschaft mit Gott also wiederhergestellt werden soll, wie sie einmal im Paradies gewesen ist, müssen wir uns zuerst unseren Verfehlungen stellen – das heißt, uns dafür entschuldigen. Und wenn wir das tun, schließt uns unser himmlischer Vater herzend in die Arme. Die Distanz ist überwunden, und wir haben wieder Gemeinschaft mit Gott.

Ich habe mir ein bisschen Zeit genommen, um Gottes Vergebung zu erklären, weil es in der Bibel heißt, dass auch wir Menschen einander vergeben sollen, „wie Gott uns vergibt.“[9] Es ist das göttliche Vorbild, das in seiner Weisheit auch noch in unserer modernen Welt nachahmenswert ist. Es hat zwei grundlegende Elemente: (1) Bekenntnis und Umkehr aufseiten des Schuldigen und (2) Vergebung auf Seiten des Opfers.

Bei Gott gibt es das eine nicht ohne das andere. Wer

um Vergebung bittet, erhält sie auch. Auf der menschlichen Ebene mag das ein wenig anders aussehen. Es kommt erst einmal auf die Entschuldigung an. Sie ist die erste positive Initiative im Prozess, und deshalb hängt viel von ihr ab. Deshalb haben wir uns auch in der ersten Hälfte dieses Buches ausführlich damit beschäftigt. Wenn die Bitte um Vergebung aber ausgesprochen ist, hat der Gebetene die Wahl: Er kann vergeben oder auch nicht. Vergebung bedeutet, dass die Beziehung wieder heil wird, Unversöhnlichkeit aber führt dazu, dass die Beziehung sich verschlechtert.

Jesus sagte zu denen, die ihm nachfolgten: „So wie ihr von den Menschen behandelt werden möchtet, so behandelt sie auch. Denn das ist die Botschaft des Gesetzes und der Propheten.“[10] Wir alle wünschen uns Vergebung, wenn wir versagt haben. Und deshalb sind wir aufgefordert, auch denen Vergebung zu gewähren, die an uns schuldig geworden sind. Die christliche Botschaft lautet: Wir können vergeben, weil uns von Gott vergeben worden ist! Gott aber vergibt uns, weil Jesus die Strafe für unser Versagen auf sich genommen hat. Folglich kommt unsere Fähigkeit, anderen zu vergeben, von Gott selbst. Es ist deshalb richtig, im Gebet zu sprechen: „Herr, hilf mir zu vergeben.“

Das Ideal: Ergreifen Sie die Initiative und bitten Sie um Vergebung

Idealerweise ergreifen wir, die wir schuldig geworden sind, die Initiative, um uns zu entschuldigen. [11] Die Bibel fordert uns nämlich auch auf, erst einmal uns selbst zu prüfen, bevor wir Gemeinschaft mit Gott suchen und bevor Gott uns darauf aufmerksam machen muss, dass wir irgendwo schuldig geworden sind.[12] Entsprechend sollten wir auch in unseren zwischenmenschlichen Beziehungen immer von uns aus Fehler bekennen und Vergebung suchen.

Wenn die Entschuldigung ausbleibt

Und wenn der Schuldige nicht kommt, um sich zu entschuldigen? Dann soll ich ihn zur Rede stellen. Jesus hat uns das Gebot dazu gegeben: „Nehmt euch in Acht! Wenn dein Bruder Schuld auf sich geladen hat, dann sag ihm, was er falsch gemacht hat. Tut es ihm leid, dann vergib ihm! Und wenn er dir siebenmal am Tag Unrecht tut und dich immer wieder um Vergebung bittet: Vergib ihm!"[13] Die Vorgehensweise ist klar. Es begeht jemand ein Unrecht. Der Betreffende entschuldigt sich nicht gleich. Sie stellen ihn zur Rede und erwarten eine Entschuldigung. Bittet der Schuldige um Verzeihung, vergeben Sie ihm, aber Ihre Bereitschaft soll auch nicht bei wiederholter Schuld wanken, sofern der andere kommt, um sich zu entschuldigen.

Wenn sich der andere aber immer noch stur stellt? Dann sprechen wir ihn ein weiteres Mal an. Auch hierzu gibt Jesus klare Anweisung: „Wenn dein Bruder Schuld auf sich geladen hat, dann geh zu ihm und sag ihm, was er falsch gemacht hat. Wenn er auf dich hört, hast du deinen Bruder zurückgewonnen. Will er davon nichts wissen, nimm einen oder zwei andere mit ..."[14]

Auch hier ist wieder die Vorgehensweise klar. Sie stellen

den Betreffenden ein zweites oder drittes Mal zur Rede. Und jedes Mal sind Sie zur Vergebung und Versöhnung bereit. Aber trotz allem mag der Schuldige sich widersetzen. Dann soll ein Christ auch weiterhin für ihn beten, ihm die Liebe Christi nahebringen und hoffen, dass er doch noch umkehrt und Vergebung erfährt.

Beachten Sie aber, dass Jesus nicht von uns erwartet, dem Schuldigen zu vergeben, wenn er nicht bereit ist, um Verzeihung zu bitten. Das gilt natürlich nur für moralische Übertretungen und nicht für kleine Irritationen des Alltags. Jesus sagt: „Wenn dein Bruder gegen dich *gesündigt* hat ..." Wenn der andere die Spülmaschine partout nicht so einräumen will wie Sie, dann ist das keine moralische Verfehlung. Und sollte er sich dafür nicht bei Ihnen entschuldigen wollen, dann dürfen Sie darüber hinweggehen. Solche Irritationen kommen schließlich häufig im Alltag vor. Aber ernstere moralische Verfehlungen stehen immer als Barriere zwischen Menschen, die nur durch Entschuldigung und Vergebung aus der Welt geschafft werden können.

Wenn sich also jemand nach einer moralischen Schuld trotz mehrfacher Aufforderung weigert, um Vergebung zu bitten, so dürfen wir den Vorgang Gott übergeben. Er soll sich nun darum kümmern, und so brauchen wir nicht darauf zu beharren, es schließlich dem anderen heimzuzahlen. Nach biblischer Lehre ist die Vergeltung allein Gottes Sache.[15] Dafür gibt es auch einen guten Grund. Allein Gott weiß wirklich alles über diesen Menschen – er kennt nicht nur seine Taten, sondern auch seine verborgensten Motive. Gott allein soll unser Richter sein.

Die Person Gott übergeben

Wir übergeben den anderen also dem allwissenden himmlischen Vater, der ganz genau weiß, wie er mit ihm oder ihr umzugehen hat.

Auch dafür war uns Jesus ein Vorbild. Petrus schrieb über ihn: „Beschimpfungen ertrug er ohne Widerspruch, gegen Misshandlungen wehrte er sich nicht; lieber vertraute er sein Leben Gott an, der ein gerechter Richter ist.“[16] Jesus hätte sich wehren können, aber er beharrte nicht auf dem Recht, sich an denen zu rächen, die ihm zusetzten, vielmehr übergab er die Sache Gott, wissend, dass der schon gerecht richten würde.

Wenn man uns Unrecht getan hat, haben wir manchmal das Gefühl, niemand werde sich der Sache annehmen, wenn wir es nicht selber täten. Aber bei Gott ist das anders. Wenn Sie denjenigen, der Ihnen Unrecht getan hat, Gott anbefehlen, dürfen Sie darauf vertrauen, dass er alles zu Ende führt, wie es in Ihrem Interesse ist. Er ist in jedem Fall gerechter als Sie.

Vergeben, wenn der andere nicht die richtige Sprache spricht

Und was ist, wenn der andere sich entschuldigt, aber nicht Ihre Sprache des Verzeihens spricht? Das kommt ziemlich häufig vor. Aber wegen dieses Problems haben wir dieses Buch geschrieben! Wir sind davon überzeugt, dass viele sich mit allem Ernst entschuldigen, aber nicht so verstanden werden, weil sie nicht die Sprache des Adressaten sprechen.

Ideal wäre, wenn jeder dieses Buch lesen und hinterher

die jeweils richtige Sprache des Verzeihens sprechen und verstehen könnte. Doch bis dahin ist es an Ihnen, mögliche Verständigungsschwierigkeiten auszuräumen, weil Sie inzwischen etwas besser Bescheid wissen. Wenn der andere also nicht gleich Ihre Sprache des Verzeihens spricht, dann sehen Sie es ihm nach und versuchen Sie trotzdem, sich zu verständigen.

Ich erinnere mich an eine Frau, die sagte: „Nachdem ich von den fünf Sprachen des Verzeihens gehört hatte, fiel es mir viel leichter, meinem Mann zu vergeben. Wir sind seit 15 Jahren verheiratet, und mein Mann hat sich schon oft bei mir entschuldigt. Ich habe ihm auch meistens vergeben, aber es ist bei mir immer die Unsicherheit geblieben, wie ernst er es meint. Nach Ihrem Vortrag ist mir jetzt klar geworden, dass es tatsächlich von Herzen kam. Er sprach nur immer seine persönliche Sprache des Verzeihens. Und auch wenn sie nicht meine ist, kenne ich sie doch jetzt, und da fällt es mir leichter, sie dennoch zu verstehen und ihm zu vergeben."

Die Gefahr, zu schnell zu vergeben

Manche sind von klein auf dazu erzogen worden, sehr schnell zu vergeben. Entschuldigt sich jemand – mit welcher Sprache des Verzeihens auch immer –, wird verziehen, ohne sich über die Ernsthaftigkeit Gedanken zu machen. Aber diese Nachlässigkeit kann schlechtes Benehmen fördern.

Lisa und ihr Mann Ben hatten im ersten Ehejahr mit vielen „Stressfaktoren" zu kämpfen, wie sie sich ausdrückte. Sie zogen in eine fremde Stadt und mussten ihr altes Haus verkaufen, um das neue zu bezahlen. Lisa hatte außerdem ständig mit gesundheitlichen Problemen zu tun. Dann Bens neue Stelle, seine Eltern trennten sich, und der Vater drohte mit Selbstmord. Außerdem starteten beide einen Hauskreis für Singles in ihrer Gemeinde. In ihrem Brief an mich (Jennifer) schrieb Lisa: „Und zu guter Letzt hat sich mein Mann auch noch eine andere angelacht."

Ich las aufmerksam weiter: „Ich hatte das Gefühl, Gott wolle von mir, dass ich ihm vergebe. Das tat ich dann auch. Ich dachte, jeder kann einen Fehler machen, nach allem, was wir durchgemacht hatten. Deshalb schenkte ich ihm meine Vergebung. Aber nach einem Jahr betrog er mich wieder. Diesmal ließ ich es nicht einfach so durchgehen, und der Pastor wurde eingeweiht. Trotzdem zeigte ich ihm immer wieder meine Liebe, dass er das Gefühl haben musste, ich begegne ihm mit Barmherzigkeit. Ich vergab ihm, nachdem er sich entschuldigt hatte und angeblich ‚umgekehrt' war.

Acht Jahre sind inzwischen vergangen, und mein Mann hatte weiter seine Affären, ohne dass ich es mitbekam. Aufgewacht bin ich erst, als er eines Abends anrief und sagte: „Ich habe mich in eine andere Frau verliebt, und ich komme heute Abend nicht nach Hause." Am nächsten Tag ließ ich sämtliche Schlösser austauschen, und wir sahen uns erst beim Rechtsanwalt wieder."

Dann aber hatten Lisa und Ben ihr Trennungsjahr, und sie begannen, ihre verwundete Ehe zu heilen. „Durch ein Wunder Gottes, viel Seelsorge und durch das Setzen gesunder Grenzen ist die Zeit der Affären inzwischen vorüber – und wir feiern bald unseren 14. Hochzeitstag."

Das ist in der Tat ein bemerkenswertes Ende, und Lisa

ist sich sicher, dass Gott es war, der ihre brüchige Ehe gerettet hat. Natürlich tut es ihr leid, dass es so lange gedauert hat, bis Ben aufhörte, sie zu betrügen, und dass sie selber nicht früher mit Nachdruck dagegen vorgegangen ist. „Ich denke, wenn ich damals schon die fünf Sprachen des Verzeihens gekannt hätte, hätte ich eher durchschaut, wie wenig ernst er es jedes Mal gemeint hat, und ich hätte deutlichere Grenzen gesetzt. In keinem Fall wäre ich in meiner Vergebungsbereitschaft so weit gegangen. Ich hätte niemals so lange sein krankes Verhalten geduldet. Ich hätte erkannt, was wahre Reue ist, und es wären uns viele kummervolle Jahre erspart geblieben."

Ich denke, Lisa hat Recht. Jemand für sein schädliches Verhalten zur Rechenschaft ziehen, ist ein echter Liebesdienst. Hätte sie das Prinzip von den fünf Sprachen des Verzeihens bereits gekannt, hätte sie schon beim ersten Mal den Mut gefunden, Folgendes zu sagen: „Ich liebe dich zu sehr, als dass ich es auf die leichte Schulter nehmen könnte. Ich werde diese Beziehung nicht weiterführen, es sei denn, du bist mit einer Eheberatung einverstanden." Bei gravierenden moralischen Verfehlungen ist es besonders wichtig, den Ursachen auf den Grund zu gehen, wenn wir dauerhafte Lösungen erwarten.

Lieber erst Zeit nehmen – dann vergeben

Wir erwähnten es ja bereits: Auf eine Entschuldigung gibt es zwei Reaktionen: Es wird vergeben oder auch nicht. In der Praxis kommt aber noch eine weitere Möglichkeit dazu: „Gib mir Zeit, ich muss erst darüber nachdenken.

Ich möchte dir ja eigentlich vergeben, aber ich muss das Ganze erst einmal verarbeiten."

Manchmal sind wir so tief verletzt worden, dass wir uns in der Tat nicht gleich überwinden können, eine Vergebung auszusprechen. Wir brauchen dann Zeit, und unser emotionales Gleichgewicht muss wiederhergestellt werden. Womöglich müssen wir auch körperlich wieder zu Kräften kommen, bevor wir Kraft zur Vergebung finden. Ich (Gary) erinnere mich an einen Mann, der mir erzählte: „Nachdem meine Frau zum ersten Mal wegen ihres Drogenproblems gelogen hatte, entschloss ich mich, ihr zu vergeben und gemeinsam an unserer Ehe zu arbeiten. Ich war überzeugt, dass sie nie wieder Drogen nehmen würde. Aber sie hat es nie gelassen. Sie hat zwar eine Reha begonnen, aber drei Wochen vor deren Ende warf sie alles hin. Sie schaffe es allein, meinte sie damals. Natürlich hat sie's nicht geschafft. Eine Woche später war sie wieder high.

Sie bettelte, ich möge ihr noch eine weitere Chance geben. Diesmal wolle sie auf jeden Fall dabeibleiben. Ich ließ mich darauf ein und habe ihr das Programm auch noch bezahlt. Aber ob ich ihr wieder vergeben kann ... ich weiß es nicht. Ich bin sehr verunsichert. Und ich will sie eigentlich gar nicht mehr sehen – obwohl ich dafür bete, dass ich anders fühle."

Mir tat dieser Mann ausgesprochen leid. Wer konnte es ihm verübeln, dass er nicht mehr vergeben wollte? Und wer würde ihm garantieren, dass sie es diesmal ernst meinte? Alles schien doch aufs Gegenteil hinzudeuten.

„Ich liebe meine Frau. Und sie liebt mich, sagt sie jedenfalls. Aber wie kann das sein? Wie kann man jemandem so etwas antun, wenn man ihn liebt? Seltsame Art, seine Liebe zu zeigen, finden Sie nicht? Trotzdem hoffe ich, dass ich ihr irgendwann vergeben kann, wenn sie's denn ernst meint. Ich hoffe, sie begreift irgendwann, dass sie auf dem Holzweg ist. Aber im Moment ... weiß ich nicht weiter."

Das ist ein Mann, der sich nichts sehnlicher wünscht, als seiner Frau zu vergeben. Er sehnt sich nach einer authentischen Beziehung, aber er weiß nicht, wie er ihr vergeben soll. Hier kann nur die Zeit die Wunden heilen. Er hat sich jedenfalls einer Lösung nicht verschlossen. Er betet und wartet ab. Manchmal ist das die einzige Möglichkeit, mit Vergebung umzugehen. In der Zwischenzeit muss er im Gespräch mit Gott seine Gefühle verarbeiten, damit seine Verzagtheit nicht noch in Bitterkeit und Hass umschlägt.

Wie soll man das Vertrauen wiederherstellen?

Damit kommen wir zu einem wichtigen Punkt. Es geht darum, das Vertrauen neu zu begründen. Vergebung und Vertrauen sind nämlich nicht dasselbe. Weil Vergebung eine Entscheidung ist, ist sie dem Willen unterworfen. Vertrauen jedoch ist kein Entschluss, sondern ein Gefühl – das Gefühl der Sicherheit, dass der andere tut, was er sagt.

In den meisten Beziehungen entwickelt sich bereits in einer frühen Phase Vertrauen. Sofern wir nicht ausgesprochen schlechte Erfahrungen gemacht haben, neigen wir dazu, den Menschen das abzunehmen, was sie behaupten. Und wenn uns in der ersten Zeit nichts auffällt, was Anlass zum Zweifel gibt, festigt sich unser Vertrauen noch.

Vertrauen ist also der Normalzustand in einer gesunden Beziehung. Freunde vertrauen einander und Ehepartner auch. Ebenso Kollegen, die ständig eng zusammenarbeiten. Doch wenn Vertrauen einmal missbraucht worden ist, lässt sich der Bruch nicht so ohne Weiteres durch eine Entschuldigung und Vergeben aus der Welt schaffen. Das Vertrauen ist erst einmal dahin, weil sich der Betreffende als unzuverlässig erwiesen hat. Wenn wir ehrlich sein wollen, sagen wir dann: „Ich vergebe dir, weil ich glaube, dass du es mit deiner Entschuldigung ernst meinst. Aber ich will nichts beschönigen: So uneingeschränkt wie früher kann ich dir erst mal nicht mehr vertrauen."

Ich vergleiche Vertrauen gern mit einem zarten Pflänzchen. Wurde Vertrauen gebrochen, so ist das, als hätte jemand dieses Pflänzchen in den Morast getreten. Der Regen umspült es und die Sonne trocknet es, und so kann es sich wieder aufrichten. Aber das braucht seine Zeit. Wie richten wir also Vertrauen wieder auf, wenn es zertreten worden ist? Es wird nicht von heute auf morgen geschehen. Was aber können wir dennoch dazu beitragen? Die Erfahrung aus meiner langjährigen Praxis lehrt mich, dass es am besten ist, wenn der Schuldige sich dem anderen öffnet und ihm Einblick in sein Innerstes gewährt.

Wenn das Problem zum Beispiel im finanziellen Bereich liegt, dann sollte man folgendes Angebot machen: „Sieh dir gern meine Kontoauszüge an, und hier hast du auch das Passwort für mein Online-Banking und den Schlüssel zum Schließfach. Du hast überall Zugang, und wenn nötig, stelle ich dir Vollmachten aus."

Geht es um sexuelle Untreue, dann gestatten Sie dem Partner Zugang zu allen Handydaten, zum PC und allen anderen Kommunikationsmedien. Legen Sie immer wieder Rechenschaft über Ihren Terminkalender ab. Jede Geheimniskrämerei ist jetzt besonders schädlich für den Aufbau von Vertrauen. Wenn Sie alles vor dem Partner offenlegen, so stellt sich nach und nach das Vertrauen wieder ein. Das Gegenteil trifft jedoch ein, wenn Sie erneut beim Lügen ertappt werden, weil Sie durch Ausreden beschwichtigen oder mit Dingen hinterm Berg halten. Dann geht das Pflänzchen *Vertrauen* endgültig kaputt.

Weil es Zeit kostet, Vertrauen zu erneuern, höre ich manchmal den Einwand: „Ich habe meinem Partner zwar vergeben, aber dann kommt es mir auf einmal so vor, als hätte ich es gar nicht getan, weil sich das Vertrauen nicht wieder einstellen will.“ Diese Unsicherheit entsteht, weil hier Vergebung und Vertrauen in einen Topf geworfen werden. Um noch einmal zusammenzufassen: Vergebung ist der Entschluss, die eigentlich verdiente Strafe aufzuheben und dem anderen wieder Zugang zur Beziehung zu gewähren. Vertrauen stellt sich dagegen allmählich ein. Ändert sich der andere im Laufe der Zeit, so wächst der Optimismus, und das fördert Vertrauen.

Das Potenzial des Vergebens

Vergebung birgt das Potenzial in sich, einer Beziehung neues Leben einzuhauchen. Doch der Entschluss, nicht zu vergeben, ist das Todesurteil jeder Freundschaft. Deshalb sollte man die Kraft des Vergebens niemals unterschätzen. Vergebung ist das Ziel jeder ernst gemeinten Entschuldigung. Die Entschuldigung allein kann keine Beziehung heilen. Erst die Antwort darauf – das Geschenk der Vergebung – heilt, denn sie schließt den Kreis der Versöhnung.

Dauerschäden

Ich möchte allerdings auch darauf hinweisen, dass Vergebung nicht jeden Schaden aus der Welt schafft. Wenn ein Mann in einem Wutanfall auf seine Frau einschlägt und ihr dabei den Kieferknochen bricht, dann kann er sich zwar tausendmal entschuldigen, und sie kann ihm vergeben, aber der Kiefer ist damit nicht geheilt, und jahrelange Probleme können die Folge sein. Wenn sich ein Teenager auf Drogen einlässt und auf Drängen eines Freundes irgendwelche Pillen nimmt, worauf sich psychotische Probleme einstellen, so entschuldigt sich der falsche Freund vielleicht in aller Form. Auch der Teenager mag bei den Eltern für den Ungehorsam um Verzeihung bitten, doch die mentalen Probleme sind damit noch lange nicht beseitigt.

Es ist eine Grundregel des Lebens: Wenn wir anderen Schaden zufügen, dann lässt sich dieser nie mehr ganz aus der Welt schaffen, selbst wenn die Tat als solche längst vergeben ist. Auch seelischer Schaden kann durch Vergebung nicht automatisch mit ausgelöscht werden. Eine Frau mag ihrem Mann vergeben, dass er sie geschlagen hat, aber wenn sie sich an das Geschehen erinnert, schmerzt es sie noch immer. Die Gefühle von damals sind unauslöschlich.

Erinnerungen werden durch Vergebung nicht aus der Welt geschafft. Wir sagen zwar: „Das ist vergeben *und vergessen*“, aber wirklich vergessen tun wir es nicht. Jedes Ereignis wird in unserem Gehirn gespeichert, und es ist jederzeit möglich, dass die Erinnerung vom Unterbewusstsein ins Bewusstsein zurückkehrt. Haben wir aber vergeben, legen wir diese Erinnerungen Gott hin samt allen verletzten Gefühlen. Daraufhin können wir ihn um die Kraft bitten, dem Schuldigen in Liebe etwas Gutes zu tun. Wir entscheiden uns, unseren Blick in die Zukunft zu richten und uns nicht von vergangenem und vergebenem Unrecht immer wieder in Mitleidenschaft ziehen zu lassen.

Nehmen wir an, Sie sind bereit zu vergeben. Wie könnten Sie das in Worte fassen? Auf der nächsten Seite finden Sie Formulierungshilfen:

Wie man Vergebung in Worte fasst

- *„Was du gesagt hast, hat mich tief verletzt. Ich denke, das ist dir klar geworden. Und es bedeutet mir viel, dass du dich entschuldigt hast, denn sonst würde ich dir wohl nicht vergeben können. Aber weil ich dir deinen guten Willen abnehme, will ich dir hiermit ausdrücklich verzeihen."*

- *„Deine Entschuldigung berührt mich sehr. Unsere Beziehung ist mir so wichtig. Deshalb will ich dir vergeben."*

- *„Ich war am Boden zerstört, als ich es erfahren habe. So was hätte ich dir nie und nimmer zugetraut. Aber ich liebe dich, und deshalb will ich dir einfach glauben, dass du es mit deiner Entschuldigung ernst meinst. Und so biete ich dir meine Vergebung an."*

- *„Dieser Bedienungsfehler an der Maschine hat mich eine Menge Zeit und Geld gekostet. Aber ich will dir deine Unachtsamkeit verzeihen. Ich vertraue einfach darauf, dass du es wieder in Ordnung bringst."*

- *„Ich weiß, wie schwer es dir fällt, deinen Stolz zu überwinden und zuzugeben, dass du schuld warst. Dadurch hast du in meinen Augen an Achtung gewonnen, und deshalb will ich dir auch vergeben."*

Die fünf Sprachen des Verzeihens

1. Das Eingeständnis:
„Es tut mir leid."

2. Die Verantwortung:
„Es war mein Fehler."

3. Die Wiedergutmachung:
„Wie kann ich das wiedergutmachen?"

4. Der Sinneswandel:
„Es soll nicht wieder vorkommen."

5. Die Vergebung:
„Willst du mir vergeben?"

9. Wir lernen, uns in der Familie zu entschuldigen

Wenn wir uns nicht entschuldigen wollen, haben zerbrochene Beziehungen kaum eine Chance, geheilt zu werden. Gerade auch in Familien sind die zwischenmenschlichen Bande oft beschädigt. Junge Erwachsene haben sich von ihren Eltern entfremdet. Geschwister wechseln schon seit zehn Jahren kein Wort mehr miteinander. Eltern misshandeln ihre Kinder – verbal oder körperlich, ohne sich jemals dafür zu entschuldigen, und so wächst die nächste Generation als seelische Krüppel heran, die nur Ablehnung spüren. Ich (Gary) lerne immer wieder Paare kennen, die sich gegenseitig verletzen, sich niemals dafür entschuldigen und schließlich in stiller Verzweiflung ihr Leben fristen.

Wir sind allerdings davon überzeugt, dass die Einsichten, die dieses Buch vermittelt, vielen Vereinsamten in den Familien Mut machen können, wieder aufeinander zuzugehen. Die vielen aus dem Leben gegriffenen Beispiele von Menschen, die sich entschlossen haben, einander zu vergeben, beweisen, dass auch zerrissene Familienbande neu geknüpft werden können.

Sich bei den Eltern entschuldigen

Als mein Sohn Derek vor ein paar Jahren neben seinem Studium ehrenamtlich als Streetworker arbeitete, kümmerte er sich vor allem um junge Erwachsene, die in die

Stadt gekommen waren, um ein besseres Leben zu führen, doch letztlich auf der Straße landeten. Zum Ende seines dreijährigen Dienstes sagte er zu mir: „Weißt du, Dad, fast alle jungen Menschen, die mir dort auf der Straße begegnet sind, haben sich von ihren Eltern entfremdet. Manche von ihnen haben schon jahrelang keinen Kontakt mehr."

Ich fragte ihn, ob er wisse, welche innerfamiliären Vorkommnisse zu dieser Entfremdung geführt hätten.

„Viele sind von ihren Eltern verbal, körperlich oder sexuell misshandelt worden", antwortete Derek. „Und sobald sie alt genug waren, sind sie von zu Hause weggelaufen, ohne sich einmal umzusehen. Andere dagegen kommen aus relativ stabilen Elternhäusern. Aber in der Pubertät sind sie dann an Drogen geraten. Die Eltern haben anfangs versucht, ihnen zu helfen, bis sie die Hoffnung verloren und aufgaben, sodass die jungen Leute in ihrer emotionalen Misere ganz auf sich gestellt waren."

Der Sohn, der seinen Willen durchsetzte

Ich habe einmal eine Woche mit meinem Sohn auf den Straßen von San Francisco zugebracht und all die Menschen kennengelernt, die er dort betreute und zu denen er engere Beziehungen geknüpft hatte. Ich hörte mir die Lebensgeschichten dieser jungen Menschen an und fragte mich immer wieder, ob wohl in diesem Augenblick irgendwo in einer fernen Stadt oder draußen auf dem Land ein Elternpaar saß und für die Rückkehr ihres Kindes betete. Und dabei fiel mir die Geschichte ein, die Jesus erzählte von dem jungen Mann, der seinen Vater bat, ihm sein Erbe auszuzahlen. Er wollte *jetzt* etwas davon haben, da er noch jung war, und nicht warten, bis der Vater starb. Der Vater war einverstanden, und der junge Mann machte sich mit Taschen voller Geld auf die Reise. Er folgte der Lebensregel: „Iss und trink und sei fröhlich, denn morgen könntest du tot sein." Und so hatte er schon bald kein Geld mehr in der Tasche, und er arbeitete als Schweinehirte, um sich seinen kargen Lebensunterhalt zu verdienen. [1]

Da dachte er an zu Hause, und er entschied sich, heimzukehren, sich bei seinem Vater zu entschuldigen und darum zu bitten, auf dem Hof des Vaters als Tagelöhner zu arbeiten. Also machte er sich auf den langen Heimweg, bat um Verzeihung und bot an, gegen Lohn auf dem Hof zu arbeiten. Doch zu seiner Überraschung vergab ihm der Vater alles und nahm ihn nicht etwa als Tagelöhner auf seinen Hof, sondern wieder als Sohn des Hauses.[2]

Als ich in die Gesichter all der jungen Leute in San Franzisco sah, fragte ich mich, wie viele von ihnen wohl zu Hause so versöhnlich aufgenommen würden, wenn sie sich nur getrauten, um Verzeihung zu bitten.

Kinder, die bereit sind, den ersten Schritt zu tun

Die Ausreißer, die misshandelt worden sind, haben ihrerseits natürlich auch das Anrecht, um Vergebung gebeten zu werden. Dennoch sind sie es, die den ersten Schritt tun müssen. Eltern haben schließlich nicht die Gelegenheit, sich bei Kindern zu entschuldigen, zu denen sie keinen Kontakt mehr haben. Ich erinnere mich an die Geschichte von Marcie, die ich auf einem Eheseminar kennenlernte.

Sie war von ihrem Vater missbraucht worden, was schlimme Folgen für das Sexualleben in ihrer Ehe hatte. Auf Drängen ihres Mannes ging sie zur Seelsorge und durchschaute plötzlich die Zusammenhänge. Marcie begriff nun, dass sie ihren Vater zur Rede stellen musste. Sie musste aufarbeiten, was vor so langer Zeit geschehen war. Sie wusste zwar, dass sie selber nicht die Ursache des Problems war, aber gleichzeitig war ihr klar geworden, dass sie jahrelang Bitterkeit und Zorn genährt hatte, indem sie es vermied, sich auf den Weg der Versöhnung zu begeben. Sie hatte ihre Eltern jahrelang nicht besucht.

Ihr Ehemann und der Seelsorger standen ihr bei, sodass sie den Mut fasste, ihre Eltern anzurufen und zu fragen, ob sie willkommen sei. Und die Eltern waren einverstanden.

Marcie meinte, dies sei die längste Reise gewesen, die sie je unternommen, und das schwierigste Gespräch, das sie je geführt habe. „Damals wusste ich noch nichts von den fünf Sprachen des Verzeihens“, sagte sie. „Also versuchte ich es auf gut Glück. Im Nachhinein kann ich sagen, dass ich wohl alle fünf Sprachen gleichzeitig einsetzte.

Ich sagte damals etwa Folgendes: ‚Ich bin gekommen, um mich zu entschuldigen. Wut, Bitterkeit und Groll haben mich davon abgehalten, euch all die Jahre zu besuchen, und ich habe es zugelassen. Ich weiß inzwischen, dass das falsch war. Es tut mir sehr leid um die vielen verlorenen Jahre. Ich weiß nicht, ob ich es je wiedergutmachen kann, aber ich will es zumindest versuchen und bin entschlossen, die Zukunft anders zu gestalten. Und deshalb bin ich hier, um euch um Verzeihung zu bitten.‘

Den Eltern standen Tränen in den Augen. Erst nahm mich meine Mutter in den Arm und dann auch mein Vater. Er sagte: ‚Ja doch, Marcie, ich vergebe dir.' Aber auf das, was darauf folgte, war ich nicht gefasst. Mit Tränen in den Augen sagte er zu mir: ‚Ich werde dir vergeben, aber zuvor gibt es noch so viel, was du mir zu vergeben hast. Was ich dir angetan habe, war schrecklich. Ich habe nie mit Mutter darüber gesprochen, aber ich denke, es ist nun Zeit, dass sie es erfährt: Ja, ich habe dich auf schändliche Weise missbraucht. Seit ich Christ geworden bin, habe ich viele Male Gott gebeten, mir zu vergeben, und ich habe viele Tränen vergossen. Ich hoffe nur, dass Mutter mir auch vergeben kann.'

Ich schloss meinen Vater in die Arme und sagte: ‚Ich vergebe dir ganz gewiss. Ich bin ja auch Christin, und so weiß ich, dass Jesus für meine und deine Sünden gestorben ist.'

Meine Mutter musterte meinen Vater eine Weile und sagte schließlich: ‚Ich weiß noch nicht, ob ich dir vergeben kann ... wenn ich mir vorstelle, dass das der Grund war, der mein Kind all die Jahre von mir ferngehalten hat!'

Die folgenden zwei Stunden redeten und weinten wir zusammen. Ich machte meinen Eltern Mut, einen Seelsorger aufzusuchen, um all die Emotionen zu verarbeiten, die plötzlich an die Oberfläche gekommen waren. Es war jedenfalls der Beginn eines Heilungsprozesses für uns alle."

Ich gehe einmal davon aus, dass dieser Heilungsprozess niemals in Gang gekommen wäre, wenn der Vater nicht auch um Verzeihung gebeten hätte. Die Vergebung wäre einseitig geblieben, und das hätte nicht genügt. Es lag in seiner Verantwortung, die Versöhnung zu ermöglichen. Jeder kann immer nur seinen persönlichen Beitrag zum Versöhnungsprozess leisten, indem er für seine eigenen Fehler einsteht, so, wie Marcie es getan hat. Doch unsere eigene Bereitschaft zu vergeben schafft oft ein Klima, das es dem anderen erleichtert, auch um Vergebung zu bitten. Ich frage mich jedenfalls, wie viele der jungen Leute, die ich auf den Straßen von San Fransisco gesprochen habe, eine ähnliche Wiedervereinigung mit ihren Eltern erleben würden, wenn sie den ersten Schritt täten, um sich zu entschuldigen.

Sich bei erwachsenen Kindern entschuldigen

Kinder laufen wohl selten von zu Hause fort, ohne dass auch die Eltern Schuld auf sich geladen haben. Wer von uns Eltern ist schon perfekt! Wir haben immer wieder erleben dürfen, wie heilsam es sich auswirkte, wenn junge Erwachsene die Entschuldigung ihrer Eltern angenommen und ihnen ihre teilweise schlimmen Verfehlungen vergeben haben. Wenn die Beziehung zu Ihrem Teenager nachhaltig gestört ist, warum ergreifen Sie dann nicht die Initiative und entschuldigen sich bei ihm oder ihr – sofern Sie Kontakt haben? Bedenken Sie, wie viele leidvolle Jahre Marcie und ihrem Vater erspart geblieben wären, wenn der eigentliche Verursacher von sich aus auf seine Tochter zugegangen wäre, um seine Schuld zu bekennen und um Vergebung zu bitten. Die Überwindung, die es gekostet hätte, wäre ein kleiner Preis gewesen für die guten Jahre, und die lange Zeit der Entfremdung wäre ihnen erspart geblieben. Nicht jedes Versagen richtet so viel Schaden an wie gerade sexueller Missbrauch, aber sobald wir unseren Kindern Unrecht tun, fügen wir ihnen Leid zu, und es tun sich Abgründe zwischen uns auf. Gestehen wir unsere Fehler jedoch ein und bitten wir unsere erwachsenen Kinder um Vergebung, so überbrücken wir, was uns trennt.

Belastete Beziehungen erkennen

Wie schädlich unser Fehlverhalten für Beziehungen sein kann, belegt folgendes Beispiel. Ich bot einmal eine Vortragsreihe für Singles an und sprach über das Thema „Eltern-Kind-Beziehungen". Nach der Veranstaltung kam Sonja auf mich zu und fragte, ob sie mir ihre Geschichte erzählen dürfe. Natürlich war ich einverstanden.

„Meine Eltern waren liebe Menschen", begann sie. „Sie haben viel für mich getan. Aber das ist seltsamerweise das Problem. Es war zu viel des Guten. Ich bin das einzige Kind gewesen, und sie haben ihr ganzes Leben nur für mich gelebt. Alles haben sie mir abgenommen. Und die Folge war, dass ich mit dem Gefühl aufwuchs, nichts Eigenständiges hinzubekommen. Ich erinnere mich noch, als ich sieben war. Ich machte mein Bett eines Morgens selber. Da kam meine Mutter herein und rief: ‚Ach du liebe Güte! Was ist das denn für ein Durcheinander!' Und dann machte sie das Bett noch einmal auf ihre Art. Sie war bestimmt überzeugt, das Richtige zu tun. Aber auf diese Weise festigte sich in mir die Vorstellung, niemals wirklich zu genügen. Die Uni habe ich mit Ach und Krach geschafft – einfach nur, weil ich nicht viel von mir selber hielt."

Sonja fuhr fort: „Ich liebe meine Eltern sehr. Aber ihre Ehe war so brüchig, dass sie nur eins letztlich zusammenhielt, nämlich ihr stetes Bemühen, für mich da zu sein und mir alles abzunehmen. Ich wünschte, sie hätten sich mehr um sich selber gekümmert und mich lernen lassen, auf mich selber aufzupassen. Auch wünsche ich mir, ihnen all das mal sagen zu können, aber ich habe Angst, sie zu verletzen. Meine Mutter wundert sich immer nur, warum ich nicht öfter nach Hause komme."

Ich konnte mir vorstellen, wie Sonja, die Verwöhnte, sich fühlte. Mir sind schon viele junge Erwachsene begegnet, die unter ähnlichen Umständen litten. Oft sind solche Eltern Workaholics, die aus bescheidenen Verhältnissen kamen. Durch ihren Fleiß haben sie es zu etwas gebracht, und sie wollen ihren Kindern das bieten, was sie selber entbehren mussten. Aber damit tun sie des Guten zu viel, und so lernen die Kinder nicht, auf eigenen Beinen zu stehen. Die Verhätschelung der Eltern sorgt dafür, dass die Kinder unselbständig werden, und das macht sich in vielen Lebensbereichen bemerkbar, besonders im Umgang mit den Finanzen. Die jungen Menschen wachsen heran, ohne den Wert des Geldes zu kennen und ohne Motivation, es sich zu verdienen. Diese Menschen geraten nicht nur schnell finanziell ins Hintertreffen, sie sind auch sonst lebensuntüchtig.

Wenn auch Sie Mutter oder Vater eines erwachsenen Kindes mit einem solchen Handicap sind, sollten Sie einmal über ihre Erziehungsmethoden nachdenken. Vielleicht ist es an der Zeit, sich für dieses oder jenes zu entschuldigen.

Sich entschuldigen, auch wenn's nicht mit Absicht geschah
Sie haben es nicht absichtlich falsch gemacht! Nein, es war sogar gut gemeint! Sie wollten doch alles für Ihr Kind tun! Und dennoch haben Sie das Gegenteil erreicht. Der Sohn oder die Tochter hat nun die größten Schwierigkeiten im Leben. Was so missraten ist, können Sie auch durch eine Entschuldigung nicht rückgängig machen. Die Schäden sind erst einmal da, aber die *Beziehung* kann heil werden! Der Sohn oder die Tochter hat Ihren falschen Erziehungsstil und seine Folgen längst zu spüren bekommen, aber sich nie getraut, etwas zu sagen. Nun aber lassen Sie Ihr Kind wissen, wie einsichtig Sie geworden sind, indem Sie zu Ihren Fehlern stehen.

Wenn Sie die persönliche Sprache des Verzeihens Ihres Kindes kennen, sollten Sie diese unbedingt einsetzen. Wenn nicht, so bedienen Sie sich eben aller fünf Sprachen gleichzeitig, auf diese Weise werden Sie die richtige schon treffen. Entscheidend ist, dass Sie vermitteln können, wie ernst es Ihnen ist. Erst so entsteht wahre Versöhnung.

Sich bei Geschwistern entschuldigen

Die meisten Geschwister streiten sich wiederholt, und da bleiben Verletzungen nicht aus. Wenn sie dann nicht gelernt haben, sich zu entschuldigen, werden diese Verletzungen zu Barrieren in ihrer Beziehung. Ich erinnere mich an Michael, der mich in meinem Büro aufsuchte. „Ich bin vor etwa zwei Jahren Christ geworden", erzählte er. „Aber da ist etwas, was mir noch ganz schön zu schaffen macht. Mein Bruder und ich haben noch immer kein gutes Verhältnis. Seit fünf Jahren reden wir nicht mehr miteinander. Und seit der Beerdigung unserer Mutter kann ich mich nicht überwinden, zu ihm Kontakt aufzunehmen."

Der Streit um den Grabstein

„Und wie hat alles angefangen?", fragte ich.

„Nun, nach der Beerdigungsfeier unterhielten sich meine Schwester und ich mit unserem Bruder über den Grabstein. Er finde Grabsteine überflüssig, meinte er. Das sei reine Geldverschwendung. Ich ärgerte mich so maßlos über ihn, dass ich ihm an den Kopf warf, ihn nicht mehr sehen zu wollen, wenn er so schäbig denke. Meine Schwester und ich legten also für den Grabstein zusammen, und meinen Bruder habe ich seitdem nicht wiedergesehen. Bevor ich Christ wurde und in der Bibel über die Vergebung las, hat mir das nicht viel ausgemacht. Inzwischen glaube ich aber, dass ich ihm die Geschichte von damals nicht mehr vorhalten sollte."

„Wie war Ihre Beziehung zum Bruder vor der Beerdigung Ihrer Mutter?", fragte ich.

„Wir sind recht ordentlich miteinander ausgekommen", antwortete er. „Ich kann nicht sagen, dass wir uns sehr nahegestanden hätten, aber richtig gestritten haben wir uns kaum einmal. Wir haben uns respektiert. Er kam nicht so oft, um unsere Mutter zu besuchen. Ich dagegen bin fast jeden Tag bei ihr gewesen, meine Schwester übrigens auch. Er aber hat höchstens einmal die Woche vorbeigeschaut. Ich denke, die Sache mit dem Grabstein war sozusagen der Tropfen, der das Fass zum Überlaufen gebracht hat."

„Und Ihr Vater?“, erkundigte ich mich.

„Er ist schon gegangen, als wir Kinder noch klein waren. Ich habe ihn seit Jahren nicht mehr gesehen. Und unsere Mutter hat nie wieder geheiratet. Sie hat all ihre Kraft dafür aufgewendet, dass wir Kinder etwas auf den Tisch bekamen. Ich glaube, das ist auch ein Grund, warum ich die Einstellung meines Bruders so unangemessen fand.“

„Das kann ich nachvollziehen“, sagte ich. „Es würde mich an Ihrer Stelle auch ärgern. Aber Sie werden mir auch zugestehen, dass Sie damals überreagierten, als Sie ihm an den Kopf warfen, ihn nie wiedersehen zu wollen.“

„Klar“, antwortete er. „Ich war nur in dem Augenblick so erbost. Inzwischen weiß ich, dass ich das in Ordnung bringen muss. Es ist einfach nicht richtig, wenn Brüder in einer Stadt wohnen und kein Wort miteinander wechseln.“

„Hat sich Ihr Bruder in der Vergangenheit überhaupt schon jemals bei Ihnen entschuldigt?“, wollte ich wissen.

Er dachte einen Augenblick nach und antwortete dann: „Ich kann mich nicht erinnern. Meiner Schwester gegenüber äußerte er einmal sein Bedauern, dass er Mutter so selten besucht habe, als sie krank war. Aber da war es schon zu spät, obwohl ich mich natürlich gefreut habe, das zu hören.“

Ich erklärte Michael die fünf Sprachen des Verzeihens: „Normalerweise sprechen Menschen die Sprache des Verzeihens, die sie auch zu hören wünschen und am besten verstehen“, erklärte ich. „Die Tatsache, dass er der Schwester gegenüber äußerte, es tue ihm leid, dass er die kranke Mutter nicht öfter besucht habe, scheint mir ein wichtiger Hinweis zu sein. Er bekundet damit, dass auch er darunter gelitten hat. Und das ist die erste der fünf Sprachen des Verzeihens – das *Eingeständnis*: ‚Es *tut mir leid.* Ich fühle mich schlecht bei dem, was ich getan habe.'"

Michaels Anteil

„Deshalb möchte ich Ihnen einen Vorschlag machen", sagte ich. „Gehen Sie auf Ihren Bruder zu und entschuldigen Sie sich dafür, wie Sie damals mit ihm wegen des Grabsteins geredet haben."

„Das wird aber schwer."

„Bestimmt. Vielleicht wird es sogar das Schwerste, was Sie je in Ihrem Leben hinter sich bringen mussten – aber vielleicht auch das Produktivste."

Danach arbeiteten wir eine Formulierung für seine Entschuldigung aus, die sich etwa folgendermaßen anhörte:

> *Mir ist inzwischen klar geworden, dass ich damals auf Mutters Beerdigung wegen des Grabsteins vollkommen überreagiert habe. Ich fühle mich immer noch schlecht, weil mir das damals so rausgerutscht ist. Ich weiß, dass es falsch war, und ich habe seitdem viel darüber nachgedacht. Es tut mir einfach alles sehr leid. Deshalb möchte ich dich um Verzeihung bitten, und wenn ich etwas tun kann, um es wiedergutzumachen, lass es mich wissen. Es war völliger Blödsinn, dir zu sagen, dass ich dich nie wiedersehen will. Ich habe dich die ganze Zeit ganz schön vermisst. Und dabei ist mir bewusst geworden, dass ich der eigentliche Verursacher bin. Worte kann man zwar nicht mehr zurücknehmen, aber du sollst wissen,*

dass ich selber darunter gelitten habe. Und so hoffe ich, dass du mir vergeben kannst.

Als Michael den Text noch einmal durchlas, traten ihm Tränen in die Augen. „Ja, das gibt genau wieder, was ich fühle“, sagte er. „Ich möchte bald die Gelegenheit haben, ihm das zu sagen. Wie kann ich das arrangieren?“

„Ich würde vorschlagen, Sie rufen ihn an und fragen, ob Sie mal vorbeikommen können. Lehnt er ab, dann kündigen Sie an, es in einem Monat noch einmal zu versuchen. Aber ich habe so eine Ahnung, dass er ja sagen wird. Wenn Sie angekommen sind, sollten Sie nicht allzu viel Zeit mit Smalltalk vergeuden. Kommen Sie lieber bald auf den Punkt und lassen Sie ihn wissen, dass Sie gekommen sind, um sich für das zu entschuldigen, was Ihnen schon lange zu schaffen macht. Wenn Sie dann mit Ihrem Bruder gesprochen haben, würde ich mich freuen, wenn Sie mich anriefen, denn ich bin natürlich gespannt, wie es gelaufen ist.“ Damit war er einverstanden, und er bedankte sich für unser Gespräch.

Die Reaktion des Bruders

Sechs Wochen später rief mich Michael an und bat um einen weiteren Termin.

„Prima“, sagte ich, „ich bin schon ganz gespannt.“

Ein paar Tage später saß er in meinem Büro. „Ich kann Ihnen gar nicht sagen, wie froh ich bin, Ihrem Rat gefolgt zu sein“, sagte er freudestrahlend. „Mehr Überwindung hat mich wohl noch nichts im Leben gekostet, aber als ich mich entschuldigt hatte, brach mein Bruder in Tränen aus und sagte: ‚Mir ist inzwischen klar, dass alles, was ich gesagt habe, falsch war. Ich hätte euch natürlich helfen sollen, Mutters Grabstein zu bezahlen. Ich hatte zwar noch nie was übrig für alles Sentimentale. Trotzdem war es falsch. Zuerst war ich total beleidigt wegen deiner Reaktion, aber später wurde mir bewusst, dass du eigentlich Recht hattest. Ich hätte an deiner Stelle wahrscheinlich genauso reagiert. Ich will dir also vergeben, wenn auch du mir vergibst.‘

Wir umarmten uns lange und weinten. Und dann sagte mein Bruder: ‚Ich möchte, dass du mir sagst, wie viel der Grabstein gekostet hat, denn ich möchte noch nachträglich dir und Sigrid meinen Anteil zurückerstatten.‘

‚Das musst du nicht‘, sagte ich. ‚Die Tatsache, dass wir wieder beisammen sind, ist für mich Ausgleich genug.‘

‚Das glaube ich gern, aber trotzdem ... es ist mehr für mich selber und für Mutter‘, sagte er.

‚Na schön‘, erwiderte ich. ‚Ich werde mal sehen, ob ich die Papiere noch finde, und dann sage ich dir, wie viel es war.‘ Wir setzten uns hin und redeten mehrere Stunden über all das, was sich seit Mutters Tod ereignet hatte. Es war großartig, und ich denke, unsere Beziehung ist wieder lebendig worden. Er und seine Frau kommen nächste Woche zu uns zum Grillen. Meine Frau und ich sind schon sehr gespannt, wie ihr Leben so aussieht. Also, danke, Dr. Chapman, dass Sie mir Mut gemacht haben, mich zu entschuldigen.“

Kaum etwas hat größere Bedeutung

„Ich bin froh, dass Sie durchgehalten haben", sagte ich. „Kaum etwas hat größere Bedeutung für das Gedeihen einer Beziehung als die Bereitschaft, sich beim anderen zu entschuldigen, wenn es nötig ist."

Ich glaube ganz fest daran, dass viele Geschwisterbeziehungen geheilt werden könnten, wenn wenigstens einer den ersten Schritt täte, um sich zu entschuldigen. Ich kann nicht garantieren, dass eine Entschuldigung immer so prompt wirkt wie bei Michael, aber eins ist sicher: Wenn einer sich entschließt, auf den anderen zuzugehen und sich zu entschuldigen, kommen beide besser miteinander aus.

Sich beim Ehepartner entschuldigen

Die Ehe ist die tragende Beziehung in einer Familie. Und zu einer gesunden Ehe gehört es, dass die Partner sich entschuldigen, wenn der eine dem anderen Unrecht getan hat. Wenn Sie dann auch noch die persönliche Sprache des Verzeihens des Partners sprechen, so wird auch die eheliche Zweierbeziehung immer wieder schnell heil.

Hanna und Chris erschienen eines Tages in meinem (Jennifers) Büro. Sie waren seit zwölf Jahren verheiratet und hatten ein Kind. Hanna war die Redseligere von beiden, und so war auch sie es, die den Grund ihres Kommens schilderte. Sie hatte vor ein paar Tagen auf der Festplatte ihres gemeinsamen Computers gestöbert und dabei entdeckt, dass sich Chris fast täglich Pornografieseiten herunterlud, während sie im Büro arbeitete. Das verletzte Hanna sehr. Aber beide waren auch entschlossen, das Problem anzugehen und ihre Ehe zu retten.

Ihre Entschlossenheit beeindruckte mich sehr. Einer zeigte sich am Wohl des anderen interessiert, und sie waren beide bereit, das heikle Thema offen anzusprechen. Auch Chris erwies sich als bemerkenswert zugänglich. Er hatte sich schon vor unserem Gespräch bereit erklärt, nie wieder Pornografie anzuschauen, weil es Hanna so aufbrachte.

Die Bereitwilligkeit ihres Mannes stimmte Hanna optimistisch. Aber sie wünschte sich noch mehr von Chris. Er sollte begreifen, dass sie sich durch seine Handlung betrogen fühlte, was er nach eigenen Angaben überhaupt nicht nachvollziehen konnte. Mit ihrer Redegewandtheit hatte sie Chris stundenlang unter Druck gesetzt und ihm dabei zu bedenken gegeben, wie er sich im umgekehrten Fall fühlen würde – wenn sie sich gut aussehende Männer anschaute. In unserer Sitzung schüttete Hanna ihr Herz aus und berichtete, was sie alles getan hatte, um ihm zu gefallen. Abgenommen hatte sie für ihn, und sie war immer bereit gewesen, wenn er von ihr etwas gewollt hatte.

Im Laufe unseres Gesprächs begriff Chris, dass sein Interesse an Pornografie ihr das Gefühl gab, sie könne ihn sexuell nicht befriedigen. Sie fühlte sich als Versagerin. Mit dieser Erkenntnis änderte sich seine Einstellung. Bislang hatte er auf Hannas Einwände immer nur mit einem Schulterzucken reagiert. Ja, es tue ihm wohl leid, dass es ihr so viel ausmache. Aber plötzlich ging ihm auf, dass es grundsätzlich Unrecht war, was er tat, denn es zerstörte die Zweisamkeit mit ihr.

„Ich sehe inzwischen ein, wie sehr ich im Unrecht war“, sagte Chris zu Hanna in meiner Gegenwart. „Ich habe das

Ganze immer für harmlos gehalten, aber jetzt begreife ich, dass es dazu führt, unsere vertraute Beziehung zu zerstören. Und das ist das Letzte, was ich will."

Hanna stieß einen tiefen Seufzer aus, und sie bestätigte, dass der Sinneswandel ihres Mannes seiner Entschuldigung den rechten Nachdruck verlieh. Das offene Bekenntnis erleichterte es ihm darüber hinaus, sich auch innerlich von der Pornografie zu lösen. Er gehorchte nicht dem äußeren Druck, sondern tat es aus Überzeugung.

Hanna erwartete mit ihrer persönlichen Sprache des Verzeihens, dass der andere Verantwortung für sein Handeln übernahm und sich zu seinem Fehlverhalten stellte. Sie wollte also von Chris folgende Aussage hören: „Ich gebe zu, es war *mein* Fehler!" Vor unserem Gespräch aber hatte er nur ein lapidares *Tut mir leid* für sie übrig. Das reichte Hanna jedoch nicht, weil es für sie keine ernst gemeinte Entschuldigung zum Ausdruck brachte. Erst als er zerknirscht seinen Fehler eingestand, war sie offen, ihm zu vergeben.

Chris und Hanna lernten nicht nur den Wert einer Entschuldigung an sich, sie erfuhren darüber hinaus, wie wichtig es ist, die Sprache des Verzeihens vom Partner zu kennen und sie einzusetzen.

Sich bei den Verwandten des Partners entschuldigen

Wer kennt nicht Witze über Schwiegermütter! Sie sind derart verbreitet, dass sich kaum noch jemand getraut zuzugeben, ein gutes Verhältnis zur eigenen Schwiegermutter zu haben. Andererseits kann eine herrische Schwiegermutter tatsächlich zum „Pfahl im Fleisch" werden. Die

Beziehung zu der angeheirateten Familie kann aus einem ganz einfachen Grund schwierig sein: Durch eine Eheschließung treffen oft ganz unterschiedliche Familientraditionen aufeinander, die den Umgang miteinander prägen. Und diese Unterschiede führen fast immer zu kleinen oder großen Konflikten. Wenn diese Konflikte dann nicht umgehend aus der Welt geschafft werden, wird die Atmosphäre dauerhaft vergiftet.

Ich (Gary) erinnere mich an ein Paar, das vor ein paar Monaten bei mir im Büro saß. „Wir verstehen unsere Schwiegertochter nicht", berichtete Kathrin. „Sie will nicht, dass wir unsere Enkel ohne Voranmeldung besuchen. Es muss ihr immer gerade passen, sonst sollen wir nicht kommen. Was ist denn das für eine Beziehung?"

Kurt, ihr Mann, ergänzte: „Bei uns zu Hause kamen meine Großeltern fast jeden Tag einfach vorbei. Und die Freude war jedes Mal riesengroß. Dabei mögen wir unsere Schwiegertochter sehr. Wir waren richtig glücklich, als Aaron uns erklärte, dass sie heiraten wollten. Aber seit die Kinder da sind, ist sie plötzlich so komisch. Warum macht sie es uns denn so schwer?"

„Vielleicht weil sie gleichzeitig Ehefrau, Mutter, Büroangestellte und Chormitglied ist", sagte ich. „Bei ihrem hektischen Tagesablauf ist unverhoffter Besuch womöglich ein weiterer Stressfaktor."

Ich bemerkte, wie unerwartet meine Antwort für die beiden ausfiel, und so fuhr ich schnell mit einer Frage fort: „Werden Sie öfter mal von den beiden gefragt, ob Sie babysitten könnten?"

„Eigentlich fast jede Woche", antwortete Kathrin. „Aber das ist es ja gerade. Wir versuchen ihnen zu helfen, wo wir können, damit sie Zeit füreinander haben, und dann behandelt sie uns so!"

Ich bemühte mich, ihnen die Unterschiede in den beiden Familiensystemen zu erklären und auf den Generationsunterschied hinzuweisen: „Als Sie klein waren, war das Leben noch unkomplizierter – gemächlicher und damit einfacher. Nachbarschaftshilfe wurde noch großgeschrieben. Man kam einfach vorbei und hielt ein Schwätzchen. Das ist vorbei. Man muss zum Schwimmen, zum Tanzen, zur Klavierstunde oder zum Volleyball. Man ist immer voll beschäftigt in der Familie. Mußestunden gibt es schon lange nicht mehr. Und deshalb bedeutet es Stress, wenn die Schwiegereltern unangemeldet hereinschneien. Man hat immer gerade genug anderes zu tun – und wenn es nur die aufgedrehten Kinder sind, die zu bändigen sind."

Ich versuchte ihnen verständlich zu machen, dass die Bitte der Schwiegertochter, sich vorher anzumelden und nachzufragen, ob es passt, nichts Ungewöhnliches in unserer heutigen Gesellschaft sei. Ich riet den beiden, das Beste aus den Begegnungen zu machen, die sie ohnehin schon hätten.

Darüber hinaus sollten sie sich noch bei ihrer Schwiegertochter entschuldigen, weil sie mit ihren unangemeldeten Besuchen für zusätzlichen Stress in der Familie gesorgt hätten.

Ich merkte den beiden an, dass sie mit diesem Ausgang des Gespräches nicht gerechnet hatten. Gleichzeitig war nicht zu übersehen, wie nachdenklich sie geworden waren. Ich schlug ihnen deshalb vor, noch ein paarmal zum Gespräch zu kommen, um ihre verletzten Gefühle zu verarbeiten, damit ihre „Schwieger-Beziehung" nicht in Gefahr geriet.

„Das ist jetzt ein kritischer Augenblick in Ihrem Verhältnis zur Schwiegertochter", sagte ich. „Eine glaubhafte Entschuldigung trägt dazu bei, dass die Beziehung sich in Zukunft unbelastet entwickeln kann."

Zum Schluss fragte ich noch: „Kennen Sie denn die persönliche Sprache des Verzeihens Ihrer Schwiegertochter?" Da sie ratlose Blicke wechselten, war mir klar, dass sie nicht wussten, wovon ich sprach. Ich erklärte ihnen also die fünf Sprachen des Verzeihens und warum es so wichtig sei, die Sprache des anderen zu kennen.

„Ich vermute, dass sie sich vom anderen wünscht, seinen Fehler einzugestehen", meinte Kathrin. „Unser Sohn erzählte mal, dass seine Frau nach einem Streit immer von ihm verlangt, seinen Fehler zuzugeben."

Ich erwiderte: „Dann gehen wir mal davon aus, dass das ihre persönliche Sprache des Verzeihens ist. Also müssen Sie Ihre Entschuldigung entsprechend abfassen. Es kann aber auch nicht schaden, die anderen vier Sprachen mit einzustreuen."

Zum Schluss arbeiteten wir eine Entschuldigung aus, die ich hier wiedergeben möchte:

Uns ist inzwischen klar geworden, dass wir dich durch die unangemeldeten Besuche unter Druck gesetzt haben. Das war zwar nicht unsere Absicht, dennoch war es nicht richtig, und wir möchten dich dafür um Vergebung bitten. Früher, als wir selber jung waren, war alles ein bisschen anders. Da hat man sich noch häufig unangemeldet besucht. Aber das hat sich inzwischen geän-

dert, und uns ist klar geworden, wie eingespannt ihr seid. Wir freuen uns jedenfalls darüber, dass wir so regelmäßig auf die Kinder aufpassen können. Das macht uns Spaß, und ihr dürft jederzeit anrufen und uns fragen. In Zukunft werden wir also immer vorher anfragen, ob es wirklich passt. Und wenn nicht, ist es auch okay. Wir haben euch jedenfalls sehr lieb, und wir wollen euch ja helfen und nicht belasten. Vergebt uns also, wenn wir bisher zu aufdringlich waren. Das soll in Zukunft nicht wieder geschehen.

Bei einer späteren Begegnung erzählten sie mir, dass ihre Entschuldigung gut angekommen sei und sich die Beziehung zur Schwiegertochter erholt habe. „Wir müssen wohl erst lernen, im 21. Jahrhundert zu leben“, sagten sie. „Danke für die Hilfe.“

Wie in diesem Beispiel könnten viele Beziehungen zur Schwiegerfamilie wieder ins Reine gebracht werden, wenn die Beteiligten sich entschuldigen und möglichst auch noch die passende Sprache des Verzeihens sprechen.

Die fünf Sprachen des Verzeihens

1. Das Eingeständnis:
„Es tut mir leid."

2. Die Verantwortung:
„Es war mein Fehler."

3. Die Wiedergutmachung:
„Wie kann ich das wiedergutmachen?"

4. Der Sinneswandel:
„Es soll nicht wieder vorkommen."

5. Die Vergebung:
„Willst du mir vergeben?"

10. Wie Kinder um Verzeihung bitten

Ich habe kürzlich einen ganzen Stapel von Erziehungsratgebern durchgelesen, aber in keinem einzigen fand ich ein Kapitel zu dem Thema, wie man Kindern beibringt, sich zu entschuldigen. Und da kam mir der Gedanke: *Vielleicht ist das ja der Grund, warum es Erwachsenen oft so schwerfällt, sich zu entschuldigen! Sie haben es als Kind niemals gelernt!*

Was Kinder lernen müssen: 1. Verantwortung für das eigene Handeln übernehmen

Wenn unsere Kinder lernen sollen, sich zu entschuldigen, müssen sie zunächst einmal Verantwortung für ihr eigenes Verhalten übernehmen. Das kann man ihnen schon recht früh mit kleinen Dingen beibringen.

Unsere Neigung, Konflikte unter den Teppich zu kehren oder die Schuld von uns zu weisen, kann oft bis in die Kindheit zurückverfolgt werden. So hörte ich (Jennifer) neulich, wie ein Zweijähriger, nachdem seine Blähungen unüberhörbar wurden, auf seine Windel deutete und meinte: „Pampys pupsen."

Meine Schwester und ihr Mann sind mir immer ein gutes Vorbild gewesen, wie man Kindern schon frühzeitig beibringt, Verantwortung für ihr Tun zu übernehmen. Elisabeth und Bill hatten uns in Baltimore besucht. Einmal fuhren wir zusammen im Auto. Anna, ihr erstes Kind, war damals erst zwei. Ich hatte ihr einen Butterkeks in die Hand gegeben. Den betrachtete sie ausführlich und drückte ihn so lange, bis er in zwei Stücke brach. Die Kleine rief: „Blöde Ding is' kaputtgegangen!"

„Nein, Anna, *du* hast ihn kaputt gedrückt!", erwiderte der Vater.

Anna musterte ihn, überlegte und verbesserte sich: „*Anna* hat kaputt gemacht."

Ich beobachtete die Szene fasziniert und speicherte sie in meinem Gedächtnis als ein gutes Beispiel dafür, wie man Kindern auf nette Art beibringt, für das eigene Handeln Verantwortung zu übernehmen. Das alles hat nichts mit dem berühmten erhobenen Zeigefinger zu tun, sondern soll dem Kind lediglich Grundregeln des Lebens verständlich machen.

Wer sich entschuldigen lernen will, muss sich zunächst einmal selber eingestehen, dass er der Verursacher ist. Für Positives übernehmen die Kinder ganz von allein und mit Wonne die Urheberschaft. „Hab drei Löffel Spinat geschafft, darf ich jetzt Nachtisch?" – „Das hab *ich* gemalt!" – „Ich hab mein Zimmer ganz allein aufgeräumt." – „Das habe ich ganz allein gebastelt." Damit übernehmen sie Verantwortung für Lobenswertes.

Aber bei allem, wofür ein Tadel zu erwarten ist, bleibt diese Bereitschaft aus. Wann hat Ihr Dreijähriger je zugegeben: „*Ich* hab die Kekse gemopst, die für morgen waren"? Oder: „*Ich* habe Nicole die Treppe runtergeschubst"? Um diese Ebene von Verantwortungsbewusstsein zu erreichen, müssen Eltern schon sehr viel investieren.

Eine mögliche Lehrmethode besteht darin, die Kinder ihre Satzanfänge korrigieren zu lassen. Sie sollen lernen, mit „Ich" zu beginnen. Mark hatte vergessen, die Haustür zu schließen, und eine streunende Katze war ins Haus gekommen. Als die Mutter ihn fragte: „Wie konnte die Katze ins Haus kommen?", antwortete er: „Die war so da. Vielleicht durch den Schornstein?"

Die Mutter erwiderte: „Versuchen wir es noch mal. Sprich mir nach: ‚*Ich* habe die Tür aufgemacht, und so ist die Katze ins Haus gekommen.'"

Der Kleine erwiderte: „*Ich* habe die Tür aufgemacht, und da war die Katze da!"

„Und wer hat die Tür nicht wieder zugemacht?"

Mark gickelte: „Na die Katze hat die Tür nicht zugemacht!"

„Klar doch, aber wer hätte es *eigentlich* tun müssen?"

„*Ich!*"

„Eben!", sagte die Mutter.

Wenn wir unsere Sätze mit „Ich" beginnen, übernehmen wir Verantwortung für unser Tun. Und so hat diese Mutter ihrem Sohn spielerisch und ohne erhobenen Zeigefinger beigebracht, für das geradezustehen, was er zu verantworten hat.

Was Kinder lernen müssen: 2. Das eigene Handeln hat Auswirkungen auf andere

Mit dem zweiten Schritt müssen Kinder begreifen lernen, dass das meiste, was sie tun, Auswirkungen auf andere hat. Wenn ich der Mutter helfe, den Tisch zu decken, dann freut sie sich. Wenn ich im Haus mit dem Fußball kicke und die Lampe in Scherben geht, ist die

Mutter traurig. Wenn ich meinem Vater sage: „Ich habe dich lieb“, dann mache ich ihn glücklich. Wenn ich zu ihm sage: „Ich kann dich nicht leiden“, fühlt er sich verletzt. Was ich tue oder sage, macht Menschen froh oder traurig. Wenn ich sie glücklich mache, bin ich selber froh, aber wenn ich sie traurig mache, fühle ich mich selber mies.

Es gibt eine sogenannte „Goldene Regel“ im Leben, die besagt, dass ich andere so behandeln sollte, wie ich selber behandelt werden möchte. Und diese Goldene Regel sollte jedes Kind lernen.[1] Dem Kind wird dadurch bewusst, dass man sich auf zweierlei Weise benehmen kann – gut (wie es mir selber gefällt) oder schlecht (wie ich es selber nicht mag). Wenn ich weiß, was ich selber mag, weiß ich schon ziemlich genau, was gut ist.

Das tägliche Leben bietet viele Gelegenheiten, den Kindern zu veranschaulichen, dass sich unser Handeln auf andere auswirkt. Meike ist sechs und in die erste Klasse gekommen. Ihr Bruder Daniel ist erst vier und geht in den Kindergarten. Eines Nachmittags spielten die Kinder zusammen, als die Mutter Meike zu ihrem Bruder sagen hörte: „Hau ab, du Idiot“, worauf Daniel in Tränen ausbrach und zur Mutter gelaufen kam. „Meike hat mich Idiot genannt!“, jammerte er.

Die Mutter legte ihren Arm um seine Schultern und sagte: „Ich weiß. Ich werde gleich mit ihr reden. Setz dich, guck mal, da ist dein Malbuch.“

Die Mutter stellte ihre Tochter zur Rede: „Hör mal, Schatz, woher hast du denn das Wort Idiot?“

„Aus der Schule“, antwortete Meike. „Jona hat Kevin so genannt.“

„Weißt du denn, was das Wort bedeutet?"

„Es ist jemand, der alles durcheinanderschmeißt."

„Na ja, vielleicht. Aber es ist auf jeden Fall nicht nett, jemanden so zu nennen."

„Aber Daniel hat alles durcheinandergebracht! Er hat in meinem Puppenhaus gewühlt. Ich hatte alles gerade so schön aufgebaut, und er macht es kaputt!"

„Du hast ja Recht. Das war nicht nett", gab die Mutter zu. „Und Daniel muss sich dafür auch entschuldigen. Aber es war auch nicht nett, ihn einen Idioten zu nennen. Er war ganz traurig, dass du ihn so angeschnauzt hast. Auch du musst dich also bei ihm entschuldigen."

Die Mutter holte Daniel aus der Küche und sagte: „Komm, ich muss mit euch beiden reden. Ich denke, ihr wisst beide, dass ihr etwas falsch gemacht habt. Wenn Meike mit ihrem Puppenhaus spielt, dann darfst du nicht einfach hingehen und alles durcheinanderbringen. Verstehst du das?" Daniel nickte stumm. „Damit hast du Meike wütend gemacht, denn sie hatte sich gerade angestrengt, alles schön einzurichten. Und du, Meike, hast Daniel wehgetan, weil du ihn einen Idioten genannt hast. Du hast ja gesehen, wie er geweint hat. Und wenn wir jemandem wehtun, müssen wir uns entschuldigen. Meike, weil du die Ältere bist, solltest du den Anfang machen."

Meike dachte einen Augenblick nach und sagte dann: „Es tut mir leid, dass ich dich Idiot genannt habe."

„Nun bist du dran, Daniel."

„Tut mir leid."

„Weswegen?", hakte die Mutter nach.

„Tut mir leid, dass ich in deinem Puppenhaus was gemacht habe", kam die Antwort.

„Schön. Und nun reicht euch die Hand", forderte die Mutter auf.

Diese Mutter sorgte in der Tat für eine gute Kinderstube, indem sie Tochter und Sohn vor Augen führte, dass sich unser Handeln auf andere Menschen auswirkt. Und wenn wir etwas falsch gemacht haben, entschuldigen wir uns, um wieder Frieden zu schaffen.

Was Kinder lernen müssen:
3. Es gibt für vieles im Leben Regeln

Über die wichtigste Regel haben wir schon gesprochen, nämlich die Goldene Regel: Was du nicht willst, was man dir tu, das füg auch keinem anderen zu. Aber es gibt noch viele andere Regeln, und die meisten davon sind dazu da, uns das Leben zu erleichtern. „Im Haus wird kein Fußball gespielt." Das ist eine Regel, die die meisten Eltern aus gutem Grund irgendwann einmal ausgesprochen haben. Außerdem: „Wir nehmen nichts weg, was uns nicht gehört. Wir reden über andere nicht schlecht – besonders, wenn es nicht stimmt. Wir überqueren niemals die Fahrbahn, ohne vorher nach links und nach rechts zu schauen. Wir sagen danke, wenn uns jemand etwas gibt oder etwas Nettes über uns sagt. Wir gehen jeden Tag von Montag bis Freitag zur Schule, außer, wenn wir krank sind."

Es gibt eine Menge Regeln, die Kinder beachten müssen. Einige stammen von den Eltern, andere von der Schule, vielleicht auch welche von den Großeltern. Im Normalfall dienen diese Regeln dazu, ihre Gesundheit zu erhalten und sie zu verantwortungsbewussten Erwachsenen zu erziehen.

Die haben nämlich noch viel mehr Regeln zu beachten. Manche setzen sie sich sogar selber. Zum Beispiel: „Ich jogge dreimal die Woche morgens vor der Arbeit, um zehn Kilo abzunehmen." Oder Mann und Frau einigen sich: „Ich halte dich über meinen Terminkalender auf dem Laufenden und du mich." Andere Regeln werden von der Regierung erlassen, und wieder andere kommen direkt von Gott. Ohne Regeln wäre das Leben ein Chaos.

Legen Sie gute Regeln für Ihre Kinder fest

Bei jeder Regel, die wir festlegen, sollten wir uns die entscheidende Frage stellen: „Tut diese Regel meinem Kind gut?" Dazu noch ein paar weitere Fragen aus der Praxis, die Sie sich bei jeder neuen Regel stellen sollten:

- Bewahrt diese Regel das Kind vor Gefahr?
- Trainiert diese Regel positive Verhaltensweisen – Ehrlichkeit, Fleiß, Freundlichkeit, die Bereitschaft zu teilen?
- Schützt diese Regel materielle Güter?
- Lehrt diese Regel Verantwortungsbewusstsein?
- Hält diese Regel zu guten Manieren an?

Wenn wir zuerst diesen Fragenkatalog durcharbeiten, legen wir viel bessere Regeln für unsere Familie fest. Er beinhaltet nämlich die Punkte, die uns Eltern besonders am Herzen liegen. Wir wollen unsere Kinder vor Gefahren bewahren. Sie sollen nicht vom Auto angefahren werden und mit Drogen zu tun bekommen. Wir wünschen uns, dass die Kinder durch Charaktereigenschaften auffallen, die unseren Werten entsprechen. Wir wollen, dass unsere Kinder fremdes Eigentum achten, aber auch ihr eigenes wertschätzen. Also dürfen sie nicht in der Nähe von Schaufensterscheiben Fußball spielen und müssen das Fahrrad jeden Abend einschließen. Es handelt sich dabei um Regeln, die den oben genannten Punkten entsprechen.

Wir wollen, dass unsere Kinder verantwortungsbewusste erwachsene Menschen werden, und wir wissen, dass sie das schon als Kinder lernen müssen. Wenn wir also von Sohn oder Tochter verlangen, das eigene Bett zu machen und das Zimmer zu saugen, so sind das Regeln, die diesem Ziel dienen. Und wie steht es mit den guten Manieren? Interessant ist, dass die Firmen immer häufiger Benimmkurse anbieten, weil den Betriebsangehörigen die einfachsten Anstandsregeln abgehen. Hemdsärmlichkeit und ein rüder Umgangston sind dagegen an der Tagesordnung. Auch hier ist wohl wieder der Grund, dass von klein auf keine Anstandsregeln mehr vermittelt werden. Sind Eltern dagegen überzeugt, dass *bitte* und *danke* zum guten Umgangston gehören, so werden sie Regeln aufstellen, die den Gebrauch fördern.

Haben sich Eltern auf eine Regel verständigt, sollte sie in der ganzen Familie bekannt gemacht werden. Unausgesprochene Regeln sind unfair. Deshalb ist es Elternpflicht, dafür zu sorgen, dass die Kinder die Regeln kennen und auch verstehen. Und je älter die Kinder werden, desto ausführlicher müssen sie mit den Beweggründen für eine bestimmte Regel vertraut gemacht werden. Wenn sich Kinder von ihren Eltern wirklich geliebt fühlen, vertrauen sie ihnen viel eher und glauben an die Berechtigung der Regeln.

Übertretene Regeln müssen Konsequenzen haben

Wenn sich in der Familie alle an die Regeln halten, muss abweichendes Verhalten Konsequenzen haben – und die sollten auch tatsächlich als unangenehm empfunden werden. Der Junge, der die zerbrochen Lampe bezahlen muss, weil er nicht gehört hat, wird es sich beim nächsten Mal zweimal überlegen, ob er wieder im Haus Fußball spielt.

Jede Sanktion sollte irgendetwas mit der gebrochenen Regel zu tun haben. Wenn zum Beispiel der Führerscheinneuling beim Rasen erwischt wird, so darf er eine Woche lang das Auto nicht benutzen. Beim zweiten Vorfall sind schon vierzehn Tage ohne Auto fällig. Zwei Wochen ohne Auto – das hält kaum ein Teenager aus.

Am besten ist es, wenn man die Sanktionen gleich mit der Regel zusammen festlegt. So weiß das Kind im Voraus, was auf es zukommt, und die Eltern laufen nicht Gefahr, aus der Situation heraus unbedachte Urteile zu sprechen. Nur wer in Ruhe nachdenkt, dem fallen vernünftige Sanktionen ein.

Die Regeln auch durchsetzen

Sobald die Regeln festgelegt und die Sanktionen genannt sind, liegt es in der Verantwortung der Eltern, sie auch durchzusetzen, indem sie konsequent Übertretungen ahnden. Wenn Eltern einen Tag nachgiebig sind und die Dinge schleifen lassen, während sie ein andermal beim gleichen Vergehen mit aller Strenge zuschlagen, müssen sie sich nicht wundern, wenn ihr Kind aufsässig wird. Inkonsequentes Bestrafen ist einer der schlimmsten Erziehungsfehler, den Eltern machen können.

Haben Sie Sanktionen vorher festgelegt, so bewahrt Sie das davor, von Emotionen beherrscht zu strafen. Sie brauchen dann nur noch darauf zu achten, das Abgesprochene auszuführen. Sie müssen sich nicht mehr überlegen, was zu tun ist, sondern halten sich einfach an das, was abgesprochen wurde. Sie werden nicht mehr so leicht laut oder gar handgreiflich, weil Sie sich hilflos fühlen, denn alles steht bereits fest.

Wenn das Kind lernen soll, sich zu entschuldigen, muss es zuvor die Erfahrung machen, dass es Regeln gibt, deren Übertretung mit Sanktionen belegt sind, und dass die Ahndung in Liebe, aber unabwendbar folgt. Auf diese Weise begreift das Kind: „Ich bin verantwortlich für alles, was ich tue und sage. Und wenn ich mich an die Regeln halte, nützt mir das. Wenn ich sie aber breche, muss ich mit negativen Konsequenzen rechnen.“ So entwickelt sich ein moralisches Wertesystem: Es gibt gutes Verhalten und schlechtes Verhalten. Bei guten Taten ernte ich Gutes, und schlechtes Benehmen hat ernste Konsequenzen. Erst mit diesem moralischen Fundament ausgerüstet, begreift ein Kind, warum es sich überhaupt entschuldigen muss.

Was Kinder lernen müssen: 4. Wer sich entschuldigt, rettet Freundschaften

Die Kinder müssen wissen, dass Freundschaften Schaden nehmen, wenn sie anderen etwas antun. Und wenn sie sich nicht entschuldigen, wird die Beziehung nicht wieder heil. Ob Kind, Teenager oder Erwachsener – wer diesen Zusammenhang nicht erkennt, wird eines Tages einsam und bleibt allein auf der Strecke.

Durch seine Mutter lernte Steffen dieses Prinzip kennen. Eines Nachmittags kam er ins Haus gestürzt, schaltete den Fernseher an und lümmelte sich davor. „Wieso spielst du nicht mehr draußen?", fragte seine Mutter verdutzt. „Du bist doch gerade erst rausgegangen, um mit den anderen zu spielen."

„Die sind nach Hause gegangen", antwortete er mürrisch.

„So früh? Ist doch erst vier!", hakte seine Mutter nach.

„Sind eben weg."

Die Mutter spürte, dass etwas im Busch war. „Ist etwas vorgefallen, dass die andern nicht mehr wollten?"

„Sie hatten keinen Bock, das neue Spiel auszuprobieren", antwortete der Junge. „Ich habe einfach die Nase voll, immer den alten Käse zu spielen."

„Und wie hast du ihnen das verständlich gemacht?"

„Ich hab's ihnen einfach gesagt: Wenn sie das neue nicht wollen, können sie gleich abzischen. Na ja, und dann sind sie eben weg. Ist doch okay. Hatte eh keine Lust zu spielen. Fernsehen ist schöner."

Der Mutter war klar, dass ihr Sohn etwas lernen musste, aber sie hatte auch ein Gespür dafür, dass dies nicht der rechte Augenblick war. Und so sagte sie: „In einer Stunde ist das Essen fertig. Guck noch ein bisschen fern, und dann fängst du mit den Hausaufgaben an." Sie kehrte in die Küche zurück und fragte sich, wie sie ihrem Sohn klarmachen sollte, dass es nicht immer nach seiner Nase gehen konnte. Und da fiel ihr ein, dass das auch der Grund war, warum sie sich von Steffens Vater hatte scheiden lassen. Er hatte immer nur seinen Kopf durchsetzen wollen – immer.

Keine Kinder im Garten

Als die Mutter am nächsten Tag von der Arbeit kam, spielte niemand vor dem Haus, und Steffen lag vor dem Fernseher. „Spielt ihr Jungs heute nicht zusammen?“, fragte sie.

„Ist keiner vorbeigekommen“, antwortete er. „Die spielen wohl heute im Park. Dazu hatte ich keine Lust.“

„Ich bestelle heute Pizza. Was willst du drauf haben?“

„Peperoni, Pilze und extra viel Käse.“

Während die beiden ihre Pizza vertilgten, betete die Mutter um Weisheit. „Ich möchte noch mal wegen der Sache von gestern reden“, sagte sie schließlich. „Erzähl mir, was du genau zu den Jungs gesagt hast.“

„Habe ich doch schon gestern erzählt! Ich wollte, dass sie das neue Spiel ausprobieren ... was ich in der Schule gelernt habe. Aber keiner hatte Lust. Ich mag nun mal öfter was Neues. Nicht immer dasselbe jeden Tag.“

„Aber was hast du genau gesagt?“

„Wenn sie das neue nicht spielen wollen, können sie abzischen, denn die alten Spiele sind so was von öde.“

„Bist du einem von ihnen in der Schule begegnet?“, fragte seine Mutter.

„Ja, Lukas war in der Halle, aber er hat mich nicht sehen wollen.“

„Also hast du mit keinem von ihnen geredet, und es ist auch keiner vorbeigekommen?“

„Nö.

„Weißt du, Steffen, ich spür doch, dass dir das zu schaffen macht, denn ich weiß auch, wie gerne du draußen spielst. Einerseits ist es ja toll, dass du dich immer wieder für Neues interessierst, aber was du zu den Jungs gesagt hast, war ganz schön hart.“

„Hab eben nicht damit gerechnet, dass sie tatsächlich so schnell Leine ziehen. Und habe inzwischen ganz schön Bammel, dass sie überhaupt nicht mehr kommen und niemand mehr zum Spielen da ist."

Seine Augen wurden feucht.

Die Mutter fühlte sich elend. Wie sehr tat ihr Steffen leid. Am liebsten hätte sie ihn jetzt in den Arm genommen, aber sie wusste, dass das nicht sein Problem lösen würde. So fuhr sie fort: „Ich möchte dir einen Vorschlag machen, und ich weiß, dass es nicht leicht für dich ist. Ich denke, du solltest dich bei Lukas und den anderen entschuldigen. Sag ihnen, dass es dir leidtut, dass du so ausgerastet bist und sie nach Hause geschickt hast. Dass du dich deshalb seitdem ziemlich mies fühlst. Und bitte sie dann, dir zu verzeihen."

„Aber Mama! Sie halten mich dann für ein absolutes Weichei!", rief Steffen.

„Wofür *sie* dich halten, ist gar nicht so wichtig. Entscheidend ist, was in deinem Innern los ist. Und da steckt immer noch die Erinnerung drin, wie du sie angefahren hast. Ich weiß nicht, ob sie dir verzeihen, ob sie wieder kommen und du mit ihnen wieder spielen kannst. Aber bei einem bin ich mir ganz sicher: Wenn du dich nicht entschuldigst, tauchen sie bestimmt hier nicht wieder auf. Wir alle sagen manchmal Dinge, die uns hinterher leidtun. Aber wenn wir die Bereitschaft zeigen, uns zu entschuldigen, ernten wir in den meisten Fällen Vergebung. Du erinnerst dich, auch wir haben uns schon viele Male gegenseitig entschuldigt. Das gehört einfach zu einem reifen Menschen. Es kostet dich bestimmt Überwindung, aber ich denke, dass du so stark bist, das hinter dich zu bringen."

Steffen dachte nach und sagte dann: „Du hast schon Recht, Mama. Aber es fällt mir schwer."

„Bestimmt", antwortete die Mutter. „Aber so was gehört zum Erwachsenwerden, und es ist die Voraussetzung für gute Freundschaften."

Unterwegs zum Park

Nach dem Essen sagte Steffen: „Ich flitze mal rüber zum Park. Vielleicht sind sie ja dort."

„Prima!", sagte die Mutter. „Aber nimm dein Handy mit. Ruf mich an, falls du Hilfe brauchst." Er nickte und machte sich auf den Weg. Die Mutter betete inzwischen. Sie war sich im Klaren, dass sich Steffen wohl noch nie in seinem Leben so hatte überwinden müssen. Doch gleichzeitig wusste sie, dass er auf dem besten Weg war, ein Mann zu werden, wenn er jetzt seine Angst besiegte.

Eine Stunde später hielt sie es kaum noch aus. Wie mochte wohl alles gelaufen sein? Unter dem Vorwand, noch Milch besorgen zu müssen, fuhr sie am Park vorbei und sah Steffen, wie er mit Lukas und den anderen Jungen spielte. Total erleichterte kehrte sie heim.

Und wieder eine Stunde später erschien Steffen mit glühenden Wangen und total verschwitzt. „Wie ist es gelaufen?", erkundigte sich die Mutter.

„Cool. Die Jungs waren richtig cool. Sie meinten, jeder würde mal ausrasten. Es sei schon okay. Dann meinten sie, ich könnte wieder mitspielen, und dann hatten wir 'ne richtig coole Zeit. Hab sie für morgen zu uns eingeladen."

„Toll", sagte die Mutter. „Steffen, ich bin richtig stolz

auf dich. Die Jungs können froh sein, dass sie einen Freund wie dich haben, und ich bin glücklich, einen solchen Sohn zu haben.“

Am nächsten Tag, als die Mutter nach Hause kam, tollte eine ganze Horde Jungen ums Haus. Sie stieß einen Seufzer der Erleichterung aus und dankte Gott, dass alles so gut ausgegangen war.

Schon Kinder müssen also lernen, dass zur Freundschaft auch die Entschuldigung gehört. Wenn ein Kind das verstanden hat, hat es die wichtigste Lektion gelernt, um zwischenmenschliche Beziehungen zu erhalten.

Was Kinder lernen müssen: 5. Die fünf Sprachen des Verzeihens

Zu guter Letzt sollten auch schon die Kinder die fünf Sprachen des Verzeihens nicht nur kennen, sondern auch darin bewandert sein.

Wie sehr, hängt natürlich vom Alter ab. Das geht genauso wie bei der Muttersprache. Man lernt sie Schritt für Schritt durch die tägliche Praxis. Eine Zweijährige kann durchaus schon angehalten werden, sich zu entschuldigen, wenn sie ihrer Schwester an den Haaren gezogen hat. Es beginnt also auf der untersten Ebene, wo Kinder begreifen lernen, dass sie Fehler machen und dafür auch verantwortlich sind.

Stößt der Dreijährige seine Schwester die Treppe hinunter, kann man ihn auffordern, sich zu entschuldigen und einzugestehen, dass es falsch war. Aber darüber hinaus wird er dann noch geschickt, um das Heftpflaster zu holen, was eine Art Wiedergutmachung ist. Schon kleine Kinder verstehen durchaus, was das Versprechen bedeutet: „Ich mach's nicht wieder!" Und damit haben sie eine weitere Sprache des Verzeihens kennengelernt.

Das Verständnis für Motive und Hintergründe des Entschuldigens wächst mit zunehmendem Alter. Mit sechs wird eine Entschuldigung bereits aus einem größeren Verständnis für richtig und falsch heraus ausgesprochen. Das Kind begreift nun schon viel komplexer, was gut und böse ist. Wenn wir falsch handeln, fügen wir anderen Leid zu. Dann entschuldigen wir uns, und es geht ihnen besser. Wir hoffen, dass sie uns vergeben und wir Freunde bleiben können.

Was Hänschen nicht lernt ...

Wir wollen damit verdeutlichen, dass Kinder schon in jungen Jahren das Vokabular der Sprachen des Verzeihens erlernen können. Und je früher sie damit anfangen, desto solider wird das Fundament für eine moralisch gefestigte und beziehungsfähige Persönlichkeit. Viele Erwachsene haben nur deshalb so viele Schwierigkeiten mit den fünf Sprachen des Verzeihens, weil man sie nicht von klein auf damit vertraut gemacht hat.

Im Alter zwischen zwei und sechs ist das Kind imstande, alle fünf Sprachen des Verzeihens verbal auszudrücken. Anfangs geschieht dies meist auf Anregung von außen ohne inneren Antrieb. Das heißt, die Eltern sprechen es vor und erwarten vom Kind, dass es nachspricht: „Sag Entschuldigung zu Papa!" – „War nicht so gut, was ich gemacht habe!" Auf gleiche Weise lehren wir die Kinder ja auch, höflich zu sein: „Sag schön danke!" Das Kind lernt also durch Anregung von außen.

Ab dem Schulalter beginnt das Kind, diese Worte aus eigenem Antrieb zu gebrauchen. Sind Eltern nicht stolz, wenn sie zum ersten Mal hören, wie Sohn oder Tochter zum ersten Mal von allein *danke* und *bitte* sagen, oder ohne Ermahnung eine der fünf Sprachen des Verzeihens sprechen? Dann wissen sie, dass ihre Bemühungen mit Erfolg gekrönt worden sind. Ich erinnere mich noch sehr gut an jenen Abend, als mein Sohn zu mir kam und sagte: „Es tut mir leid, Dad. Ich hätte nicht so ausrasten dürfen. Ich hoffe, du verzeihst mir." Das habe ich natürlich getan, und ich berichtete meiner Frau, dass sich unsere Anstrengungen wohl ausgezahlt hätten. Unser Sohn entschuldigte sich nun aus eigenem Antrieb. Wenn er imstande war, so auf seinen Vater zuzugehen, würde er es eines Tages auch bei seiner zukünftigen Frau und bei seinen Kindern fertigbringen.

Den älteren Kindern ein Vorbild sein

Die wirkungsvollste Methode, gerade den älteren Kindern die fünf Sprachen des Verzeihens beizubringen, ist immer noch das eigene Vorbild. Wenn sich Eltern bei ihren Kindern für harte Worte und unfaire Behandlung entschuldigen, dann ist das die effektivste Unterweisung. Kleinere Kinder tun, was die Eltern sagen, die älteren aber machen nach, was die Eltern vorleben.

Eltern, die den Kindern eine Entschuldigung mit dem Argument verweigern, sie könnten dabei den Respekt verlieren, täuschen sich gewaltig. Das Gegenteil ist richtig. Wer sein Kind um Verzeihung bittet, kann nur Respekt gewinnen. Das Kind spürt ganz genau, wenn ein Elternteil Unrecht getan hat, und so ist eine Kluft entstanden. Wenn sich der Vater oder die Mutter dann entschuldigt, sind Kinder normalerweise sehr schnell vergebungsbereit, sodass alles Trennende überwunden wird. Es entstehen manchmal zu Herzen gehende Zwiegespräche, wenn Eltern auf ihre Kinder zugehen und sie um Verzeihung bitten.

Den Kindern von eigenen Erfahrungen erzählen

Es beeindruckt gerade auch ältere Kinder sehr, wenn man von eigenen Erlebnissen und Erfahrungen mit dem Entschuldigen erzählt. Ich erinnere mich an einen Vater, der mir Folgendes berichtete: „Ich hatte eine Auseinandersetzung mit einem Kollegen. Der Streit wurde immer hitziger, bis ich die Fassung verlor und ausholte, und dazu noch ziemlich hässliche Dinge sagte. Als ich abends nach Hause kam, fühlte ich mich hundsmiserabel. Mir war klar, dass ich es war, der die Sache so auf die Spitze getrieben hatte. Ich erzählte alles meiner Frau und bat sie, darum zu beten, dass ich am nächsten Vormittag die Kraft fände, mich zu entschuldigen. Sie tat, worum ich sie bat, und ich tat, was ich mir vorgenommen hatte.

Anlässlich unserer wöchentlichen Familienkonferenz am Freitagabend erzählte ich meinen Kindern, was vorgefallen war – dass ich die Beherrschung verloren und mich hinterher entschuldigt hatte. Als ich fertig war, sah mich mein Zehnjähriger an und sagte: ‚Dad, ich bin stolz auf dich. Die meisten Männer würden nicht hingehen und sich entschuldigen.‘

‚Ist nett, Jonathan, dass du das sagst‘, antwortete ich.

‚Ich muss zugeben, dass mir dieser Gang sehr schwer gefallen ist, aber ich wusste: es war das Richtige.'

Später sprachen meine Frau und ich über die Situation, und wir waren beide der Meinung, dass es gut gewesen war, den Kindern alles zu erzählen. Uns war bewusst geworden, welchen positiven Eindruck wir dadurch hinterlassen hatten."

Wenn Eltern es fertigbringen, sich bei ihren Kindern und bei anderen zu entschuldigen, dann lernen auch die Kinder die fünf Sprachen des Verzeihens. Und wäre die Kultur des Entschuldigens bei uns Allgemeingut, so würde sich das Miteinander in unserer Gesellschaft viel freundlicher und reibungsloser gestalten!

Die fünf Sprachen des Verzeihens

1. Das Eingeständnis:
„Es tut mir leid."

2. Die Verantwortung:
„Es war mein Fehler."

3. Die Wiedergutmachung:
„Wie kann ich das wiedergutmachen?"

4. Der Sinneswandel:
„Es soll nicht wieder vorkommen."

5. Die Vergebung:
„Willst du mir vergeben?"

11. Um Verzeihung bitten in der Freundschaft vor der Ehe

Diese Zeit ist eine ganz besondere. Wir bekommen Gelegenheit, uns gründlich auf eine lange Partnerschaft vorzubereiten. Und da ist es besonders wichtig, all das, was wir an Umgangsformen früher gelernt haben, ganz neu einzuüben, damit wir es dann in der Ehe beherrschen. Gelingt uns das nämlich nicht, wird die Beziehung eher von kurzer Dauer sein.

Lindsay ist 23, und sie hat sich gerade von Jack getrennt, mit dem sie neun Monate befreundet war. „Ich habe mit ihm Schluss gemacht, weil es mich total genervt hat, dass er mich immer wieder versetzt hat. Mal kam er zu spät, wenn wir verabredet waren, und manchmal kam er gar nicht. Ich kann mein Leben nicht damit vergeuden, auf den andern zu warten. Wenn wir zusammen sind, haben wir zwar viel Spaß miteinander. Ich genieße es eigentlich, in seiner Nähe zu sein, aber es ist das Ganze nicht wert." Diese Beziehung bereitet Lindsay offenbar in der Bilanz mehr Kummer als Freude. Also hat sie sich getrennt und ist nun auf der Suche nach einer neuen Freundschaft.

Viele Paare begreifen gerade in dieser Kennenlernphase nicht, dass die Fähigkeit, sich zu entschuldigen, eine Grundvoraussetzung für eine gelingende Beziehung ist. In einer gesunden Partnerschaft entschuldigt sich derjenige, der Schuld auf sich geladen hat, und der andere vergibt von Herzen, damit das enge Verhältnis keinen Schaden nimmt. Das hat Lindsay so nicht erlebt. Sie beendete die Beziehung mit Jack, weil seine „Entschuldigungen“ eher nach Ausflüchten klangen: „Tut mir leid, aber ich bin im Büro aufgehalten worden.“ Oder: „Tut mir leid, aber das waren vielleicht wieder Staus heute!“ Ausgerechnet ist Lindsays persönliche Sprache des Verzeihens, dass der Schuldige Verantwortung übernimmt und sich zu seinem Fehlverhalten bekennt. Das aber tat Jack nie, und so gab Lindsay irgendwann auf.

Viele junge Freundespaare trennen sich wieder, weil einer oder beide es versäumen, sich zu entschuldigen.

Über die Gefühle hinaus

Eine Frage ist es zumeist, die darüber bestimmt, ob wir heiraten wollen: „Lieben wir uns wirklich?“ Dabei wird schlichtweg davon ausgegangen, dass sich mit der Liebe das Glück schon automatisch einstellen werde. Die Liebe aber, die hier gemeint ist, ist nichts anderes als jene Verliebtheit am Anfang einer Beziehung, die man wie folgt definieren könnte: „Verliebtheit ist jenes Gefühl, das du fühlst, wenn du etwas fühlst, was du noch nie zuvor gefühlt hast.“ In meinem Buch *Die fünf Sprachen der Liebe für Singles* beschäftige ich mich ausführlicher mit diesem Thema. Ich möchte Unverheiratete darauf aufmerksam machen, wie zeitlich begrenzt diese sehr emotionale Phase der Verliebtheit ist.[1] Entscheidend beim Übergang von der Freundschaft zur Partnerschaft ist es, den Schritt von der spontanen Verliebtheit zur bewusst gelebten Liebe zu tun. Erst damit wird die Liebe zur tragenden Kraft in einer Beziehung.

Ich will hier nicht erschöpfend aus diesem Buch zitieren. Nur eins sei angemerkt: Wenn Paare es nicht lernen, die Sprache der Liebe des anderen zu sprechen und zu verstehen, wird die Liebe ganz allmählich schwächer und schließlich zugrunde gehen. Immer mehr Abgründe tun sich auf, und irgendwann werden sich die beiden fragen, warum sie überhaupt einmal geheiratet haben. Beherrschen sie jedoch die richtige Sprache, so hält die Liebe ein Leben lang.

Reagieren, bevor es zu spät ist

Warum sind die fünf Sprachen des Verzeihens auch in der Freundschaft vor der Ehe so wichtig? Man geht zwar mit großem Optimismus in diese Beziehung, wird sich aber dennoch trotz aller Schmetterlinge im Bauch irgendwann gegenseitig wehtun. Das ist einfach menschlich. Niemand ist davon frei. Doch es gibt einen Ausweg – die Entschuldigung nämlich, die retten kann, bevor es zu spät ist und die junge Liebe zerbricht.

Charly und Nina „gingen" schon zwei Jahre miteinander, als Nina ihm eröffnete: „Weißt du, Charly, ich denke, es ist Zeit, wieder getrennte Wege zu gehen. Unsere Beziehung ist eine zu große Belastung geworden, als dass man sie fortführen sollte."

Eine Woche später kam ich mit Charly ins Gespräch. Wir begegneten uns beim Baseball, und er schien irgendwie geistesabwesend zu sein. Deshalb fragte ich ihn: „Hey, Charly, wie geht es dir?"

„Nicht so gut", antwortete er. „Nina hat mit mir letzte Woche Schluss gemacht."

„Und was hat sie dazu bewogen?", fragte ich.

„Ich entschuldige mich bei ihr angeblich nie, und wenn doch mal, würde ich letztlich sie wieder beschuldigen."

„Hat sie ein Beispiel genannt?", wollte ich wissen.

„Ja, es war letztens erst, und wahrscheinlich hat es den Ausschlag gegeben. Ich war so wütend auf sie und habe ihr vorgeworfen, nichts dagegen zu tun, dass sich ihre Mutter ständig zwischen uns drängt. Na ja, vielleicht bin ich ein bisschen laut geworden, und als sie sich deswegen beschwerte, sagte ich: ‚Ich würde nicht so brüllen, wenn dir deine Mutter nicht immer wichtiger wäre als ich.' Es war gar nicht meine Absicht, ihr damit eins auszuwischen. Es war einfach nur die Wahrheit."

Mir war plötzlich klar, dass sich Charly in den Sprachen des Verzeihens überhaupt nicht auskannte, und so verabredete ich einen Seelsorgetermin mit ihm und Nina. Ich gewann den Eindruck, dass er eigentlich guten Willens war, aber Nina schien entschlossen zu sein, die Beziehung zu beenden. „Ich kann nicht mit einem Mann zusammenleben, der mir für alles die Schuld gibt und sich selber immer reinwäscht. Er bemüht sich kein bisschen, sein Verhalten zu ändern, obwohl wir schon tausendmal darüber gesprochen haben. Wenn er sich doch noch ändert – schön für ihn. Dann freut sich die Nächste darüber. Ich aber halte es nicht mehr mit ihm aus." Charlys mangelnde Bereitschaft, sich zu entschuldigen, war der Tod dieser Beziehung.

Erst entschuldigen lernen, dann heiraten

Wer sich in den fünf Sprachen des Verzeihens auskennt, kann eher beurteilen, wie das Eheleben mit der geliebten

Person aussehen wird. Liebe macht ja bekanntlich blind, und das gilt besonders für die Zeit der Verliebtheit. Oft will man die Marotten des anderen nicht zur Kenntnis nehmen, und wenn er oder sie es versäumt, sich zu entschuldigen, wird es geflissentlich übersehen. Doch wer sich in dieser frühen Phase einer Beziehung nicht entschuldigt, der wird es auch später nicht tun, was das Zusammenleben nur erschwert. Diese Erfahrung machten Jean und Lucas.

Bereits nach einem Jahr Ehe dachte Jean darüber nach, wie sie sich aus der Beziehung zurückziehen könne. Aus ihrer Sicht lebte Lucas nur noch für seinen Beruf und kümmerte sich kaum noch um sie. „Der Tropfen, der das Fass zum Überlaufen brachte, war der Anruf am Freitagnachmittag“, erzählte sie. „Er meinte, er habe noch so viel im Büro zu tun – *mindestens* zwei, drei Stunden. Dann könne er erst Feierabend machen. Er wolle mir aber den Spaß nicht verderben, deshalb solle ich doch schon ins Wochenendhaus vorfahren. Er käme dann irgendwann in der Nacht.

Es war übrigens unser Hochzeitstag! Plötzlich wurde mir bewusst, dass ich hinter seiner Arbeit immer und ewig nur die zweite Geige spielen würde.“

Sie saß mir gegenüber und weinte.

Um die Hintergründe kennenzulernen, erkundigte ich mich nach dem ersten Ehejahr, und ich erfuhr, dass sich Jean schon häufig zurückgesetzt gefühlt hatte, weil die Arbeit immer vorgegangen war.

„Hat er sich jemals dafür entschuldigt?“, fragte ich.

„Niemals“, antwortete sie. „Er hat immer eine Begründung parat, und am nächsten Tag schickt er mir dann

Rosen. Ich hasse Rosen. Beim letzten Mal habe ich dem Blumenmann gesagt, er solle sie wieder mitnehmen, der Nachbarin bringen und ihr sagen, sie seien von ihrem Mann. Sollte sie doch wenigstens Freude daran haben."

Ich wollte wissen, wie es vor der Hochzeit war. Sie hatten sich bei der Berufsausbildung kennengelernt, waren zwei Jahre befreundet gewesen und hatten kurz nach der gemeinsamen Abschlussprüfung geheiratet. „Damals in der Ausbildung, hatten Sie da schon das Gefühl, dass sich sein Arbeitseifer auf Ihre Beziehung auswirkte?"

„Es war weniger das Engagement für den Beruf. Damals war's der Sportverein. Manchmal haben wir uns vierzehn Tage nicht gesehen. Allerdings rief er mich regelmäßig an, um mir zu erzählen, wie es läuft. Zuerst hat es mir nichts ausgemacht, aber irgendwann bekam ich das Gefühl, dass ich zweit- oder drittrangig bei seinen Prioritäten war. Wir gerieten darüber immer wieder in Streit."

„Und da hat er sich nie entschuldigt?", fragte ich.

„Was denken Sie! Nicht ein einziges Mal! Nur vertröstet hat er mich. Wenn wir erst verheiratet seien, ja, dann werde es anders. Ich glaubte ihm und konnte es kaum abwarten zu heiraten. Aber es hat sich gar nichts geändert. Der Verein war damals sein Ein und Alles, und heute ist es die Firma."

Jean schien während unseres Gesprächs ein Licht aufzugehen. Den Zusammenhang hatte sie bisher noch nie gesehen – dass es nämlich in anderer Form dasselbe Problem war, wie er vor der Hochzeit und danach mit ihr umgegangen war.

Der Vater ihres Mannes hatte sich bei seinem Sohn niemals entschuldigt. Er war ein erfolgreicher Geschäftsmann, und Lucas gedachte, ihm nachzueifern. Nur folgte er auch dem Vorbild des Vaters, andere niemals um Verzeihung zu bitten. Hätte Jean schon früher begriffen, wie wichtig es bereits in der Freundschaft vor der Ehe ist, sich zu entschuldigen, hätte sie das Thema gewiss schon damals angesprochen. Stattdessen gab sie sich mit seinen Ausreden zufrieden und hoffte auf die Zeit nach der Hochzeit.

Besser wäre es gewesen, Lucas rechtzeitig zur Rede zu stellen und ihn darauf aufmerksam zu machen, dass er niemals um Verzeihung bat. Man hätte ihm klar machen müssen, wie schädlich das für eine Beziehung ist. Dann hätten sie sich gegenseitig um ihre individuellen Sprachen des Verzeihens kümmern sollen, wodurch sie ein solides Fundament für ihre Ehe gelegt hätten. Aber das war offenbar nicht geschehen.

Gerade noch rechtzeitig wurde Lucas auf diese Schwäche ihrer Beziehung aufmerksam gemacht, und er konnte gegensteuern. Nachdem er nun ganz bewusst Entschuldigungen formulierte, ging ihm auf, wie verschoben seine Prioritäten im Leben waren. Er befreite sich von seiner Arbeitssucht, und die Ehebeziehung erholte sich fortan. Jean und Lucas gehören inzwischen zu den glücklichen Paaren, die es geschafft haben. Viele aber lernen es nie, wie wichtig die Bitte um Vergebung ist. Dann wird die Kluft immer tiefer, und am Ende steht die Scheidung.

Kaum jemand ändert sich grundlegend nach der Hochzeit. Normalerweise bleibt man bei den Verhaltensmustern, die man sich schon vorher angeeignet hat.

„Das hört sich so logisch an“, bemerkte Jean. „Warum habe ich das nicht schon damals erkannt, als wir noch nicht verheiratet waren?“

„Weil Sie noch blind waren vor Verliebtheit“, antwortete ich. „Wer verliebt ist, hat selten einen Blick für die Realität.“

Das Signal steht auf Rot

Hat jemand erst einmal verstanden, wie wichtig es ist, sich zu entschuldigen, so wird er oder sie dies viel eher in der Zeit des Kennenlernens zum Gesprächsthema machen. Je besser ein Paar es in dieser frühen Phase lernt, einander um Verzeihung zu bitten, desto leichter wird es den beiden später fallen. Ist hier vor der Hochzeit kein Fortschritt zu verzeichnen, so sollte man dies als Warnzeichen deuten. Das Signal steht auf Rot: Noch nicht heiraten!

Ich möchte Ihnen zwei Paare vorstellen, die gelernt haben, wie wichtig die Bitte um Vergebung in einer Zweierbeziehung ist, und die großen Gewinn daraus gezogen haben.

Eine Entschuldigung, die zum Handeln treibt

Sandy war oft launisch und verdarb so manchen nett geplanten Abend mit ihrer schlechten Stimmung. Mal war beim Essen die Suppe versalzen, mal der Salat zu welk oder das Steak zu zäh, was Ryan sehr kränkte, der gerade dieses Restaurant ausgesucht hatte. „Zuerst dachte ich, vielleicht läge es ja an der Monatsregel meiner Frau“, erzählte er. „Doch dann stellte ich fest, dass es nicht etwa monatlich wiederkehrte. Auch kam es offenbar nicht darauf an, wohin wir gingen. Sie fand fast immer ein Haar in der Suppe. Ich war schon drauf und dran, ihr den Laufpass zu geben und meiner Wege zu gehen“, erzählte Ryan. „Das sagte ich ihr auch, und als sie nach dem Grund fragte, ließ ich es sie wissen. Ich dachte damals, dass ich eh nichts zu verlieren hätte, und vielleicht würde es ja helfen.“

Ryan berichtete nun, wie es weiterging: „Ich habe noch nie eine so ausführliche Entschuldigung von jemand gehört. Damals wusste ich noch nichts von den fünf Sprachen des Verzeihens, aber sie benutzte sie bereits alle.

Und so hatte ich das Gefühl, dass sie es wirklich ernst meinte. Ob sie nicht mal mit einem Seelsorger sprechen wolle, fragte ich sie. Und sie war gleich einverstanden. Sie habe selber schon daran gedacht. Und eine Woche später machte sie den Termin. Damit änderte sie vieles. Nach sechs Monaten war sie ein völlig neuer Mensch.

Das war vor einem Jahr. Inzwischen überlegen wir uns, ob wir nicht doch endlich heiraten. Sie ist ein wunderbarer Mensch. Und nun, da sie gelernt hat, mit ihren Stimmungen umzugehen, verstehen wir uns blendend.“

In Sandys Fall war die Bereitschaft, zum Seelsorger zu gehen, ein Zeichen tätiger Reue. Aber es war nicht die Seelsorge selbst, die die Beziehung rettete. Erst kam nämlich die Entschuldigung, deren Ernsthaftigkeit Sandy untermauerte, indem sie bereit war, sich helfen zu lassen. Die Entschuldigung setzte den Prozess der Vergebung in Gang, und die Seelsorge stellte sicher, dass die Heilung nachhaltig war.

Auch unsere eigenen Beziehungen können heil werden, wenn wir bereit sind, uns zu entschuldigen und Schritte zu tun, die unsere Bereitschaft zum Wandel untermauern.

Problem gelöst für den „Lass-mich-nur-machen"-Typ

Jake und Nikki gingen schon zwei Jahre miteinander. „Wir hatten's nicht eilig", erzählte Jake. „Im ersten Jahr haben wir uns noch gar nicht richtig als Paar gesehen. Wir sind ab und zu essen gegangen und wir haben Tennis zusammen gespielt. Das mögen wir beide. Eines Abends hatte ich dann diesen starken Drang, sie zu küssen, und ich fragte sie, ob ich's durfte. ‚Ich denke schon, dass du es kannst', antwortete sie. ‚Würdest du es denn auch gern?' Klar wollte ich! Und erst von dem Zeitpunkt an wussten wir, dass wir ein Paar waren.

Ein halbes Jahr lief alles bestens. Dann aber fing sie auf einmal an zu nörgeln. Ich würde sie wie ein kleines Kind behandeln, beschwerte sie sich. Ich hatte keine Vorstellung, was sie damit meinte, und deshalb bat ich sie um eine Erklärung. Sie antwortete: ‚Wenn ich dir zum Beispiel von einem Problem auf der Arbeit erzähle, sagst du mir immer gleich, was ich zu tun hätte. Und am nächsten Tag fragst du auch noch nach, ob ich alles so gemacht hätte. Das finde ich unmöglich! Du kommst mir wie mein Vater vor, wenn du mir vorschreibst, wie ich mich zu verhalten habe, und dann prüfst du noch nach, ob ich auch hübsch folgsam gewesen bin.'

Ich war wie vor den Kopf gestoßen. Ich hatte ja keine Ahnung, dass ich so auf sie wirkte. Ich wollte doch nur helfen! Ich begann Bücher zu lesen und erfuhr dabei, dass es viele Männer meines Schlages gibt. Ein Buch sprach von den „Lass-mich-nur-machen"-Typen. Man sagt uns ein Problem, und schon haben wir eine Lösung parat. Und ich war bis dahin fest davon überzeugt gewesen, dass sie genau das wollte, wenn sie mir von einem Problem erzählte. Inzwischen ist mir klar, dass ich ihr eher mein Mitgefühl bekunden soll und dass sie keine Lösungsvorschläge haben will. Ich reagiere jetzt anders und sage zum Beispiel: ‚Ich kann mir gut vorstellen, dass du da ganz schön sauer geworden bist. An deiner Stelle hätte ich bestimmt nicht anders reagiert.' Ich gebe keine Ratschläge mehr, es sei denn, sie bittet mich ausdrücklich darum", sagte er mit einem Lächeln.

„Ja, so erlebe ich das", erwiderte Nikki. „Er hat sich wirklich geändert. Ich werde nie vergessen, wie er sich eines Abends entschuldigte. Es war etwa eine Woche, nachdem ich ihn zur Rede gestellt hatte. Wahrscheinlich musste er das alles erst einmal verarbeiten. Er sagte damals zu mir: ‚Es tut mir leid, aber ich habe echt nicht gewusst, was ich dir da antue. Es ging mir nur darum, dir zur Seite zu stehen. Aber inzwischen ist mir klar geworden, dass das falsch war. Es hat jedenfalls unserer Beziehung geschadet, und das bedaure ich sehr.' Und dann hat er mich gefragt, was ich von ihm erwarte, wenn ich von einem Problem erzähle. Sein Eifer, es in Zukunft anders zu machen, hat mich tief beeindruckt. Da wusste ich, dass seine Entschuldigung von Herzen kam."

„Es war eine wichtige Lektion für mich", sagte Jake. „Ich hatte vorher nie über all das nachgedacht. Erst heute verstehe ich die Zusammenhänge. Ich bin nur froh, dass sie mir die Gelegenheit gegeben hat, es besser zu machen. Sie hätte mich ja auch abschreiben können. Inzwischen ist unsere Beziehung viel besser geworden, nun, da ich weiß, was in ihr vorgeht. Jetzt fragt sie mich auch von sich aus öfter mal um Rat. Dann lächle ich sie an und frage, bevor ich antworte: ‚Bist du sicher, dass du meinen Rat hören willst?'"

Später bekam ich Nikkis persönliche Sprache des Verzeihens heraus. Als Jake damals zu ihr sagte: „Es tut mir leid, ich habe das verbockt. Wie kann ich's in Zukunft besser machen?“, benutzte er ihre Sprache. Ihr war es wichtig, den Willen zur Wiedergutmachung zu spüren. Erst darauf konnte sie ihm von Herzen vergeben, denn nun wusste sie, wie ernst er es meinte.

Es gehört zu den Grundfertigkeiten des Lebens, sich entschuldigen zu können, denn jede Beziehung gewinnt dadurch an Tiefe und Authentizität. Und gerade die Zeit des Kennenlernens ist dazu geeignet, diese Fertigkeit unbeschwert einzuüben. Da kommt es darauf an, die persönliche Sprache des Verzeihens des Geliebten herauszubekommen, damit man sie eines Tages fließend sprechen kann.

Die fünf Sprachen des Verzeihens

1. Das Eingeständnis:
„Es tut mir leid."

2. Die Verantwortung:
„Es war mein Fehler."

3. Die Wiedergutmachung:
„Wie kann ich das wiedergutmachen?"

4. Der Sinneswandel:
„Es soll nicht wieder vorkommen."

5. Die Vergebung:
„Willst du mir vergeben?"

12. Um Verzeihung bitten am Arbeitsplatz

Ich stand in der Schlange vor dem Bankschalter. Die war zwar nur kurz, und es ging schnell, trotzdem sagte die Frau am Tresen, als ich dran war: „Tu mir leid, dass Sie warten mussten."

„Kein Problem", erwiderte ich und gab ihr meine Überweisung. Als sie alles erledigt hatte, fragte sie: „Kann ich noch etwas für Sie tun?"

„Danke, das ist alles „, antwortete ich.

Und freundlich lächelnd wünschte sie mir: „Noch einen schönen Tag."

„Danke, Ihnen auch", sagte ich.

Danach fuhr ich noch zur Post, stand dort eine halbe Stunde in der Schlange, und als ich endlich vor dem Schalter stand, sagte die Frau dahinter kein Wort.

„Das möchte ich als Einschreiben schicken", sagte ich.

Stumm klebte die Angestellte ein paar Marken auf den Umschlag und murmelte schließlich einen Betrag, den ich zahlen sollte. Ich gab ihr einen Schein, das Wechselgeld klimperte auf dem Tisch, und sie hielt mir die Bestätigung hin.

„Vielen Dank für Ihre Mühe", sagte ich und ging weg.

Auf der Fahrt in mein Büro dachte ich über die Begegnungen mit den zwei Frauen nach. Wie nett war mein Erlebnis auf der Bank, während ich bei der Post eher den Eindruck hatte, mit einer Maschine zu tun gehabt zu haben. *Warum reagierte ich so völlig anders bei beiden Begeg-*

nungen? Vielleicht weil sich die Bankangestellte für mein „Warten" entschuldigt und die Frau auf der Post mich wortlos abgefertigt hatte?

Wie oft mochte ich wohl in den letzten zehn Jahren in der Bank und am Postschalter gewesen sein? Ich konnte die Male nicht mehr zählen, aber soweit ich mich besann, war der Empfang hier wie dort immer gleich gewesen. Die Angestellten auf der Bank waren zuvorkommend und entschuldigten sich, wenn man auch nur kurz warten musste, während es den Leuten von der Post egal war, wenn man sich die Beine in den Bauch stand.

Erfolgreiche Unternehmen kennen sich aus

Offenbar hatte man die Bankangestellten im Umgang mit Kunden geschult, die Bediensteten der Post aber nicht. Als Kunde fühle ich mich bei der Bank natürlich besser aufgehoben, und so gehe ich dort immer lieber hin als zur Post. Nun mag der eine oder andere einwenden, die Höflichkeit der Bankangestellten sei befohlen und komme nicht von Herzen. Das mag sogar stimmen, und dennoch fühle ich mich wohler, wenn jemand mit mir spricht und gegebenenfalls ein Wort des Bedauerns für mich hat.

Erfolgreiche Firmen haben längst die Wirkung des Entschuldigens erkannt. Für die meisten gilt deshalb das Motto: „Der Kunde hat immer Recht." Und so werden die Mitarbeiter angehalten, sich zu entschuldigen, sobald sich jemand beschwert.

Dienst am Kunden

Vor ein paar Wochen war ich in einer Pizzeria. Und nach dem Essen unterhielt ich mich noch mit dem Geschäftsführer. „Was tun Sie, wenn Gäste sich beschweren – über den Service oder das Essen?“, fragte ich. Er antwortete ohne Umschweife: „Der Kunde ist bei uns König.“

„Und was bedeutet das konkret?“, wollte ich wissen.

Er nahm einen Zettel und schrieb darauf die folgenden Worte:

Zuhören
Entschuldigen
Interesse zeigen
Danken

„Das ist unsere Betriebsphilosophie“, sagte er. „Wir hören uns die Beschwerde des Kunden an. Wir entschuldigen uns. Wir zeigen Interesse, dass der Kunde sich wohlfühlt, und bemühen uns, das Problem abzustellen. Und dann danken wir ihm, dass er uns angesprochen hat.“

„Und, zeigt diese Art des Umgangs Wirkung?“, fragte ich. „Durchaus“, antwortete er. „Glücklicherweise haben wir nicht allzu viele Beschwerden.“

„Das kann ich mir vorstellen. Ich war auch sehr zufrieden heute. Das Essen hat geschmeckt, und die Bedienung ließ nichts zu wünschen übrig.“

„Vielen Dank. So soll es sein“, erwiderte er mit einer leichten Verbeugung.

„Ich habe mich in den letzten zwei Jahren intensiver mit dem Thema *Entschuldigen* beschäftigt“, fuhr ich fort. „Und wollen Sie wissen, was dabei herausgekommen ist?“

„Sicher."

Ich drehte den Zettel um, den er schon beschrieben hatte, und notierte alle fünf Sprachen des Verzeihens darauf.

- *Das Eingeständnis: „Es tut mir leid."*
- *Die Verantwortung: „Es war mein Fehler."*
- *Die Wiedergutmachung: „Wie kann ich das wiedergutmachen?"*
- *Der Sinneswandel: „Es soll nicht wieder vorkommen."*
- *Die Vergebung: „Willst du mir vergeben?"*

Jeder spreche eine dieser Sprachen, erzählte ich ihm, und wenn man gerade nicht die seines Gegenübers treffe, könne es vorkommen, dass eine Entschuldigung schwach wirke und letztlich nicht angenommen werde. „Da entschuldigen Sie sich womöglich bei einem Kunden, der aber lässt sich nicht beruhigen und kommt nicht wieder. Haben Sie das schon erlebt?", wollte ich wissen.

Aus dem Nähkästchen geplaudert

„Na ja, da fällt mir schon was ein. Eigentlich rede ich ja nicht über Kunden. Aber weil Sie's sind. Vor etwa drei Wochen kamen zwei Damen herein. Unsere Bedienung schüttete einer von ihnen aus Versehen etwas Cola über Bluse und Rock. Sie entschuldigte sich sofort in aller Form, holte eine Serviette zum Trocknen und bat die Damen, an einem anderen Tisch Platz zu nehmen. Danach kam die Bedienung zu mir und erzählte, was vorgefallen war, und so ging ich zu den Gästen, um mich zu erkundigen, ob nun alles in Ordnung sei.

‚Eigentlich nicht', sagte die Dame. ‚Ich muss schließlich noch mal nach Hause, um mich umzuziehen. So kann ich den Abend über nicht bleiben. Den Besuch hier habe ich mir eigentlich anders vorgestellt.' Ich merkte, dass sie noch immer ziemlich aufgebracht war, und so versuchte ich es mit dem letzten Schritt unseres Beschwichtigungsprogramms.

‚Was für ein Missgeschick ist denn passiert?', fragte ich. Und ich hörte ihr aufmerksam zu, während sie mir schilderte, wie die Bedienung ihr Cola über Bluse und Rock geschüttet hatte. Sie sagte, es fühle sich jetzt so kalt und klebrig an.

Ich sagte zu ihr: ‚Es tut mir so leid, dass das passiert ist. So etwas sollen unsere Gäste eigentlich nicht erleben. Selbstverständlich übernehme ich die Reinigungskosten, und die Rechnung von heute geht aufs Haus. Wir freuen uns, dass Sie zu uns kommen, und so etwas wird nie wieder geschehen.'

Sie antwortete: ‚Es hätte auch diesmal nicht passieren müssen, wenn das Fräulein nicht so in Eile gewesen wäre.'

‚Ich werde Ihnen eine andere Bedienung schicken', versprach ich noch, bevor ich mich entfernte. Ich ließ sie den Rest des Abends von einer anderen bedienen. Und trotzdem konnte ich die beiden Frauen nicht mehr zufriedenstellen. Beim Hinausgehen hörte ich, wie sich die eine noch immer ereiferte: Wenn sie das gewusst hätte, hätte sie diesen Laden im Leben nicht betreten. Es war mir so peinlich vor den anderen Gästen, aber ich wusste nicht, was ich noch mehr hätte tun können."

„Wollen wir doch einmal analysieren, welche der fünf Sprachen des Verzeihens Sie gesprochen haben", schlug ich vor. „Sie haben bekundet, dass Sie das Missgeschick der Dame zutiefst bedauern, denn Sie haben gesagt, dass es Ihnen *leidtut*. Ich weiß nicht, ob die Bedienung Verantwortung für das Malheur übernommen hat. Sie haben nicht erzählt, ob sie gesagt hat: ‚Oh, wie ungeschickt von mir!' Allerdings haben Sie Wiedergutmachung angeboten, indem Sie bereit waren, die Reinigungskosten zu übernehmen und keine Bezahlung zu verlangen. Sie haben andererseits den Damen gegenüber nichts darüber verlauten lassen, wie so etwas in Zukunft verhindert werden kann. Und Sie haben nicht ausdrücklich darum gebeten, dass man Ihnen das Missgeschick nachsieht. Mir scheint, als hätten Sie nur zwei der fünf Sprachen des Verzeihens gesprochen. Und ausgerechnet eine der nicht eingesetzten war die persönliche Sprache des Verzeihens jener Dame. Wenn Sie ihre erwischt hätten, wer weiß, ob sie nicht gleich ganz anderer Laune gewesen wäre und Ihnen am Ende noch verziehen hätte."

„Das ist interessant!", erwiderte er. „Darüber muss ich einmal nachdenken."

Ein paar Wochen später kehrte ich wieder bei ihm ein, und er setzte sich an meinen Tisch. „Ich habe meinen Angestellten die fünf Sprachen des Verzeihens beigebracht", sagte er. „Wenn es wieder einmal ein Problem gibt, sind wir gerüstet. Wir werden immer alle fünf Sprachen einsetzen."

„Gute Idee, dann treffen Sie auf jeden Fall immer die richtige. Und ich sage Ihnen voraus, dass Sie den Unterschied merken."

Der Pizzabäcker bei sich zu Hause

Der Geschäftsführer kratzte sich am Kopf. „In der Ehe müsste das doch genauso funktionieren, oder?"

„Warum fragen Sie?"

„Weil ich herausgefunden habe, dass meine Frau die Sprache des Sinneswandels spricht. Sie will immer ganz sicher sein, dass ich es wirklich nie wieder tun *will* und werde. Wie oft habe ich ihr schon gesagt, wie leid mir etwas tut und wie mies ich mich dabei fühle. Aber das hat gar nicht so gewirkt. Als ich ihr jedoch von den fünf Sprachen des Verzeihens erzählte, meinte sie sofort, dass das wohl das Problem mit meinem Entschuldigen sei. Ich würde immer nur sagen, dass es mir leidtut."

„Sie vermisst also etwas. Und was vermissen *Sie*?"

„Ich wünsche mir, dass meine Frau Verantwortung für ihre Fehler übernimmt. Sie soll bekennen: ‚*Ich* habe etwas falsch gemacht. *Ich* war's.' Aber das hat sie in der Vergangenheit kaum getan. Und deshalb nehme ich ihre Entschuldigungen auch oft nicht ernst."

„Das Prinzip gilt für alle zwischenmenschlichen Beziehungen", erklärte ich. „Aber nun wissen Sie ja Bescheid, da wird es bald im Geschäft und in der Ehe besser gehen. Wollen Sie mir das Honorar für die Seelsorge bar bezahlen oder überweisen?", fragte ich und lächelte verschmitzt.

„Ich bezahle sofort. Ihre Rechnung geht natürlich aufs Haus."

„Nein, nein, nicht nötig. Das war ein Scherz!"

„Doch, ich möchte mich gern erkenntlich zeigen", erwiderte er. „Diese Sprachen des Verzeihens zahlen sich bestimmt aus."

Beim Verabschieden raunte ich ihm noch ins Ohr: „Ach

übrigens, vergessen Sie auch nicht, sich bei den Angestellten zu entschuldigen, wenn Sie wieder mal die Geduld verlieren."

„Woher wissen Sie von meinem Problem?", fragte er verdutzt.

Ich lächelte und antwortete: „Ich denke mal, dass Sie ein Mensch wie jeder andere sind."

„Ja, da ist eine von meinen Angestellten. Bei der sollte ich mich wirklich entschuldigen."

„Kennen Sie ihre Sprache des Verzeihens?"

„Leider nicht", antwortete er. „Da benutze ich eben alle fünf."

Wenn Ärzte sich entschuldigen

Aus der Meinungsforschung wissen wir, dass in vielen Berufszweigen die Bereitschaft zum Schuldeingeständnis gewachsen ist. Dazu gehören auch die Mediziner. Früher waren die Ärzte noch die Götter in Weiß, und kaum jemand wagte es, gegen sie etwas zu unternehmen. Doch immer häufiger sind inzwischen auch Ärzte bereit, sich für Fehldiagnosen oder Kunstfehler zu entschuldigen – vermutlich aufgrund der beunruhigenden Zahlen.

Weniger Prozesse

In den Universitätskliniken von Michigan sind 2002 die Ärzte angewiesen worden, sich für Fehler zu entschuldigen, und prompt sind die Prozesskosten von drei auf eine Million Dollar zurückgegangen. Es hat deutlich weniger Prozesse wegen Kunstfehlern gegeben.

Die Patienten haben ausgesprochen positiv auf diese Entwicklung reagiert. Linda Kinney, Mutter von drei Kindern, wäre beinahe an einem Anästhesiefehler gestorben. „Mein Mann wollte eigentlich klagen", berichtete sie einem Reporter. „Der Verantwortliche sollte dafür bezahlen." Aber dann schrieb der zuständige Anästhesist Mrs Kinney einen Brief, in dem er sein tiefstes Bedauern ausdrückte. Dr. Rick van Pelt schrieb: „Wann immer Sie mit mir reden wollen, stehe ich Ihnen zur Verfügung. Ich gebe Ihnen meine private Telefonnummer und auch meine Handynummer."

„Zuerst dachte ich, der macht das nur, um seine Haut zu retten", erzählte Mrs Kinney. „Aber Dr. van Pelt nahm tatsächlich alles auf seine Kappe. Wir verabredeten uns, und er kam in unsere Stadt. Er war bereit, sich mir schutzlos auszuliefern. Er entschuldigte sich nicht nur, sondern berichtete auch, wie belastend das alles für ihn und seine Familie sei. Und er könne sich vorstellen, wie sehr ich gelitten habe."

Mrs Kinney spürte, dass diese Reue von Herzen kam, und so verklagte sie ihn nicht. Stattdessen taten sie und Dr. van Pelt sich zusammen, um eine Organisation zu gründen, die es sich zur Aufgabe machte, Opfern von Kunstfehlern mit Rat und Tat zur Seite zu stehen.

Der Arzt als fehlbarer Mensch

Der Chirurg Dr. Michael Woods hatte die Aufsicht bei einer Blinddarmoperation, als ein junger Assistenzarzt eine Arterie verletzte. Zwar konnte der Wurmfortsatz erfolgreich entfernt werden, aber es gab erhebliche Komplikationen. Die Patientin war mit der Art und Weise, wie Dr. Woods hinterher mit ihr umging, nicht einverstanden, und so verklagte sie ihn. Er verhielt sich, wie es die meisten Rechtsanwälte in solchen Fällen raten: Er schwieg zu den Vorwürfen und suchte auch keinen Kontakt zu der Patientin.

Bei der Verhandlung wurde sie gefragt, warum sie sich entschlossen hätte zu klagen. „Ich habe die Klage gewollt, weil dieser Mensch so getan hat, als sei das alles eine Bagatelle. Es war ihm egal, wie viel Leid ich ertragen musste."

Dr. Woods berichtete später: „Diese Antwort hat mich bestürzt. Es waren nicht die medizinischen Folgen, die diese Frau zur Klage veranlassten, sondern offenbar das Gefühl, mir als Arzt gleichgültig zu sein. Nicht die Komplikation bei der OP selbst war der Anlass, sondern mein Verhalten danach."

Und so schreibt Dr. Woods in seinem Buch *Healing Words* über die Wirkung der Reue in der Medizin: „Die Geschäftswelt hat bereits begriffen, was die Mediziner noch erkennen und geradezu verinnerlichen müssen: Beim Entschuldigen geht es nicht um Geld oder darum, ob man Recht hat – weder für den Kunden (Patienten) noch für den Verkäufer (Arzt). Der, der etwas liefert oder anbietet, ist verpflichtet, den Nachfrager zufriedenzustellen, oder, wenn ihm das nicht gelingt, sich zu entschuldigen. Und der Adressat einer solchen Entschuldigung ist seinerseits verpflichtet, den Dienstleister oder Händler als menschliches Wesen wahrzunehmen, dem im Bedarfsfall zu vergeben ist – weil er fehlbar ist wie jeder andere."[1]

Wenn Ärzte bereit sind, sich für Fehler zu entschuldigen, kommt es in vielen Fällen zu einer einvernehmlichen Lösung. Und so hat eine Versicherung für Mediziner bereits eine Beratungsstelle eingerichtet, die ihre Kunden in Kursen mit der Praxis des Entschuldigens vertraut macht.

Entschuldigen auch im Kollegenkreis

Viele Firmen und Berufszweige haben zwar schon erkannt, wie wichtig es ist, sich bei Kunden und Klienten zu entschuldigen, aber in nur verhältnismäßig wenigen Firmen haben wir von Anstrengungen gehört, dass sich auch Kollegen untereinander entschuldigen. Wir haben keine einzige Firma gefunden, die ein entsprechendes Schulungsprogramm anbot.

Als Erwachsene verbringen die meisten von uns den größten Teil des Tages am Arbeitsplatz. Normalerweise sind es acht Stunden, oft aber auch zehn oder elf. Ziehen wir den Nachtschlaf noch ab, dann wird klar, dass wir viel mehr Zeit mit den Kollegen als mit unseren Familienangehörigen verbringen.

Mit den Menschen unseres Arbeitsumfeldes stehen wir in mehr oder weniger engen Beziehungen, abhängig davon, wie unsere Arbeit geartet ist. Doch gerade bei der Beziehung am Arbeitsplatz spielen Lob und Kritik eine besondere Rolle. Da kränkt man sich schnell, man ärgert sich, und es entstehen Spannungen. Aber wollen wir nicht alle in einer harmonischen Atmosphäre arbeiten? Dennoch, Streit unter Kollegen ist an der Tagesordnung. Und dann ist es so wichtig, wenn man gelernt hat, sich richtig zu entschuldigen.

Zwar ist man sich dessen zunehmend bewusst, aber die

Ausführung im konkreten Fall ist nicht immer so leicht, wie man vorher vermutet, weil wenige sich im Voraus mit der Thematik befassen, und nicht wissen, wie individuell es beim Entschuldigen zugeht.

Mitarbeiterschulung

Wenn Sie zum Beispiel Abteilungsleiter oder Vorarbeiter in einer Firma sind, könnten Sie sich eine kleine Mitarbeiterschulung überlegen. Bitten Sie die Kollegen, nachdem Sie sie mit den fünf Sprachen des Verzeihens bekannt gemacht haben, sich darüber auszutauschen, welche Sprache sie alle sprechen.

Man kann das Konzept auch nur wenigen Multiplikatoren in der Firma vorstellen, und diese dann bitten, mit ihrem Wissen in die Abteilungen zu gehen. Die Kenntnis von den fünf Sprachen des Verzeihens ist bisher noch nicht sehr verbreitet, und deshalb kommt es immer wieder vor, dass sich Kollegen untereinander entschuldigen, ohne sich wirklich zu verstehen. Lernen wir aber, uns effektiv zu entschuldigen, kommen wir gleich viel besser auch am Arbeitsplatz miteinander aus.

Die Sekretärin vom Empfang entschuldigt sich

Vor kurzem erzählte mir (Jennifer) eine Kollegin von ihrer Sekretärin, die früher einmal am Empfang ihrer Praxis gesessen hatte. Die Dame war ein bisschen schusselig und vergaß öfter einmal, einen Namen aus dem Terminkalender zu streichen, wenn ein Klient absagt hatte. Dann kam meine Kollegin manchmal extra in die Praxis, und die erwartete Person erschien nicht.

Meine Kollegin, ich will sie Dr. Mary nennen, machte sich schon Sorgen, bis die Mitarbeiterin am Empfang plötzlich rief: „Ach, jetzt fällt es mir wieder ein! Frau Sowieso hat letzte Woche abgesagt, und ich habe nur vergessen, den Termin auszustreichen."

Das war natürlich vergeudete Zeit für Dr. Mary. Beim ersten Mal nahm sie die Entschuldigung ihrer Mitarbeiterin an und vergaß den Vorfall. Beim zweiten Mal entschuldigte sich die Sekretärin wieder. Es tue ihr ja so leid. Sie habe es einfach vergessen.

Dr. Mary entschloss sich, nett zu sein, und verzieh ihr auch diesmal. Aber es fiel ihr schon schwerer. Spannung baute sich zwischen den beiden auf. Dr. Mary empfand die Entschuldigung irgendwie nicht ernst gemeint, und die Sekretärin hatte offenbar nichts unternommen, um eine Wiederholung auszuschließen.

Deshalb sagte die Chefin zu ihrer Angestellten: „Ich möchte dasselbe nächste Woche nicht wieder erleben. Es ist unangenehm für uns beide, und es kostet mich unnötig Zeit und Geld. Lassen Sie uns also kurz besprechen, was Sie anders machen könnten, damit klar ist, dass abgesagte Termine sofort gestrichen werden und ich umgehend Bescheid bekomme. Das würde sicherstellen, dass es bei dem guten Einvernehmen zwischen uns bleibt."

Damit war die Sekretärin einverstanden. Und sie kamen schließlich überein, dass ab sofort auf dem Tresen vom Empfang eine Kladde für die Absagen liegen würde. Dort sollte nach einem Anruf sofort der entsprechende Name eingetragen werden. Dazu die Spalte *Bescheid ge-*

sagt. Dort gehörten Uhrzeit und Datum hinein, wenn meine Kollegin informiert worden war.

Mit diesem Plan, der für Dr. Mary Ausdruck tätiger Reue war, vermochte sie es, über das vergangene Fehlverhalten ihrer Mitarbeiterin hinwegzusehen und die Entschuldigung von Herzen anzunehmen. Da ihre Sprache des Verzeihens der Sinneswandel ist, reichte ihr das einfache *Tut mir leid* nur beim ersten Vorfall aus, aber nicht mehr beim zweiten. Die beiden hätten sich also über kurz oder lang entfremdet, wenn die Chefin nicht konkrete Maßnahmen verlangt hätte und ihre Mitarbeiterin nicht darauf eingegangen wäre.

Wie ein gesundes Betriebsklima entsteht

Nicht nur in der Familie müssen wir also unsere Mitmenschen wissen lassen, was wir ganz persönlich von einer Entschuldigung erwarten, um gesunde Beziehungen zu erhalten. Jennifers Bericht veranschaulicht, wie wichtig dieses Prinzip auch am Arbeitsplatz ist. Kommunikation ist alles. Wir sagen, was wir für eine Entschuldigung brauchen, und derjenige, der den Fehler gemacht hat, ist bereit, auf unsere Sprache des Verzeihens einzugehen. Deshalb empfehlen Jennifer und ich, unser Buch auch dem Kollegenkreis zu lesen zu geben und die fünf Sprachen des Verzeihens bei Besprechungen bekannt zu machen. Wir sind überzeugt, dass durch diese relativ schlichte Initiative einiges bewegt werden könnte und sich das Betriebsklima in so mancher Firma verbessern würde. Ein gesundes Betriebsklima steigert in jedem Fall die Produktivität. Und so wird die Firma, die ihre Mitarbeiter nicht nur anhält, sich bei Kunden zu entschuldigen, sondern auch den entsprechenden Umgang in der Mitarbeiterschaft fördert, bald größeren Gewinn machen. Es gilt also das Motto: Wer sich entschuldigt, macht Geschäfte! Die Angestellten haben weniger Stress, und die Firmenleitung freut sich über eine gesteigerte Produktivität.

Die fünf Sprachen des Verzeihens

1. Das Eingeständnis:
„Es tut mir leid."

2. Die Verantwortung:
„Es war mein Fehler."

3. Die Wiedergutmachung:
„Wie kann ich das wiedergutmachen?"

4. Der Sinneswandel:
„Es soll nicht wieder vorkommen."

5. Die Vergebung:
„Willst du mir vergeben?"

13. Sich selbst um Verzeihung bitten

Jan saß wie ein Häufchen Elend bei mir im Büro. Ich kannte ihn seit seiner Geburt vor achtzehn Jahren, aber so aufgelöst und niedergeschlagen hatte ich ihn niemals zuvor erlebt. Ich kannte ihn immer nur fröhlich und guter Dinge. Er war ein erfolgreicher Schüler, hatte sich als Fußballspieler einen Namen gemacht und arbeitete aktiv in der Jugendarbeit seiner Gemeinde mit. Aber von seinem Selbstbewusstsein schien nicht mehr viel übrig geblieben zu sein. Er redete stockend und versuchte, seine Tränen zurückzuhalten.

„Ich hab alles vermasselt", sagte er. „Mein ganzes Leben ist im Eimer. Wenn ich doch tot wäre."

Da wusste ich, dass Jan ganz schön in der Klemme steckte.

„Möchtest du mir ein bisschen erzählen?", fragte ich.

Er nickte und starrte unverwandt zu Boden.

„Voriges Jahr hat alles angefangen", sagte er leise. „Da habe ich dieses Mädchen in der Schule kennengelernt. Ich wusste, dass ich mit ihr nichts anfangen sollte, aber sie sah einfach so irre gut aus. Ich nahm sie immer öfter nach der Schule mit zu mir. Ihr Vater hatte die Familie verlassen, und ihre Mutter kam selten vor sechs aus dem Büro. Wir haben zusammen Schularbeiten gemacht und hinterher nur so rumgehangen. Na ja, und dann haben wir irgendwann miteinander geschlafen. Ich wusste, dass es nicht richtig war. Ich benutzte zwar ein Kondom, aber irgendwie ist sie trotzdem schwanger geworden. Und letzte Woche hat sie abgetrieben."

Jan zitterte am ganzen Körper, und Tränen regneten geradezu auf seine Jeans. Als er sich wieder ein bisschen gefasst hatte, fuhr er fort: „Ich habe meine Eltern tief enttäuscht. Ich habe Gott tief enttäuscht. Ich habe mich selber tief enttäuscht, und ich habe meine Freundin im Stich gelassen. Wenn ich doch nur sterben könnte!“, schluchzte er.

Jan erlebte gerade, was schwere Schuld mit einem macht. Aber trotz seines Alters war er klug genug, fremde Hilfe in Anspruch zu nehmen. Er wusste, dass er sonst nicht überleben würde. Ein ganzes Jahr haben wir uns dann regelmäßig getroffen. So erlebte ich mit, wie er sich überwand und seine Eltern um Verzeihung bat, sich bei dem jungen Mädchen entschuldigte und bei ihrer Mutter. Ich sah ihn weinen, während er Gott seine Schuld bekannte und ihn um Vergebung bat. Zum Ende dieses Jahres intensiver Seelsorge sagte er zu mir: „Es gibt immer noch einen, den ich um Verzeihung bitten muss.“

„Wen meinst du?“, wollte ich wissen.

„Mich selbst.“

„Interessant“, sagte ich. „Wie kommst du darauf?“

„Ich bestrafe mich immer noch selber“, antwortete er. „Ich halte die Erinnerung an alles wach, damit ich mich ja schlecht fühle. Ich denke, ich habe mir selber noch gar nicht vergeben. Wenn ich mich also bei mir selber entschuldige, vielleicht kann ich mir dann auch vergeben.“

„Du hast so was von Recht!“, sagte ich. „Überleg dir doch mal, was du zu dir selber sagen möchtest.“

Ich nahm ein Blatt Papier, und Jan begann zu reden, während ich alles aufschrieb. „Ich möchte mir sagen, dass ich das Ganze verbockt habe. Ja, es war absolut verkehrt, was ich getan habe. Ich möchte mir sagen, wie miserabel ich mich fühle und wie sehr ich alles bereue. Ich möchte mir sagen, dass ich meine Lektion gelernt habe und mir fest vorgenommen habe, sexuell enthaltsam zu bleiben, bis ich eines Tages heirate. Ich möchte mir selber wieder gönnen, glücklich zu sein. Und ich möchte mich um Vergebung bitten, damit ich in Zukunft das Beste aus meinem Leben machen kann."

Ich hatte mich sehr anstrengen müssen, um beim Schreiben mitzuhalten. „Hab einen Augenblick Geduld", sagte ich, ging zu meinem PC und tippte Jans Text ab, wobei ich seinen Namen einfügte. Nachdem ich die Seite ausgedruckt hatte, gab ich sie ihm und sagte: „Komm, dort ist ein Spiegel. Stell dich davor und lies deine Entschuldigung noch einmal!" Er tat, worum ich ihn bat, und sagte:

> *„Jan, ich möchte dir sagen, dass ich das Ganze verbockt habe. Ja, es war absolut verkehrt, was ich getan habe. Jan, ich möchte dir sagen, wie miserabel ich mich fühle und wie sehr ich alles bereue. Ich möchte dir sagen, dass ich meine Lektion gelernt habe und ich mir fest vorgenommen habe, sexuell enthaltsam zu bleiben, bis ich eines Tages heirate. Ich möchte mir selber wieder gönnen, glücklich zu sein. Und, Jan, ich möchte dich um Vergebung bitten, damit ich in Zukunft das Beste aus meinem Leben machen kann."*

Jan wandte sich um und blickte mich fragend an, und ich ermunterte ihn: „Na los, gib dir die Antwort!" Und so sagte er zu seinem Spiegelbild: *„Jan, ich glaube, dass deine Entschuldigung von Herzen kommt, deshalb ist es mein Entschluss, dir zu vergeben."*

Er ließ die Tränen laufen, kam auf mich zu und umarmte mich. So standen wir eine Weile und weinten vor Rührung, weil Vergebung so schön sein kann! Jan hat inzwischen sein Studium erfolgreich beendet, ist verheiratet und hat eine eigene Familie. Jahre später sagte er einmal zu mir: „Der wichtigste Teil meiner Reise war der Tag, an dem ich mich selber um Vergebung bat und mir selber verzieh. Ich hätte es wahrscheinlich nicht geschafft, wenn das nicht passiert wäre."

Selbst als Seelsorger habe ich damals etwas von Jan gelernt, nämlich was für eine mächtige Wirkung es hat, wenn man sich selber vergibt!

Warum sich selber um Entschuldigung bitten?

Warum sollten wir uns selber um Entschuldigung bitten? Wir tun es aus demselben Grund, der uns auch bei anderen antreibt: Es geht darum, eine Beziehung wiederherzustellen. Wenn Sie jemanden um Verzeihung bitten, wollen Sie Barrieren überwinden, damit die Beziehung wieder gedeiht. Und wenn Sie sich bei sich selber entschuldigen, geht es darum, die innere Beziehung wiederherzustellen zwischen der Person, die Sie gern sein möchten (das Idealbild von sich selber), und der Person, die Sie im Augenblick sind (das Realbild von sich selber). Je größer die Diskrepanz zwischen diesen beiden Bildern ist, desto größer die innere Zerrissenheit. Mit sich selber im Reinen sein – das ist der Zustand, wenn Idealbild und Realbild deckungsgleich sind. Wer sich also bei sich selber entschuldigt und sich daraufhin selber vergibt, der stellt eine innere Beziehung wieder her.

Angst und Schuldgefühle wegen moralischer Verfehlungen

Die Erkenntnis, den eigenen moralischen Standards letztlich nicht genügt zu haben, flößt Angst ein. Idealbild und Realbild klaffen deutlich auseinander. Und das war auch bei Jan der Fall. Er hatte sich eigentlich vorgenommen, bis zur Ehe sexuell enthaltsam zu bleiben. Ihm war durchaus bewusst, dass längst nicht alle jungen Leute so dachten. Doch für ihn war es eine geistlich motivierte Entscheidung. Er war überzeugt, dass dies Gottes Standard war, und an dem wollte er sich orientieren. Als er dann diesem moralischen Anspruch nicht genügte, litt er unter Angst und massiven Schuldgefühlen. Die Kluft zwischen Ideal und Wirklichkeit war plötzlich riesengroß. Dass er sich bei anderen entschuldigte, half, die zwischenmenschlichen Beziehungen zu heilen, doch solange er sich nicht bei sich selber entschuldigte, kam er nicht mit sich selber ins Reine. Er fand keinen inneren Frieden.

Lügen, stehlen, betrügen und sexuelles Fehlverhalten sind Beispiele für gebrochene moralische Standards, die Menschen sich eigentlich gesetzt haben. Und dieser Bruch bewirkt Angst und Schuldgefühle. Wer sich daraufhin bei seinen Mitmenschen entschuldigt, rettet die Beziehungen zu ihnen, die Selbst-Entschuldigung aber stellt den inneren Frieden wieder her.

Wenn der Ruf geschädigt ist

Nicht nur das moralische Vergehen selbst stört den Seelenfrieden. Oft geht es mit einem Gesichtsverlust einher, und der beeinträchtigt das Selbstwertgefühl.

Ellen berichtete mir: „Es ist nicht zu glauben, wie kindisch ich mich benehmen kann. Wegen fehlender 25 Cent Wechselgeld habe ich neulich im Restaurant einen Riesenaufstand gemacht. Ich habe den Ober angefahren, und die Leute von den anderen Tischen guckten schon herüber. Ich werde die Bilder von dieser Szene nicht mehr los. Ich habe mir eigentlich immer meine Würde bewahrt, aber mittlerweile weiß ich nicht, ob ich die überhaupt noch besitze. Ich habe einen Teil meiner Selbstachtung verloren und bin schon wochenlang nicht mehr unter Menschen gewesen."

Ellen leidet unter einem erheblich beschädigten Selbstwertgefühl. Die Diskrepanz zwischen Ideal und Wirklichkeit lässt die Seele leiden. Also muss auch Ellen sich selber vergeben.

Den Absturz in die Depression vermeiden

Auch die Angst vor den Folgen kann Grund genug sein, sich selber um Entschuldigung zu bitten. Wer längere Zeit mit sich im Unreinen lebt, muss damit rechnen, in Depressionen zu fallen. Bei den ersten Anzeichen nehmen viele dann Medikamente, statt sich mit der Ursache auseinanderzusetzen. Medikamente helfen zwar gut bei Menschen, die schon längere Zeit unter Depressionen leiden. Aber dieser Zustand könnte vermieden werden, wenn Menschen lernen, andere und sich selber um Vergebung zu bitten.

Vom Versagen in der Vergangenheit in eine bessere Zukunft

Wer sich selbst verzeiht, schafft es eher, dort wieder anzufangen, wo er vom ursprünglichen Kurs abgekommen ist. David ist eigentlich ein erfolgreicher Kaufmann, der sich aber eines Tages einem Geschäftspartner in der Stadt gegenüber äußerst ungeschickt verhielt. Später erzählte er: „Als hätte ich mir selber in den Fuß geschossen! Ich habe mich zwar bei dem Betreffenden entschuldigt, und er hat mir wohl auch verziehen. Trotzdem habe ich das Gefühl, ich komme hier in der Stadt nie wieder so richtig auf die Beine. Es fällt mir sehr schwer, das Image des Tölpels wieder abzuschütteln und mich neu zu motivieren. Ich habe sogar schon darüber nachgedacht, wegzuziehen und irgendwo neu zu beginnen." Auch David muss sich offenbar noch selber um Verzeihung bitten und sich vergeben. Erst so kann er wieder unbelastet in die Zukunft schauen und das vergangene Versagen hinter sich lassen.

Wenn auch Ihnen die Erinnerung an Fehler der Vergangenheit zu schaffen macht, dann versuchen Sie nicht, sie einfach zu vergessen! Je intensiver Sie sich darum bemühen, desto mehr vereinnahmt es Ihr Denken und Fühlen. Die Lösung sieht anders aus: Suchen Sie die Vergebung bei den Beteiligten, und bitten Sie auch sich selbst um Verzeihung.

Die Diskrepanz zwischen Idealbild und Realbild ist häufig auch Ursache für den Missbrauch von Alkohol und Drogen. Die Sucht ist der unbewusste Versuch, Ängste und innere Spannungen abzubauen. Aber diese Versuche scheitern grundsätzlich! Wer erst einmal unter den Einfluss von Alkohol und Drogen gerät, der macht noch gravierendere Fehler, und das setzt einen Teufelskreis der Angst in Gang: Mehr Fehler, mehr Sucht, mehr Angst.

Wie man mit Selbstanklagen umgeht

Wenn wir unserem Idealbild nicht entsprechen, geschieht in uns selber, was wir auch bei anderen auslösen, denen wir Unrecht tun: Sie nehmen es uns übel. Es löst aber das Problem nicht, wenn wir diesen Groll ignorieren. Dem Ärger muss man positiv entgegenwirken.

Auf schädliche Weise: Explosion und Implosion

Wir können explodieren oder implodieren, wenn der Ärger über uns selbst allzu mächtig wird. Und beides ist schädlich. Wer vor Zorn über sich selbst explodiert, zieht auch noch die Menschen seiner Umgebung in Mitleidenschaft, und das schadet den Beziehungen. Wer dagegen implodiert, verhält sich nach innen gerichtet aggressiv. Das mag verbal geschehen durch Selbstvorwürfe: *Ich bin blöd! Ich pack's nie! Ich kriege gar nichts hin! Ich entspreche nie den Erwartungen!* Das sind Äußerungen implosiver Wut. Im Extremfall kann sich diese Empörung auch gegen den eigenen Körper richten. Manche schneiden sich in die Arme, schlagen mit dem Kopf gegen die Wand oder reißen sich Haare aus. Doch solche Ausbrüche des Grolls gegen sich selber machen niemals heil.

Auf positive Weise

Drei Schritte muss man tun, um Heilung zu bewirken. Gestehen Sie sich zunächst einmal ein, dass Sie unklug gehandelt, falsche Wege eingeschlagen und anderen (einschließlich sich selbst) geschadet haben. Entschuldigen Sie sich bei denen, denen Sie Schaden zugefügt haben, und hoffen Sie auf Vergebung. Entschuldigen Sie sich drittens bei sich selbst, und fassen Sie den Entschluss, sich auch selbst zu vergeben.

Wie soll ich mich bei mir selber entschuldigen?

Wer sich selber um Entschuldigung bitten will, muss mit sich selber reden können. Vielleicht kennen Sie das Vorurteil, dass nur Menschen, die nicht richtig im Kopf sind, Selbstgespräche führen. Wer so etwas behauptet, irrt sich gewaltig. Zur geistigen Gesundheit gehört es ja gerade, mit sich selber im Gespräch zu bleiben: Wir ermuntern uns, wir geben uns Rat und stellen uns selber infrage. Dieses interne Zwiegespräch mag laut vonstattengehen oder auch nur gedanklich im Stillen. Wenn es aber darum geht, sich selber um Verzeihung zu bitten, dann sollten Sie laut mit sich sprechen.

Als ich damals mit Jan sprach, war mir das Prinzip der fünf Sprachen des Verzeihens noch nicht bekannt. Doch im Nachhinein kann ich sagen, dass Jan unbewusst alle fünf Sprachen benutzte, als er sich selber um Verzeihung bat. Ich vermute inzwischen, dass Jans persönliche Sprache des Verzeihens die Übernahme von Verantwortung ist. Ich komme darauf, weil er seine Selbst-Entschuldigung mit den Worten einleitete: „*Ich* habe das Ganze verschuldet. Es war absolut verkehrt, was ich gemacht habe." Oft leiten die Menschen die Entschuldigung mit ihrer persönlichen Sprache des Verzeihens ein.

Wir möchten Ihnen raten, eine an sich selber gerichtete Entschuldigung erst einmal zu formulieren und aufzuschreiben, bevor Sie sie an sich selber richten. Als Beispiel geben wir noch einmal den Text von Jan wieder. Wir haben den Namen ausgelassen, damit Sie in den leeren Zwischenraum Ihren eigenen einfügen können. Natürlich dürfen Sie auch andere Worte wählen. Es geht nur darum, Ihnen ein Muster an die Hand zu geben, das hilft, die Hemmungen zu überwinden.

„_____, ich möchte dir sagen, dass *ich* das Ganze verschuldet habe. Ja, es war absolut verkehrt, was ich getan habe. _____, ich möchte dir sagen, wie miserabel ich mich fühle und wie sehr ich alles bereue. Ich möchte dir sagen, dass ich meine Lektion gelernt habe. Ich möchte mir selber wieder gönnen, glücklich zu sein. Und, _____, ich möchte dich um Vergebung bitten, damit ich in Zukunft das Beste aus meinem Leben machen kann. Ja, _____, weil ich glaube, dass deine Entschuldigung von Herzen kommt, ist es mein Entschluss, dir zu vergeben."

Oder schreiben Sie einen eigenen Text. Die Hauptsache ist, Sie werden aktiv. Danach sollten Sie sich vor einen Spiegel stellen, sich in die Augen schauen und die Bitte um Vergebung an sich selber richten. Wir jedenfalls sind davon überzeugt, dass solch eine Selbst-Entschuldigung ein unerlässlicher Schritt auf dem Weg zum inneren Frieden ist.

Was bedeutet es, mir selbst zu vergeben?

Sich selber zu vergeben ist nicht viel anders, als wenn man einem Mitmenschen vergibt. Vergeben heißt, eine Schuld nicht mehr anzurechnen. Der andere wird wieder ins eigene Leben aufgenommen und die Beziehung zu ihm oder ihr erneuert. Die Schuld des anderen ist keine Barriere mehr. Die Kommunikation fließt wieder ungehindert, und so versteht man sich gleich viel besser. Darüber hinaus ist die Arbeit als Team wieder möglich.

Das alles gilt auch, wenn man sich selbst vergibt. Am Anfang steht der Entschluss. Es macht uns zu schaffen, was wir angerichtet haben. Hätten wir es doch bloß nicht getan! Aber es ist nun einmal geschehen, das ist Fakt. Womöglich haben wir uns auch schon bei anderen entschuldigt und Gott um Verzeihung gebeten. Nun aber ist es an der Zeit, uns selber auch zu *vergeben*. Es ist ein Entschluss, den wir treffen müssen. Wir müssen es wollen, dass die Kluft zwischen unserem erstrebten Selbst und dem schmerzlich erlebten Selbst wieder überbrückt wird. Indem wir uns vergeben, bekennen wir uns wieder zu dem, was wir erstreben, ohne uns vom eigenen Versagen irritieren zu lassen.

So, wie Sie die Selbst-*Entschuldigung* aufgeschrieben haben, sollten Sie auch die Selbst-*Vergebung* schriftlich festhalten. Hier ein Beispiel, das Ihnen als Anregung dienen kann:

„______, was du getan hast, hat mir großen Kummer bereitet. Aber nun habe ich gehört, dass du dich von ganzem Herzen entschuldigt hast. Ja, du bist mir ganz viel wert, und deshalb, ______, entscheide ich mich, dir zu vergeben. Was du getan hast, werde ich dir nie wieder vorhalten, und ich werde alles dafür tun, dass die Zukunft wieder hell ist. Du kannst auf mich zählen. Lass es mich noch einmal sagen: _____, ich vergebe dir!“

Nun machen Sie es wie vorher: Sie nehmen den Text und stellen sich vor den Spiegel. Sie schauen sich in die Augen und sprechen laut, dass Sie sich vergeben.

Wie bei der Vergebung anderen gegenüber nimmt auch die Selbst-Vergebung nicht sofort allen Schmerz weg, noch löscht sie Erinnerungen aus und macht auch die Folgen nicht ungeschehen. Wenn Sie zum Beispiel gelogen oder gestohlen haben, müssen Sie womöglich für den Schaden aufkommen. Die Vergebung befreit Sie jedoch von der inneren Fesselung an die Tat und macht Sie frei, Ihre Zukunft neu und anders zu gestalten.

Aus Fehlern lernen

Nun können Sie den Kurs Ihres Lebens neu bestimmen. Aber viele machen den Fehler, ihr Versagen aus dem Gedächtnis löschen zu wollen. Dabei können wir so viel aus unseren eigenen Fehlern lernen. Fragen Sie sich immer wieder: *Was hat mich dazu verleitet, dieses oder jenes zu tun?* Und mit der Antwort wissen wir dann, was sich ändern muss.

Wenn Sie zum Beispiel alkohol- oder drogenabhängig geworden sind, so haben Sie sich womöglich vorher selber in die Lage manövriert, die die Sucht begünstigt. Also müssen Sie in Zukunft darauf achten, nicht wieder in jene Situation zu geraten. War es sexuelles Fehlverhalten, dann müssen Sie sich in Zukunft von Orten fernhalten, wo Sie in Versuchung geführt werden und eine Wiederholung wahrscheinlich wird.

Indem Sie aus der Vergangenheit lernen, werden Sie befähigt, sich mit Zuversicht auf den Weg in die Zukunft zu machen. Zur Unterstützung können Sie Bücher lesen, Seminare besuchen, mit Freunden reden oder zum Seelsorger gehen. Dadurch erweitern Sie Ihr Wissen, und Sie gelangen zu Einsichten, die Ihnen den Weg in eine gute Zukunft weisen. Sich selber um Verzeihung bitten und sich selber vergeben – das öffnet Tür und Tor für eine Zukunft voller Möglichkeiten, von denen Sie bislang nicht einmal zu träumen gewagt haben.

Die fünf Sprachen des Verzeihens

1. Das Eingeständnis:
„Es tut mir leid."

2. Die Verantwortung:
„Es war mein Fehler."

3. Die Wiedergutmachung:
„Wie kann ich das wiedergutmachen?"

4. Der Sinneswandel:
„Es soll nicht wieder vorkommen."

5. Die Vergebung:
„Willst du mir vergeben?"

14. Wenn jeder jeden um Verzeihung bäte?

Als unsere Enkelin Davy Grace fünf Jahre alt war, durfte sie eine ganze Woche lang bei ihren Großeltern verbringen. Karolyn und ich waren begeistert. Wir hatten viel Spaß miteinander. Nur ein Ereignis trübte die Freude ein wenig, und ich erinnere mich noch immer daran, als wäre es gestern gewesen. Karolyn bewahrt in einer bestimmten Schublade bunte Aufkleber für Kinder auf. Davy Grace wusste davon und bat ihre Großmutter, sich drei nehmen zu dürfen, was Karolyn natürlich erlaubte.

Als wir eine Weile später vom Garten ins Haus traten, erwartete uns eine böse Überraschung. Überall im Haus verteilt klebten Sticker an Möbeln und Wänden. Karolyn schimpfte: „Ich habe dir doch gesagt, dass du nur drei nehmen darfst! Aber du hast dir den ganzen Bogen genommen."

Davy Grace stand mit betretener Miene vor ihrer Großmutter, die immer noch schimpfte: „Du hast nicht gehört, was deine Großmutter gesagt hat!"

Die Tränen liefen, und mit einem Schluchzer stieß sie hervor: „Ich brauche jemand, der wieder lieb zu mir ist!"

Ich werde diese Worte niemals vergessen – und auch nicht den Kummer, den ich in ihrem Gesichtchen erkannte. „Ach, mein Schatz", rief ich mitleidig, „wir alle brauchen jemand, der immer wieder lieb zu uns ist! Und ich denke, Großmutter ist auch wieder lieb zu dir."

Wo ist der, der uns Vergebung zuspricht?

Als ich vor einigen Jahren in Chicago lebte, kam ich, wie ich berichtete, über meinen Sohn mit Streetwork unter den sozial Schwachen in Berührung. Ich begegnete damals vielen Menschen, die mir von ihrem sozialen Abstieg berichteten. Dabei fiel mir auf, dass es immer wieder einen Faktor gab, der ihr Schicksal bestimmte. Den meisten war von anderen Unrecht getan worden (zumindest sah es aus ihrer Perspektive so aus), und sie hatten fast nie erfahren, dass irgendjemand sie um Verzeihung bat. Und so gerieten sie in einen Teufelskreis, denn bald waren auch ihnen die anderen gleichgültig. Sie taten selber Unrecht und baten niemanden mehr um Verzeihung. Zerbrochene Beziehungen ringsumher waren die Folge. Schließlich war niemand mehr da, an den sie sich vertrauensvoll wenden konnten, und die, die sozial nicht abgesichert waren, landeten auf der Straße. Ich habe mich oft gefragt, wie anders das Schicksal dieser Gestrauchelten verlaufen wäre, wenn jemand sie frühzeitig gelehrt hätte, ihre Mitmenschen um Vergebung zu bitten.

Auf der anderen Seite des sozialen Spektrums ist die Welt der Reichen. Wie viele von ihnen sind straffällig geworden und finden sich vor Gericht wieder, weil sie glaubten, auch rücksichtslos erfolgreich sein zu können! Wie viele von diesen Abstürzen wären womöglich zu verhindern gewesen, wenn die Betreffenden sich von Anfang an vertrauensvoll an ihre Mitmenschen hätten wenden und um Verzeihung bitten können.

In der Verwaltung sieht es nicht anders aus. So mancher hochrangige Beamte gibt erst dann seine Schuld zu, wenn die Beweise ihn dazu zwingen. Aber eine freiwillige und rechtzeitige Entschuldigung wird in vielen Fällen durch die Sorge verhindert, man gerate durch seine Ehrlichkeit erst recht ins gesellschaftliche Abseits. *Lieber den Mund halten und im Sattel bleiben, als sich entschuldigen und alles verlieren.* Das ist dann das Motto. Viele begreifen nicht, dass es Wertvolleres im Leben gibt als Geld und Macht. Albert Einstein schrieb einmal: „Manchmal kann man das, was zählt, nicht zählen, und das, was man zählen kann, zählt nicht."

Die Konventionen brechen

Es gehört heute fast schon zum guten Ton, sich nicht zu entschuldigen. Die jungen Leute lernen es nicht mehr. Niemand wird mehr angehalten, Verantwortung für sein Verhalten zu übernehmen, und so kommt es, dass Schuldzuweisungen an andere das probate Mittel geworden sind, um sich selber zu entschulden.

Aber es gibt auch eine Gegenbewegung. Immer mehr Menschen werden sich der Auflösung guter Konventionen bewusst und steuern gegen. Sie sind die eigentlichen Helden; Menschen, mit denen man gerne Umgang pflegt, weil sie offenkundig für ihr Verhalten Verantwortung übernehmen und damit vertrauenswürdig sind.

Würde jeder sich bei jedem entschuldigen

Man muss sich schon überwinden, um die Kunst des Verzeihens zu erlernen, aber es ist die Mühe wert. Wer sich entschuldigt, erlebt, was emotionale und geistliche Gesundheit ist. Wer sich entschuldigt, kann sich hinterher wieder im Spiegel betrachten, kann anderen offen in die Augen schauen und Gott „im Geist und in der Wahrheit“ anbeten. Und denjenigen, die von Herzen vergeben, wird auch von Herzen vergeben.

Wenn das Entschuldigen bei uns zum Lebensstil gehören würde, so würden keine Mauern mehr errichtet. Zwar würden die Menschen immer noch aneinander schuldig werden, aber sie müssten es nicht bleiben, weil sie offen und ehrlich miteinander umgingen. Die Menschen brächten ihr Bedauern zum Ausdruck und übernähmen Verantwortung. Jeder Schaden wäre bald behoben, und so würde es ihnen leicht gemacht, von Herzen zu vergeben. Es würde sie nicht mehr Überwindung kosten, anderen zu vergeben, weil auch die anderen bereit wären, ihnen die Schuld zu erlassen.

Wo die Bitte um Vergebung zum Lebensstil wird, bleiben Beziehungen gesund, weil die Menschen bekommen, was sie am dringendsten brauchen, nämlich Annahme, Beistand und Ermutigung. Sie hätten es nicht mehr nötig, zur Flasche zu greifen, denn niemand bräuchte mehr einsam zu sein.

Ja, kleine Davy Grace, auch ich brauche jemanden, „der wieder lieb zu mir ist, der mir vergibt!“ Ob fünf Jahre alt oder fünfundfünfzig – wir alle haben Vergebung nötig. Und wir bekommen sie eher, wenn wir bereit sind, sie unseren Mitmenschen zu schenken. Möge dieses Buch dazu beitragen, dass sich so viele Menschen wie möglich ermutigt fühlen, den ersten Schritt zu tun. Mögen wir alle viel öfter unsere schädliche Neigung erkennen, anderen für unser Versagen die Schuld zu geben, zu leugnen, dass wir es selbst waren, oder uns mit Ausflüchten aus der Affäre zu ziehen.

Nun, da wir zum Schluss dieses Buches kommen, ist es vielleicht auch Ihr Bedürfnis, mit uns gemeinsam ein Wort an den himmlischen Vater zu richten: „Herr, schenk mir die Gesinnung der kleinen Davy Grace: *Ja, auch ich brauche jemanden, der wieder lieb zu mir ist.* Und deshalb, Herr, lehre mich von Herzen zu vergeben. Amen."

Anmerkungen

Kapitel 1

[1] Gary Chapman, Die fünf Sprachen der Liebe für Teenager (Verlag der Francke-Buchhandlung GmbH, 2001)

[2] Matthäus 6,15

[3] Epheser 4,32

[4] Lukas 23,34

[5] Apostelgeschichte 2,22-24; 40-41; Apostelgeschichte 6,7

[6] Römer 12,19

[7] Dietrich Bonhoeffer, Nachfolge (Gütersloher Verlagshaus, 2002)

Kapitel 3

[1] Epheser 5, 25-33

[2] Römer 3,23

[3] 1. Johannes 1,8-10

Kapitel 4

[1] Mehr über die fünf Sprachen der Liebe für Erwachsene lesen Sie in meinen Büchern: *Die fünf Sprachen der Liebe* (Verlag der Francke-Buchhandlung GmbH, 1994/2003 und *Die fünf Sprachen der Liebe für Singles* (Verlag der Francke-Buchhandlung GmbH, 2005)

[2] Lukas 19,1-10

Kapitel 6

[1] Wir befragten zwischen 2004 und 2005 über 370 Erwachsene bei unseren verschiedenen Seminaren und über unsere Webseite www.garychapman.com. Das war zwar keine repräsentative Umfrage mit wissenschaftlichem Anspruch, und doch gibt sie ein Stimmungsbild wieder. Die meisten Befragten in den Seminaren waren

verheiratete oder verlobte Paare. Der Fragenkatalog enthielt sieben Punkte, die Sie im Anhang nachlesen können.

[2] Halten Sie sich vor Augen, dass es für dominante Persönlichkeiten bedeutet, den Wohlfühlbereich ihres Lebens zu verlassen, wenn sie gefordert sind, um Vergebung zu bitten. Um die besondere Sprache des Vergebens zu erlernen – und womöglich auch alle anderen Sprachen des Verzeihens –, müssen Menschen mit dominantem Wesen Hilfe von außen in Anspruch nehmen – von Gott, einem Seelsorger, Pastor oder Freund.

Kapitel 8

[1] Römer 12,17-19

Kapitel 9

[1] Psalm 103,12

[2] Psalm 103,10

[3] Jesaja 43,25

[4] Jesaja 59,2

[5] Römer 6,23

[6] Ebd.

[7] Siehe Apostelgeschichte 2,37-39

[8] 1. Johannes 1,9

[9] Epheser 4,32

[10] Matthäus 7,12

[11] Siehe Matthäus 5,23-24. Wer Gott anbeten will, sollte sich erst vergewissern, ob er mit jedem im Reinen ist, und falls nicht, sich mit dem Betreffenden versöhnen.

[12] 1. Korinther 11,31-32

[13] Lukas 17,3-4

[14] Matthäus 18,15-16

[15] Römer 12,19

[16] 1. Petrus 2,23

Kapitel 10

[1] Siehe Lukas 15,11-16
[2] Siehe Lukas 15,17-24

Kapitel 11

[1] Die *Goldene Regel* stammt von Jesus Christus und sagt, wie wir uns anderen Menschen gegenüber verhalten sollen: „So wie ihr von anderen behandelt werden möchtet, so behandelt sie auch“ (Lukas 6,31).

Kapitel 12

[1] Gary Chapman, Die fünf Sprachen der Liebe für Singles (Verlag der Francke-Buchhandlung GmbH, 2005)

Persönlichkeitstest zu den fünf Sprachen des Verzeihens

Der folgende Persönlichkeitstest soll dazu dienen, die eigene Sprache des Verzeihens kennenzulernen. Ihnen werden 20 hypothetische Szenarien vorgestellt. Wählen Sie dazu immer die Entschuldigung aus, die Sie in der jeweiligen Situation am liebsten hören würden und kreuzen Sie sie an. Gehen Sie bei jeder der geschilderten Situationen davon aus, dass der andere sich bewusst ist, Ihnen Unrecht getan zu haben, weil Sie es ihm bereits auf irgendeine Weise mitgeteilt haben.

Manchmal ähneln sich die Antworten. Versuchen Sie dann nicht, sich auf die möglichen Unterschiede zu konzentrieren. Suchen Sie sich ohne langes Nachdenken die Antwort heraus, die Sie spontan anspricht.

1. Ihr Ehepartner hat den Hochzeitstag vergessen. Er/sie sollte sagen:

_____ ◆ „Ich kann gar nicht glauben, dass ich *den* Tag vergessen konnte! Du und unsere Ehe – etwas Wichtigeres gibt es für mich nicht. Es tut mir so leid."

_____ ● „Es gibt keine Entschuldigung dafür. Ich bin echt ein Schussel!"

_____ ▲ „Wie kann ich dir beweisen, dass ich dich trotzdem lieb habe?"

_____ ■ „Du kannst darauf wetten, dass ich's nächstes Jahr auf keinen Fall wieder vergesse. Da kommt nämlich ein roter Kringel in den Kalender."

____ ★ „Ich weiß, dass du jetzt gekränkt bist. Kannst du mir noch mal vergeben?“

2. Ihre Mutter kennt Ihre Einstellung und hat trotzdem etwas getan, das Sie so nicht wollten. Sie sollte sagen:

____ ● „Hätte ich ein bisschen gründlicher nachgedacht, wäre mir vorher bewusst geworden, dass es nicht richtig war.“

____ ▲ „Was kann ich tun, damit du mir wieder vertraust?“

____ ■ „Ich nehme in Zukunft ganz sicher mehr Rücksicht auf deine Gefühle.“

____ ★ „Kannst du mir vergeben und mir eine zweite Chance geben?“

____ ◆ „Ich kann mir vorstellen, wie sehr du dich geärgert hast, als ich es trotzdem gemacht habe. Ich wünschte, ich könnte es rückgängig machen.“

3. Sie steckten tief in der Krise, aber Ihr Freund/Ihre Freundin hat sich trotzdem nicht um Sie gekümmert. Er/sie sollte sagen:

____ ▲ „Es reicht sicher nicht, wenn ich mich bei dir entschuldige. Was kann ich sonst noch tun, um unsere Freundschaft zu retten?“

____ ■ „Mir ist inzwischen bewusst geworden, dass ich dir mehr hätte beistehen müssen, und ich verspreche dir: Wenn du je wieder so in Schwierigkeiten kommst, stehe ich dir zur Seite.“

____ ★ „Es tut mir echt leid, bitte vergib mir.“

____ ◆ „Ich kann mir vorstellen, wie du dich gefühlt hast. Es tut mir so leid, dass ich im Stich gelassen habe.“

____ ● „Ich habe dich im Stich gelassen, als du mich am meisten gebraucht hast. Das war das Dümmste, was ich tun konnte.“

4. Ihre Schwester hat in Gegenwart von anderen eine kränkende Bemerkung über Sie fallen lassen. Sie sollte sagen:

____ ■ „Ganz ausschließen kann ich es nicht, dass es gelegentlich wieder passiert, aber diese Erfahrung lehrt mich, dass ich in Zukunft immer erst nachdenken sollte, bevor ich rede.“

____ ★ „Da habe ich einen ganz schönen Bock geschossen. Kannst du mir trotzdem noch einmal verzeihen?“

____ ◆ „Ich hätte wissen müssen, wie es dir dabei geht. Und ich hätte auf deine Gefühle Rücksicht nehmen sollen.“

____ ● „Ja, ich gestehe es, ich habe deine Gefühle verletzt.“

____ ▲ „Ich würde gern in Gegenwart der anderen richtigstellen, was ich gesagt habe, um den angerichteten Schaden wiedergutzumachen.“

5. Ihr Partner/Ihre Partnerin hat Sie angefahren, obwohl Sie sich nichts haben zuschulden kommen lassen. Er/sie sollte sagen:

____ ★ „Es tut mir leid, dass ich dich so angeschrien habe. Ich wünsche mir so sehr, dass du mir vergeben kannst.“

____ ◆ „Dass ich dich so angeschrien habe, hat mir selber richtig wehgetan. Es tut mir wirklich leid.“

____ ● „Ich bin zwar total ärgerlich gewesen, trotzdem

hatte ich kein Recht, so mit dir umzuspringen. Das hast du nicht verdient."

____ ▲ „Was kann ich tun, damit zwischen uns wieder alles okay ist?"

____ ■ „Ich fürchte, ich könnte wieder einmal so ausrasten. Aber das will ich auf keinen Fall. Hast du vielleicht eine Idee, was ich tun könnte, um das zu verhindern?"

6. Sie waren so stolz auf Ihre Leistung, aber Ihr Freund/ Ihre Freundin tat so, als wäre es nichts Besonderes. Er/sie sollte sagen:

____ ◆ „Du hättest mein Lob so gebraucht, und ich habe nicht gewürdigt, was du getan hast. Ich kann mir vorstellen, wie du dich gefühlt hast. Ich wäre auch enttäuscht gewesen."

____ ● „Du warst so glücklich, und ich habe dir die Stimmung verdorben. Dafür gibt es keine Entschuldigung."

____ ▲ „Es ist doch noch nicht zu spät, deine Leistung zu würdigen. Ich erzähle auch den anderen davon."

____ ■ „Ich verspreche, in Zukunft aufmerksamer zu sein, damit du dein Lob von mir kriegst, wenn du es verdient hast."

____ ★ „Ich weiß, dass ich schon öfter so desinteressiert war, aber könntest du mir noch einmal vergeben?"

7. Ihr Geschäftspartner/ Ihre Geschäftspartnerin hat es versäumt, Sie in einer wichtigen Angelegenheit zu konsultieren, obwohl es auch für Sie wichtig gewesen wäre. Er/sie sollte sagen:

____ ● „Das habe ich wirklich gründlich vermasselt. Es war falsch, dich nicht noch hinzuzuziehen. Es ist dein gutes Recht, jetzt sauer zu sein."

____ ▲ „Was könnte ich tun, um das wiedergutzumachen?"

____ ■ „Ich habe mir vorgenommen, dich in Zukunft immer zu fragen. Ich will dich nie wieder übergehen."

____ ★ „Du hast Recht, mir Vorhaltungen zu machen. Aber kannst du mir trotzdem verzeihen?"

____ ◆ „Ich fühle mich so mies, dass ich dich übergangen habe. Deshalb tut mir sehr leid, was ich getan habe."

8. Ein Kollege/eine Kollegin macht in Gegenwart von anderen Witze über Sie, ohne es wirklich böse zu meinen, dennoch kränkt es Sie. Er/sie sollte sagen:

____ ▲ „Kann ich irgendetwas tun, damit wir uns wieder vertragen? Soll ich mich in Gegenwart der anderen entschuldigen?"

____ ■ „Oft geht man über die Gefühle anderer hinweg. Aber das möchte ich in Zukunft nicht mehr. Machst du mich darauf aufmerksam, wenn es mir wieder passiert?"

____ ★ „Es war nicht meine Absicht, dich zu verletzen. Trotzdem bleibt mir jetzt nichts weiter übrig, als dich in aller Form um Vergebung zu bitten."

____ ◆ „Ich kann mir vorstellen, wie schlecht du dich gefühlt haben musst. Wenn ich's doch nur rückgängig machen könnte!"

____ ● „Wie gedankenlos von mir! Ich wollte witzig sein, aber es war nicht witzig, dich so zu kränken."

9. Sie wollten Ihrem Freund/Ihrer Freundin etwas Wichtiges mitteilen, doch er/sie hat gar nicht richtig zugehört. Er/sie sollte sagen:

_x_ ■ „Ich habe gar nicht richtig zugehört. Aber das soll nicht wieder vorkommen."

____ ★ „Wie dumm von mir, dass ich nur mit halbem Ohr zugehört habe. Eigentlich unverzeihlich. Aber vergibst du mir trotzdem?"

____ ◆ „Ich kann nachfühlen, wie das ist, wenn man jemand etwas erzählen will, und der andere hört gar nicht richtig zu. Ich bedaure wirklich, dass ich so unaufmerksam war."

____ ● „Zu einer so engen Beziehung gehört es einfach, dass man sich gegenseitig zuhört. Es war meine Unachtsamkeit. Du hast mich einbeziehen wollen, und ich habe mich verschlossen."

____ ▲ „Komm, wir fangen noch mal von vorn an. Du erzählst es mir ein zweites Mal und kriegst meine ungeteilte Aufmerksamkeit."

10. Ihrem Bruder ist klar geworden, dass er sich neulich bei einem Streit zwischen Ihnen völlig verrannt hat. Er sollte sagen:

_x_ ★ „Mir ist inzwischen klar geworden, dass ich Unrecht hatte. Kannst du mir noch einmal verzeihen?"

____ ◆ „Ich ärgere mich über mich selber. Meine Starrköpfigkeit schadet unserer Beziehung. Und das macht mir zu schaffen. Es tut mir leid, wie ich mit dir umgegangen bin."

____ ● „Ja, ich habe völlig danebengelegen. Wenn ich damals gewusst hätte, was ich heute weiß, hätte ich uns diesen Streit ersparen können."

____ ▲ „Was kann ich tun, damit wir wieder gut miteinander auskommen? Wie kann ich dazu beitragen, dass du mich wieder respektierst?“

____ ■ „Wenn wir in Zukunft wieder mal nicht einer Meinung sind, will ich immer erst die Fakten klären, bevor ich etwas steif und fest behaupte. Das erspart uns womöglich so manchen Streit.“

11. Obwohl Sie sich schon häufig über eine Angewohnheit des Partners/der Partnerin beschwert haben, hat er/sie es doch wieder getan, um Sie zu provozieren. Er/sie sollte sagen:

____ ◆ „Ich habe es zu weit getrieben und kann mir vorstellen, wie du dich fühlst. Ich hätte auch nicht gern, wenn mir jemand das antäte.“

____ ● „Ja, ich geb's ja zu. Ich habe es getan, um dich zu provozieren, und das ist nicht okay. Ich sollte mich wie ein Erwachsener benehmen.“

____ ▲ „Wenn ich mich jetzt entschuldige, ist es ja noch nicht aus der Welt. Was könnte ich denn tun, um dich wieder freundlich zu stimmen?“

____ ■ „Manchmal ist es mir egal, wie es dir dabei geht. Aber so soll es nicht weitergehen. Ich nehme mir jetzt fest vor, deine Gefühle mehr im Auge zu behalten.“

____ ★ „Ich habe deine Geduld ganz schön strapaziert. Deshalb bitte ich dich um Verzeihung. Gibst du mir die Gelegenheit, es besser zu machen?“

12. Ihr Vater hat Sie mit Nichtachtung gestraft. Sie sollten sich wegen einer Auseinandersetzung zwischen Ihnen beiden schuldig fühlen. Inzwischen hat er seinen Fehler eingesehen. Er sollte sagen:

____ ● „Zweifellos habe ich dafür gesorgt, dass die Sache eskalierte. Ich hätte dich nicht mit eisernem Schweigen strafen sollen. Das war nicht richtig."

____ ▲ „Ich möchte die Sache in Ordnung bringen. Lass uns wieder reden. Ich würde dich dazu gern zum Essen einladen."

____ ■ „Es soll nicht wieder vorkommen, dass ich dir ein schlechtes Gewissen mache, indem ich dich anschweige. Du sollst immer wissen, was in mir vorgeht."

____ ★ „Es ist zwar deine Entscheidung, aber ich würde mich riesig freuen, wenn du mir vergeben könntest."

____ ◆ „Du bist ein erwachsener Mensch, und es macht mir großen Kummer, dass ich versucht habe, dich durch mein Schweigen zu manipulieren. Ich möchte doch auf keinen Fall unser gutes Verhältnis aufs Spiel setzen."

13. Ein Geschäftspartner hat seine Zusage nicht eingehalten, und dadurch ist die Frist für eine Ausschreibung verstrichen. Er sollte sagen:

____ ■ „Es ist inzwischen zu spät, um noch etwas in der Sache zu unternehmen. Aber ich möchte um jeden Preis verhindern, dass so etwas noch einmal passiert. Welche konkreten Maßnahmen könnten wir ergreifen, um das zu verhindern?"

____ ★ „Ich kann kaum erwarten, dass Sie mir diesen

Fehler verzeihen, aber vielleicht geben Sie mir ja eine zweite Chance."

____ ◆ „Es tut mir so unendlich leid. Ich habe Ihnen mein Wort gegeben. Das habe ich nicht nur gebrochen, ich weiß auch, wie es ist, so hängen gelassen zu werden. Ich weiß, dass das unsere Beziehung sehr strapaziert hat."

____ ● „Ich trage die Verantwortung dafür. Sie haben den Termin verpasst, weil ich einen Fehler gemacht habe."

____ ▲ „Ich weiß nicht, was ich im Augenblick tun soll, aber gibt es irgendetwas, womit ich für den Schaden aufkommen könnte?"

14. Ihr Nachbar/Ihre Nachbarin war mit Ihnen vor der Konzerthalle verabredet, ist aber nicht erschienen. Er/sie sollte sagen:

____ ★ „Unsere Freundschaft ist mir sehr wichtig. Ich hoffe nicht, dass du jetzt nichts mehr von mir wissen willst. Verzeihst du mir, dass ich dich umsonst habe warten lassen?"

____ ◆ „Es tut mir so leid, dass du die ganze Zeit da umsonst gestanden hast. Ich kann mir vorstellen, wie nervig das war."

____ ● „Ich habe wieder mal die Zeit vertrödelt, sonst wäre ich pünktlich dort gewesen und du hättest nicht meinetwegen umsonst gewartet. Ja, es war ganz und gar meine Schuld."

____ ▲ „Ich lade dich bald zu einem anderen Konzert ein, und ich zahle die Karten als Wiedergutmachung dafür, dass du so blöd herumstehen musstest."

____ ■ „In Zukunft überlege ich mir, wie ich meine Zeit besser einteile und meine Freundschaft nicht auf so dumme Weise aufs Spiel setze."

15. Das Kind Ihres Freundes/Ihrer Freundin hat bei Ihnen zu Hause etwas sehr Wertvolles kaputt gemacht. Er/sie sollte sagen:

____ ◆ „Ich weiß, wie sehr du daran gehangen hast. Du glaubst gar nicht, wie peinlich mir das Ganze ist."

____ ● „Ich hätte besser auf die Kleine aufpassen sollen. Es war meine Schuld, dass ich mich nicht genügend um sie gekümmert habe. Ich hätte nur mal nachsehen müssen."

____ ▲ „Ich komme natürlich für den Schaden auf. Soll ich dir das Geld überweisen oder selber für Ersatz sorgen? Oder kann ich etwas anderes tun, um das wiedergutzumachen?"

____ ■ „Ich verspreche dir, dass ich in Zukunft daran denke, was für wertvolle Sachen du zu Hause hast. Die Kleine wird einfach dort bleiben, wo ich sie beobachten kann. Dann passiert so etwas nie wieder."

____ ★ „Du darfst wirklich auf mich sauer sein. Trotzdem hoffe ich, dass du mir verzeihst – auch wenn du zu Recht enttäuscht bist."

16. Ein Mitglied Ihrer Gemeinde gibt Ihnen die alleinige Schuld für ein verpatztes Projekt, obgleich der/die Betreffende das Vorbereitungsteam selber geleitet hat. Er/sie sollte sagen:

____ ▲ „Es gibt keine Entschuldigung für mein Benehmen. Damit es wieder zwischen uns stimmt, weiß ich nur eins: Ich möchte dir etwas Gutes tun."

____ ■ „Ich muss entweder Teamarbeit lernen oder mein Amt aufgeben. Diese Erfahrung soll mich etwas lehren."

____ ★ „Bitte verzeih mir! Ich habe dir zu Unrecht die Schuld gegeben, und ich bete, dass du mir vergeben kannst."

____ ◆ „Es ist unglaublich, dass ausgerechnet ich dir die Schuld für alles in die Schuhe schieben wollte! Es ist mir so peinlich, weil ich weiß, wie man sich da fühlt. Es tut mir echt leid."

____ ● „Ich trage genauso an dem vermasselten Projekt Schuld wie jeder andere. Das hätte ich viel früher einsehen und zugeben müssen."

17. Trotz seines/ihres Versprechens, die Information für sich zu behalten, hat Ihr Kollege/Ihre Kollegin alles im Büro herumerzählt. Er/sie sollte sagen:

____ ● „Ich habe dir mein Wort gegeben, das Geheimnis zu bewahren. Aber ich habe es einfach gebrochen und dich damit in eine peinliche Lage gebracht. Ich bin wirklich ein Esel!"

____ ▲ „Sag mir, was ich tun soll, damit du mir wieder vertrauen kannst."

____ ■ „Es wird eine Weile dauern, bis du mir wieder etwas anvertrauen kannst, aber ich werde alles tun, um dir zu beweisen, dass ich auch etwas für mich behalten kann."

____ ★ „Du musst nicht gleich antworten, aber könntest du dir vorstellen, mir trotz allem zu verzeihen?"

____ ◆ „Wenn ich mir doch nur vorher überlegt hätte, was das für einen Schaden anrichtet. Ich fühle mich so miserabel als Verräter und Klatschtante."

18. Ihr Mannschaftskamerad/Ihre Mannschaftskameradin hat schlecht über Sie hinter Ihrem Rücken geredet. Er/sie sollte sagen:

____ ▲ „Wenn ich doch nur irgendetwas tun könnte, um das wiedergutzumachen. Soll ich mich vor der ganzen Mannschaft entschuldigen?"

____ ■ „Wenn mich wieder einmal etwas an dir stört, behalte ich es für mich und rede mit dir unter vier Augen. Das verspreche ich."

____ ★ „Vielleicht kannst du mir nicht gleich vergeben. Aber ich hoffe, du kannst es eines Tages tun."

____ ◆ „Was ich über dich gesagt habe, war gemein und hinterhältig. Ich wünschte, ich könnte meine Worte zurücknehmen."

____ ● „Meine Einstellung zu dir war so negativ, dass ich deine guten Seiten völlig außer Acht gelassen habe. Ich sollte öfter mal nachdenken, bevor ich den Mund aufmache."

19. Obgleich Sie viel Gutes für die Firma getan haben, kritisiert Ihr Chef/Ihre Chefin ständig Ihre Leistungsbereitschaft. Er/sie sollte sagen:

____ ■ „Sie verdienen wirklich mehr Anerkennung für Ihre Arbeit. Ich will in Zukunft objektiver sein."

____ ★ „Ich hoffe, dass mein Verhalten unserem sonst so guten Verhältnis nicht schadet. Akzeptieren Sie meine Entschuldigung?"

____ ◆ „Es tut mir leid, dass ich mich so auf die kleinen Fehler konzentriert habe. Ich weiß, wie man sich fühlt, wenn man ungerecht beurteilt wird. Es macht mir jedenfalls sehr zu schaffen, dass ich Sie so falsch eingeschätzt habe."

____ ● „Ich habe völlig versäumt, Ihre guten Leistungen wahrzunehmen. Da haben Sie wahrscheinlich das Gefühl gehabt, sich völlig umsonst anzustrengen. Ja, als Vorgesetzter sollte ich viel öfter loben."

____ ▲ „Was kann ich Ihnen Gutes tun, damit Sie mir verzeihen? Soll ich einen Leistungsvermerk in Ihre Personalakte schreiben?"

20. Im Restaurant schüttet die Bedienung Rotwein auf Ihre Kleidung. Er/sie sollte sagen:

△ ★ „Verzeihen Sie mir bitte meine Ungeschicklichkeit."

____ ◆ „Es tut mir unendlich leid. Es ist mir sehr peinlich, dass ich Ihre Kleidung beschmutzt habe und dass Sie nun auch noch Unannehmlichkeiten haben."

____ ● „Normalerweise passiert mir so etwas nicht. Aber heute war ich sehr ungeschickt. Es war allein meine Schuld."

____ ▲ „Ich komme selbstverständlich für den Schaden auf. Was denken Sie, wie viel ist angemessen?"

____ ■ „Das lehrt mich, beim nächsten Mal noch achtsamer zu sein. Sie können sicher sein, dass Ihnen so etwas hier nie wieder passieren wird."

Wie Sie die Ergebnisse bewerten

Zählen Sie nach, wie oft Sie jedes Symbol angekreuzt haben, und tragen Sie die Ergebnisse hier ein.

1	5	2	3	6
◆	●	▲	■	★

Wie Sie wahrscheinlich schon geahnt haben, steht jedes dieser Symbole für eine Sprache des Verzeihens.

◆ = das Eingeständnis
● = die Verantwortung
▲ = die Wiedergutmachung
■ = der Sinneswandel
★ = die Vergebung

Das Symbol, das von Ihnen die meisten Treffer bekommen hat, steht für Ihre persönliche Sprache des Verzeihens.

Die Zwanzig ist natürlich die höchste Trefferzahl, die erreichbar ist. Wenn Sie bei zwei Sprachen die gleiche Trefferzahl haben, dann sind Sie für beide gleichermaßen empfänglich.